JAPAN –
ABSTIEG IN WÜRDE

Wieland Wagner

JAPAN – ABSTIEG IN WÜRDE

Wie ein alterndes Land um seine Zukunft ringt

Deutsche Verlags-Anstalt

MIX
Papier aus verantwortungsvollen Quellen
FSC® C014496

Verlagsgruppe Random House FSC® N001967

2. Auflage 2018

Karte: Peter Palm, Berlin
Umschlag: Büro Jorge Schmidt, München
Umschlagmotiv: grebeshkovmaxim / Shutterstock.com
Satz, Druck und Bindung: GGP Media GmbH, Pößneck
Printed in Germany
ISBN 978-3-421-04794-6

www.dva.de

Dieses Buch ist auch als E-Book erhältlich.

INHALT

Einleitung

EINE ART HEIMKEHR

»O kaeri nasai!« – »Willkommen zurück!« Mit diesen freundlichen Worten begrüßte mich der Beamte der Einwanderungsbehörde Ende Mai 2014 am Flughafen Narita bei Tokio. Ich war mit dem Nachtflug von Neu-Delhi, meinem vorigen Einsatzort als Korrespondent für den SPIEGEL, gelandet. Tatsächlich kam ich mir vor wie einer, der heimkehrt. Als der Beamte mir meinen Ausländerausweis mit der Aufenthaltsgenehmigung ausstellte, spürte ich so etwas wie Erleichterung: Nach zehn Jahren Abwesenheit – sechs davon in Shanghai, zwei in Peking und dann noch mal fast zwei in Neu-Delhi – würde ich nun wieder in Japan leben und arbeiten.

Schon auf dem Weg vom Flughafen nach Tokio sog ich alles ein, was ich an Japan vermisst hatte: die Höflichkeit der Menschen, die Pünktlichkeit der Züge, die Sauberkeit. Der Alltag funktionierte hier so bequem und reibungslos wie nirgendwo sonst in Asien. Selbst das Wetter kam mir schöner vor, kein Smog verschleierte die Aussicht. Und das japanische Essen! Nachdem ich im Zentrum der Stadt angekommen war, kehrte ich in einen Stehimbiss ein, er sah für japanische Verhältnisse etwas heruntergekommen aus. Doch so gut wie hier hatte mir schon lange keine Nudelsuppe mehr geschmeckt.

Zunächst schien alles angenehm vertraut. Doch je länger ich durch Tokio streifte, desto öfter hatte ich den Eindruck, dass sich etwas verändert hatte in meiner alten, zweiten Heimat. Ich konnte es anfangs nicht konkret fassen, aber ich fühlte es immer deutlicher: Die relative Ruhe, die penible Ordnung der Alltagsabläufe, die ich zunächst als so wohltuend empfunden hatte, erschienen mir zunehmend als Lethargie. Wenn ich in die Gesichter der Menschen sah, auf den Straßen, in den S- und U-Bahnen, in den Läden und in den Kneipen, kam Japan mir plötzlich alt und müde vor.

Klar, ich war vorbereitet darauf, dass Japan nicht mehr das gleiche Land war, das ich ein Jahrzehnt zuvor verlassen hatte. Die Nation hatte ein kollektives Trauma erlitten, das fortwirkte: Drei Jahre zuvor, im März 2011, waren ganze Küstenregionen in Nordostjapan von dem verheerenden Erdbeben und dem darauf folgenden Tsunami verwüstet worden. Rund 20 000 Menschen waren dabei umgekommen. Durch den Tsunami wiederum war die Reaktorkatastrophe von Fukushima ausgelöst worden, die dann weite Landstriche radioaktiv verseuchte. Auch in Tokio war zeitweise deutlich erhöhte Strahlung gemessen worden. Von Peking, wo ich damals lebte und arbeitete, war ich sogleich nach Japan geflogen, um über das Desaster und seine Folgen zu berichten.

Und natürlich wusste ich, dass dieses Japan, das mir nun müde und erschöpft vorkam, mit einer weiteren Herausforderung kämpfte: Es vergreiste so schnell wie keine andere führende Industrienation. Gerade auch um zu erkunden, wie die Gesellschaft mit ihrem demografischen Wandel und seinen Folgen zurechtkam, war ich jetzt als Korrespondent noch einmal nach Tokio zurückgekehrt.

Innerlich war ich also darauf gefasst, dass Japan in mehrfacher Hinsicht gealtert war. Mit dem Ausmaß der Vergreisung aber, das ich nach meiner Rückkehr wahrnahm, hatte ich nicht gerechnet, ihre Wucht erstaunte mich. Allenthalben sah ich hoch betagte Menschen, die arbeiteten, oft noch spätabends: an der Hotelrezeption, in den Taxis, in den Supermärkten. Was mich indes fast noch mehr berührte: Selbst viele Junge sahen alt und müde aus. Sie lebten offensichtlich im Wohlstand, aber ihnen fehlte, was ich in China und in Indien selbst bei den Ärmsten der Armen oft noch beobachtet hatte – Lebensfreude und Hoffnung.

Ich hatte mir eingebildet, Japan zu kennen, auch weil ich die Landessprache fließend beherrsche. Nun aber merkte ich, dass ich teilweise wieder von vorne anfangen müsse, das Land zu entdecken und einigermaßen zu begreifen.

Zwar gilt nach wie vor: Japan ist ein ökonomischer Gigant. Aber gemessen an einstigen Erfolgen ist die 125-Millionen-Nation dabei, auf ein Normalmaß zu schrumpfen; in vielen Bereichen zehrt sie von ihrer Substanz. Anfang der Neunziger trug sie noch rund 16 Prozent zur globalen Wirtschaftsleistung bei, fast so viel wie das heutige China. Mittlerweile ist der japanische Anteil auf unter sechs Prozent gesunken. Japan ist zum Paradebeispiel einer Volkswirtschaft geworden, für die der Ökonom und frühere US-Finanzminister Lawrence Summers die Diagnose »säkulare Stagnation« abgegeben hat. Gemeint ist damit eine Art Dauerflaute, in der eine Wirtschaft kaum noch wächst, und wenn, dann nur noch zäh und schleppend.

Das Ende des ungehemmten Wachstums in hoch industrialisierten Ländern wie Japan kann man bedauern. Man kann es aber auch als Chance begreifen für ein längst fälliges Umdenken – hin zu einer Gesellschaft, die sparsamer und nachhaltiger mit ihren Resourcen umgeht. Das alternde Japan könnte das erste führende Industrieland sein, in dem sich der Nachkriegs-Kapitalismus, wie wir ihn in Grundzügen auch im Westen kennen, verabschiedet und – notgedrungen – einer neuen Art des Wirtschaftens Platz macht. Doch wie könnte diese aussehen?

Japan ist weit entfernt davon, eine neue, eigene Vision für das sogenannte postindustrielle Zeitalter zu präsentieren. Es tut sich vielmehr besonders schwer damit, sich von seinem überkommenen Erfolgsmodell zu verabschieden, sich zu erneuern und seine Wirtschaft umzubauen. Dass die japanische Gesellschaft an ihren ungelösten Herausforderungen gleichwohl nicht zerbricht, lässt sich vor allem auf kulturelle Ursachen zurückführen: Die Japaner legen seit jeher Wert auf Konsens und Harmonie. Anders als in Europa oder in den USA wird in dieser Gesellschaft wenig gestritten, die Menschen fügen sich in ihr Schicksal. Sie erwarten wenig vom Staat. Sie leiden meist für sich, still und geduldig.

Das ist Japans Stärke, aber es ist auch Japans Schwäche.

Von dieser durchaus widersprüchlichen Befindlichkeit handelt dieses Buch. Es ist aus der langjährigen persönlichen Beschäftigung mit Japan entstanden und aus der aktuellen Berichterstattung für den SPIEGEL: Es soll eine – zugegebenermaßen subjektive und zwangsläufig auch selektive – Bestandsaufnahme der Herausforderungen liefern, mit denen Japan sich konfrontiert sieht. Es will dabei helfen, die Frage zu beantworten: Wie konnte es dazu kommen, dass Asiens einstige Nummer eins innerhalb weniger Jahre so stark an Glanz verlor? Und wie gehen die Japaner mit ihrem Abstieg um?

Als ich nach Japan zurückkehrte, wurde mir bewusst, wie relativ die Wahrnehmung eines Landes ist. Wie stark sie beeinflusst wird von den Erfahrungen und Erwartungen des jeweiligen Beobachters. Immer wieder ertappte ich mich dabei, wie ich mein neues altes Gastland mit China verglich, mit der aufstrebenden asiatischen Weltmacht, die Japan 2010 als zweitgrößte Industrienation nach den USA abgehängt hatte. Und auch mit Indien, dem anderen großen Schwellenland, das zwar technologisch noch weit hinter Japan hinterherhinkt, aber zumindest in einem Punkt optimistisch in die Zukunft blicken kann: Die Bevölkerung ist dort durchschnittlich erst 27 Jahre alt.

Japan wirkte auf mich dagegen zutiefst verunsichert und zunehmend neurotisch – trotz der großen Vorteile, die das Land nach wie vor genoss: die kulturelle Raffinesse, die hoch entwickelte Infrastruktur, die gesellschaftliche Stabilität. Es verfügte über ein Maß an Demokratie und Rechtsstaatlichkeit, das zwar längst nicht immer westeuropäischen Vorstellungen entsprach, aber im Vergleich zu den meisten asiatischen Ländern eine Errungenschaft darstellte. Gleichwohl kam Japan mir zunehmend vor wie ein Auslaufmodell, ein Land, das seine besten Zeiten hinter sich hatte.

Rund drei Jahrzehnte zuvor, bei meinem allerersten Aufenthalt, hatte ich Japan ganz anders kennengelernt. Damals, im Herbst 1985, kam ich direkt aus Deutschland, als Doktorand der Geschichte. Japan wurde weltweit als Asiens Nummer eins bewundert. Schon am Morgen nach meiner Ankunft in Tokio, als ich – ganz der naive Anfänger – völlig allein auf Wohnungssuche ging, staunte ich über die Geschäftigkeit meiner neuen Mitmenschen. Japan glich einer einzigen großen Firma zu Zeiten des Auftragsbooms. In den Straßen und auf Bahnhöfen fand ich nirgends ein Plätzchen zum Ausruhen. Sitzbänke, wie sie in deutschen Fußgängerzonen üblich sind, gab es fast nicht. Europa wirkte im Vergleich dazu, als sei es unter Valium gesetzt worden.

Damals begann die sogenannte Japan-Blase. Kaum jemand bezeichnete sie allerdings so, und kaum jemand schien daran zu zweifeln, dass es immer nur aufwärtsgehen würde mit dem Land. Der Exportgigant forderte Europa und Amerika in vielen Branchen und mit vielen Produkten heraus: von Microchips über Videorekorder bis zu Autos. Japan schien unbesiegbar. An der Börse von Tokio kletterten die Aktienkurse höher und höher. An der Universität, an der ich mich eingeschrieben hatte, tauschten meine japanischen Kommilitonen Anlagetipps aus. Ich müsse unbedingt Aktien von NTT, dem privatisierten Telekom-Riesen, kaufen, riet mir ein Freund, deren Kurs steige gerade in die Höhe. NTT war an der Börse damals zeitweise mehr wert als Daimler, Siemens, Allianz, Deutsche Bank, Krupp, Thyssen, BMW, Bayer, Hoechst und BASF zusammen.

Mit Aktien spekulieren? Dafür reichte mein monatliches Stipendium, das mir der DAAD, der Deutsche Akademische Austauschdienst, gewährte, nicht. Ich hatte schon Schwierigkeiten, meine Miete zu bezahlen, die durch den ungünstigen Wechselkurs des Yen zur D-Mark absurd teuer war. Ich wohnte in einem winzigen Apartment aus Holz und Papier mit einem Wellblechdach drauf. Die dünnen Fenster waren undurchsichtig, aus Kryptoglas. Für Japan war und ist so eine Behausung normal; sie steht heute noch. Ich lebte dort auf sechs Reisstrohmatten, den sogenannten Tatamis. Im Sommer hatte ich es unerträglich heiß und schwül, im Winter bitterkalt: Wenn ich morgens auf meinem Futon aufwachte, konnte ich den eigenen Atem sehen, so dünn waren die Wände.

Im Vergleich zu Deutschland kam mir die japanische Wohnkultur ärmlich vor. Doch wenn ich dann sah, wie meine Nachbarn morgens in Anzug und Krawatte aus ebensolchen Holzbuden zur Arbeit gingen und oft erst spätabends wieder darin verschwanden, empfand ich Respekt, ja fast ein Gefühl der kulturellen Unterlegenheit: Die Japaner schienen sich nicht zu scheren um den Komfort, in dem ich aufgewachsen war. In ihrer Bescheidenheit und Selbstgenügsamkeit erkannte ich einen wesentlichen Grund für ihren Aufstieg, den die Welt nun bewunderte.

Ich war nach Japan gekommen, um meine Sprachkenntnisse zu vervollständigen und Material für meine Doktorarbeit zu sammeln. Sie handelte von Japans früher Außenpolitik, davon, wie das Kaiserreich nach Öffnung durch den Westen in der Mitte des 19. Jahrhunderts in Asien politisch, militärisch und wirtschaftlich expandiert hatte. Ich wollte die historische und ideologische Grundlegung des japanischen Führungsanspruchs in Ostasien erkunden. Ich wollte verstehen, was das Kaiserreich 1941 dazu getrieben hatte, die USA mit dem Überraschungsangriff auf den pazifischen Flottenstützpunkt Pearl Harbor auf Hawaii herauszufordern. Und was Japan dann nach dem verlorenen Zweiten Weltkrieg dazu beflügelt hatte, seine Offensiven auf dem Schlachtfeld der Wirtschaft fortzusetzen.

Mein Thema passte in die geopolitische Wahrnehmung der Achtzigerjahre, in denen Japan in Europa und den USA als Bedrohung wahrgenommen wurde. Das Inselland erschien vielen damals so übermächtig wie China heute. Die Volksrepublik hatte sich zwar 1978 unter dem Reformer Deng Xiaoping für die Außenwelt geöffnet, doch als Wirtschaftsmacht spielte sie damals noch keine Rolle.

Wenn von Asien die Rede war, blickte die Welt vor allem nach Japan. Und das blieb so – bis Japans Aktien- und Immobilienblase dann lautstark platzte.

Ich erlebte den Beginn des Niedergangs ab 1990 als Korrespondent in Tokio. Wieder staunte die Welt über Japan, doch diesmal staunte sie über dessen unfassbaren Abstieg. Japan rang mit drei Herausforderungen gleichzeitig: mit den Folgen der geplatzten Wirtschaftsblase; mit dem Ende des Kalten Krieges, von dem Japans Politiker völlig überrascht wurden; und zunehmend auch mit den Auswirkungen der Globalisierung. Immer tiefer schlitterte das Land in die Krise. Von einem »verlorenen Jahrzehnt« war die Rede, dem dann mindestens ein weiteres folgte. Nippons Banken ächzten unter faulen Krediten von Milliarden US-Dollar. Und zeitweise zitterte die Welt gar vor einem globalen Finanzcrash mit Epizentrum Tokio.

Im Frühsommer 2004 hatten viele Japan abgeschrieben. Die Welt blickte auf China, das neue Reich der Superlative. Mit meiner Familie – meine Frau ist Japanerin, meine Kinder wurden in Tokio geboren und gingen dort zur Schule – wechselte ich für den SPIEGEL nach Shanghai, in die Wolkenkratzer-Metropole, die rasant emporwuchs und nun ein ganz neues Asien symbolisierte. Von hier aus betrachtet, schien Japan immer weiter an den Rand des globalen Geschehens zu rücken. Die chinesische Weltfabrik brummte, sie kam mir vor wie ein gewaltiger Staubsauger, der auch große Bereiche der japanischen Industriefertigung schluckte: Immer mehr japanische Firmen verlagerten ihre Fabriken für Fernseher, Computer, Handys nach China.

Doch nach einigen Jahren, etwa um die Olympischen Sommerspiele von Peking 2008, wurde absehbar, dass der erste große Schwung des chinesischen Wirtschaftswunders erlahmte. Das Reich der Mitte sah sich nun zunehmend vor ähnlich großen strukturellen Herausforderungen, mit denen zuvor bereits Japan, Südkorea und Taiwan konfrontiert gewesen waren und es teilweise immer noch sind: Nach der Phase der Industrialisierung in Form der Massenproduktion galt es, eine höhere Stufe der Entwicklung zu erklimmen – und zwar nicht nur in wirtschaftlicher, sondern auch in gesellschaftlicher Hinsicht.

Zwar spielt das Riesenreich China in einer Sonderklasse für sich, schon wegen seiner Milliardenbevölkerung, seiner Landmasse und der viel größeren geopolitischen und militärischen Ambitionen, die es hegt. Doch die Anzeichen mehrten sich, dass eben auch dieser Aufsteiger an erste Grenzen seines wirtschaftlichen Wachstums stieß, und zwar viel schneller als zuvor Japan oder Südkorea. Denn China war noch viel rascher gewachsen als die Nachbarn, sozusagen im Zeitraffer. Hinzu kam, dass auch die Chinesen anfingen zu vergreisen, was vor allem der sogenannten Ein-Kind-Politik geschuldet war, die inzwischen gelockert worden ist. Ökonomen warnten, China werde alt, bevor es reich geworden sei.

Und so ergab es sich fast zwangsläufig, dass ich verstärkt wieder auf Japan blickte, jene Vorreiternation, die dem übrigen Asien einst die Blaupause der industriellen Revolution geliefert hatte. Am Beispiel Japans lässt sich nicht nur die Vergänglichkeit von Erfolg studieren, sondern auch die Flüchtigkeit der oft allzu kurzatmigen, euphorischen oder alarmistischen Prognosen zeitgenössischer Ökonomen und Journalisten. Zudem lassen sich in Japan auch Anhaltspunkte finden für den möglichen Fortgang der Industrialisierung im übrigen Asien. Und damit Stoff für die Diskussion über die Frage: Was passiert mit einer gereiften, alternden und teilweise schrumpfenden Volkswirtschaft, die nicht mehr oder kaum noch wächst?

Die Verfallserscheinungen, die das alternde Japan prägen, erlauben dabei nicht nur Rückschlüsse auf die mögliche künftige Entwicklung asiatischer Aufsteiger wie China oder Südkorea. Japan liefert teilweise auch ein Lehrbeispiel für gereifte Industrienationen wie Deutschland. Gerade weil es sich so bedingungslos der Wachstumsideologie verschrieb, leidet das Land nun besonders früh und besonders krass unter den Symptomen einer post-industriellen Gegenentwicklung, die in abgeschwächter Form längst auch in Deutschland festzustellen sind: eben die Vergreisung der Bevölkerung, die Entvölkerung ländlicher Regionen, die Überlastung der Sozialsysteme.

Wenn westliche Ökonomen vor einer »Japanisierung« ihrer Volkswirtschaften warnen, dann, weil Japan seit Jahrzehnten eine Erfahrung macht, die im Zuge der Weltwirtschaftskrise 2008 zeitweise auch Europa und den USA drohte. In den »verlorenen Jahrzehnten« seit der geplatzten Wirtschaftsblase schlitterte Japan immer wieder in eine moderate Deflation. Dabei handelt es sich um einen ökonomischen Zustand, in dem die Preise für Waren und Dienstleistungen fallen und damit auch die Gewinne der Unternehmen und die Löhne der Beschäftigten. Auch deshalb wird das Land immer wieder als abschreckendes Beispiel angeführt.

Lange wurden die Japaner als Nachahmer belächelt. Tatsache ist: Traditionelle japanische Handwerker sind seit jeher stolz darauf, bewährte Muster so lange nachzuahmen, bis sie deren Niveau erreicht und gar übertroffen haben. Heute aber besitzt Japan praktisch kein Vorbild mehr, dem es nacheifern könnte: Es hat im Grunde alles erreicht, was es am Westen bewundert und kopiert hat. Es müsste nun selbst den nächsten Schritt tun und eine neue Ära des sogenannten postindustriellen Zeitalters beginnen. Es könnte der Welt zeigen, wie eine Gesellschaft auch künftig in Wohlstand und Frieden leben kann, obwohl sie älter und älter wird und kaum noch wächst. Japan müsste sich entscheiden, welche Rolle es künftig in der Welt spielen will – wirtschaftlich, politisch und militärisch.

Und tatsächlich gibt es einen japanischen Versuch, eine Lösung zu finden, gleichsam ein Allheilmittel für die Erneuerung des Landes. Es handelt sich um die ultralockere Kreditpolitik, mit der die Notenbank in Tokio seit Jahren Geld in den ermatteten Wirtschaftskreislauf pumpt. Auf diese Weise will sie Politikern und Unternehmern

Zeit verschaffen, nötige Anpassungsprozesse für die Zukunft vorzunehmen. Diese Politik ist auch bekannt als »Abenomics«, so benannt nach dem nationalistischen Premier Shinzo Abe, der Japan seit Ende 2012 regiert. Wie lange er sich im Amt halten würde, war im Sommer 2018 ungewiss. Aber sein Lösungsansatz dürfte das Denken der Planer in Tokio noch länger beeinflussen. Von der neuen Wirtschaftsblase, die er entfachte, soll daher im fünften und letzten Kapitel dieses Buches ausführlich die Rede sein. Dabei dürfte deutlich werden, dass die Politik des Gelddruckens in erster Linie eine nostalgisch verklärte Vergangenheit beschwört. Aber ein nachhaltiges Wachstumskonzept für alternde Industriegesellschaften liefert sie nicht.

Unter der Fassade des künstlichen Booms, der vor allem in Tokio zu besichtigen ist, tun sich immer größere wirtschaftliche und soziale Widersprüche auf. Von ihnen handelt das erste Kapitel, es geht der Frage nach: Wie lebt es sich in einem Land, in dem die Menschen immer älter werden und in dem die Bevölkerung schrumpft? Wie kommen junge Japaner in so einer Gesellschaft zurecht? Die Antwort ist so naheliegend wie deprimierend: Eine Gesellschaft, die immer älter wird, vermittelt ihrem Nachwuchs kaum noch Hoffnung.

Bislang bringt Japan weder den Mut auf noch die Fantasie, kreativen Köpfen neue Freiräume und Perspektiven aufzuzeigen. Wie es diese Chance verpasst, soll im zweiten Kapitel exemplarisch verdeutlicht werden. Es handelt von den Folgen der Reaktorkatastrophe von Fukushima. Die Nation hat das Trauma dieses atomaren Desasters vom März 2011 längst nicht verarbeitet, nur verdrängt. Die Sturheit, mit der die Obrigkeit die – auf lange Sicht unausweichliche – Energiewende nach dem GAU verschleppt, ist für ausländische Beobachter oft nur schwer zu begreifen. Das ideologisch verbohrte Festhalten an der Kernenergie zeigt, warum Japan auch auf anderen Gebieten nur widerstrebend von seinem überkommenen Wirtschaftsmodell abrückt.

Doch diese Verweigerungshaltung ist nur ein Teil der Wirklichkeit. Denn andererseits greift Japan geradezu besessen und bedenkenlos neue Technologien und neue Trends auf, beispielsweise beim Einsatz von Robotern, die in Hotels und Altersheimen arbeiten. Oder bei der Magnetschwebebahn, die derzeit gebaut wird und die bis 2045 Tokio und Osaka verbinden soll: Der Superschnellzug soll rund 500 Kilometer pro Stunde zurücklegen und damit fast doppelt so schnell sein wie der bisherige Shinkansen. Er ist das japanische Pendant zum Transrapid, jener Magnetschwebebahn, die in Deutschland an hartnäckigen Widerständen scheiterte und schließlich nach Shanghai verkauft wurde.

Wer versucht, diese auch kulturell bedingte Widersprüchlichkeit zu begreifen, kommt nicht umhin, sich einen groben Überblick über Japans historischen Werdegang zu verschaffen. Dies soll im dritten Kapitel geschehen, das zwangläufig aus dem Rahmen der übrigen, eher erzählenden Abschnitte des Buches fällt: Es blickt zurück auf Japans Aufholjagd seit der Öffnung durch den Westen Mitte des 19. Jahrhunderts und reicht bis in die Krisen der Gegenwart.

In Deutschland ist nach wie vor relativ wenig bekannt über die japanische Geschichte, obwohl es frappierende Parallelen zwischen beiden Ländern gibt. Der Freiburger Historiker Bernd Martin, ein ausgewiesener Japan-Kenner, spricht gar von einer »verhängnisvollen Wahlverwandtschaft«: Beide Nationen sind Nachzügler gegenüber dem Westen, in beiden Fällen trieb der Staat die wirtschaftliche und militärische Modernisierung auf autoritäre Weise von oben voran. Beide Länder verbündeten sich im Zweiten Weltkrieg mit dem faschistischen Italien gegen die angelsächsischen Demokratien, beiden gelang nach den verheerenden Niederlagen 1945 jeweils ein erstaunlicher Wiederaufstieg – diesmal allerdings mit wirtschaftlichen Mitteln.

Im vierten Kapitel soll die Frage erörtert werden, warum einstige Kultmarken des japanischen Wirtschaftswunders innerhalb nur weniger Jahrzehnte dramatisch an Glanz eingebüßt haben. Hersteller wie Sony, Sharp oder Sanyo prägten mit ihren Radios, Fernsehern und Computern den Lebensstil von Generationen. Ihre Label prangten zeitweise auf vielen Geräten in westlichen Haushalten. Inzwischen wurden sie häufig abgelöst durch südkoreanische oder chinesische Namen wie Samsung oder Haier.

Dass Erfolgsmarken irgendwann verblassen, verschwinden oder nur noch als Etikett unter einem neuen Konzerndach weiter existieren, das hat es immer schon gegeben. Auch in Deutschland. Wer spricht heute noch von Grundig, Nordmende oder Schaub Lorenz? Doch der Abstieg der einst gefürchteten japanischen Elektronikindustrie verlief atemberaubend schnell. Er kann auch als Weckruf verstanden werden für Deutschland, dessen Autoindustrie vor einem ähnlich grundlegenden Umbau steht, nicht zuletzt wegen des Dieselskandals. Im Fall Japan hielten die Elektronikhersteller zu lange an der überkommenen Massenfertigung fest. Zu stur verharrten sie in ihrer hierarchischen Firmenkultur, die auf den Konsens der Gruppe setzt statt auf individuelle Kreativität.

Die japanische Elektronikindustrie war eine der wichtigsten Säulen der heimischen Nachkriegswirtschaft, der sogenannten Japan AG. Sie wirft inzwischen immer kürzere Schatten. Auch sie steht vor der Aufgabe, die auf das ganze Land wartet und die ihm noch schmerzliche Anpassungsprozesse abverlangen dürfte: Letztlich muss Japan sich völlig neu erfinden. Auf welche Weise das geschehen wird, kann niemand vorhersagen, das müssen die Japaner selber herausfinden. Dabei haben sie immerhin einen Trost: Firmen und Markennamen kommen und gehen. Nationen aber, gerade so bedeutende wie Japan, gehen nicht einfach unter. Egal, ob sie ihre Herausforderungen meistern oder nicht.

Kapitel I

LAND OHNE HOFFNUNG

Die schrumpfende Nation

Morgens kurz vor halb sechs wird Yuma von seinem Fernseher geweckt, das Gerät ist programmiert und schaltet sich automatisch an. »Asa-chan« heißt das beliebte Morgenprogramm eines Privatsenders, das viele Japaner fröhlich und aufgekratzt im neuen Tag begrüßt. Meist braucht Yuma nicht lange, um aufzustehen und sich fertig zu machen für seinen Arbeitstag. Unterwäsche, Hose, Hemd, Socken – alles liegt in Griffweite. Das Zimmer im Obergeschoss seines Elternhauses im Westen von Tokio ist nicht viel größer als der Futon, auf dem Yuma schläft.

Yuma ist 35, er lebt seit seiner Kindheit in diesem Zimmer, das von dem Flachbild-Fernseher beherrscht wird. Hier hat er fast seine ganze Schulzeit verbracht. Hier blieb er wohnen, auch nachdem er mit der Oberschule fertig war und dann anfing, als Verkäufer in einer Supermarktkette zu arbeiten. Und wie es aussieht, wird er in diesem Zimmer auch noch aufwachen, wenn er alt ist und nicht mehr arbeiten kann, unverheiratet und ohne je eine Familie gegründet zu haben.

Yuma wohnt mit seinem Vater zusammen, einem städtischen Beamten. Auch Yumas jüngerer Bruder lebt hier noch, im Zimmer nebenan; er arbeitet bei einer Wohnungsverwaltung und ist ebenfalls Single. Die Mutter zog vor Jahren aus. Seither kommen die drei Männer alleine zurecht, jeder für sich. Sie treffen sich höchstens mal auf dem Weg zum Badezimmer, ansonsten bekommen sie wenig voneinander mit.

Yuma hatte noch nie eine Freundin. Den vagen Wunsch, auszuziehen und mit einer Frau zusammenzuleben, hat er noch nicht völlig abgeschrieben, aber er unternimmt auch nichts, um ihn sich zu erfüllen. Vor Jahrzehnten, als Japan oft noch wie eine Großfamilie funktionierte, hätte ein Vorgesetzter oder eine ältere Nachbarin Yuma vielleicht eine Heiratskandidatin vorgestellt. Damals waren die Japaner zahlreich, und jemand, der mit über 30 noch alleine lebte, wurde schräg angeguckt. Doch heute gelten andere Kriterien: Um eine Familie gründen und Kinder großziehen zu können, verdient Yuma zu wenig Geld. Japanerinnen bevorzugen Ehemänner, die in Konzernen arbeiten oder als Beamte, einen wie Yuma wollen sie nicht. Er ist zwar gesund und kräftig, er sieht gepflegt aus und er hat Aussichten, eines Tages zum Filialleiter eines Supermarkts aufzurücken, doch viel mehr verdienen wird er auch dann nicht.

Ich kenne Yuma seit seinem zweiten Lebensjahr, er gehört zur Verwandtschaft meiner japanischen Frau. Ich habe miterlebt, wie er aufwuchs, ziemlich normal, wie Millionen Gleichaltrige. Ich war manchmal dabei, wenn er Zeichentrickfilme im Fernsehen schaute, Baseball spielte und dann irgendwann auf seiner ersten Playstation zockte. Er war ein umgänglicher Junge, fast immer gut gelaunt. Wenn ich herausfinden wollte, wofür sich Japans Nachwuchs gerade begeisterte, brauchte ich nur Yuma zu fragen.

Wenn ich mich heute mit Yuma verabreden will, dauert es meist lange, bis er einen Tag findet, an dem er freihat. Er muss von früh bis spät arbeiten, oft auch an Wochenenden. Wenn wir uns treffen, bin ich oft schockiert über sein Aussehen. Zwar begrüßt er mich fröhlich, das liegt in seiner Natur, aber er sieht erschöpft und ausgezehrt aus. Unter seinen Augen haben sich dunkle Ringe eingegraben. Sie erzählen vom ermüdenden Alltag in einem Land, das so rasend schnell vergreist wie kaum eine andere führende Industrienation. Einem Land, in dem auch jüngere Menschen immer länger arbeiten müssen.

Jedes Jahr verkündet die Regierung in Tokio die neueste Einwohnerstatistik, so auch im Sommer 2018. Es handelt sich um dröge Routine, doch die Entwicklung, die sich hinter den Zahlen verbirgt, ist dramatisch. Sie müsste das ganze Land alarmieren: Seit neun Jahren in Folge schrumpft die Bevölkerung. Per 1. Januar 2018 lebten im Land über 125,2 Millionen Japaner, das waren 374 055 weniger als im Vorjahr. Der Bevölkerungsschwund des letzten Jahres war so groß, als hätte Japan in nur zwölf Monaten eine Stadt in der Größenordnung von Bochum verloren. Weit über ein Viertel der Bevölkerung – exakt 27,66 Prozent – war 65 Jahre alt oder älter, so viele Menschen wie noch nie. Damit war der Anteil der Alten bereits mehr als doppelt so hoch wie jener der unter 15-Jährigen.

Ensprechend düster sieht die Zukunft aus. Schätzungen zufolge dürfte die Bevölkerung Japans bis 2060 um ein Drittel schumpfen. Die negativen Folgen für die Wirtschaft lassen sich bislang nur erahnen: Die Bevölkerung im arbeitsfähigen Alter dürfte bis 2065 auf knapp 40 Millionen sinken, gegenüber 2016 wäre das ein Rückgang um 40 Prozent. Zu wenige Junge rücken nach. Die Geburtenziffer ist zu niedrig, um den Trend zur Vergreisung zu wenden. Sie betrug 2017 nur 1,43. Dieser statistische Wert gibt an, wie viele Kinder eine Frau im Laufe ihres Lebens bekommen würde, wenn ihr Geburtsverhalten so wäre wie das aller Frauen zwischen 15 und 49 Jahren im jeweiligen Jahr. Bei Frauen mit deutscher Staatsangehörigkeit lag die Vergleichsziffer 2016 mit je 1,46 Kindern nur wenig höher.

Die Japaner leben im Durchschnitt immer länger, und darauf waren sie lange durchaus stolz: Alljährlich, zum Tag der Ehrung der Alten, den die Nation am dritten Montag im September als amtlichen Feiertag begeht, bekamen die über Hundertjährigen im Namen des Premiers Silberbecher überreicht. Doch inzwischen ist diese respektvolle Geste dem Staat zu teuer geworden. Im Jahr 2016 lebten bereits 65 692 über Hundertjährige in Japan, etwa so viele, wie eine mittlere deutsche Stadt Einwohner hat. Von den Hochbetagten waren 87,5 Prozent Frauen. Bei der ersten offiziellen Zählung 1963 hatte Japan dagegen erst 153 Hundertjährige. Dieser Tage, wo die Jubilare zahlreicher und zahlreicher werden, sind die Becher, die sie geschenkt bekommen, nur noch versilbert.

»Im Supermarkt müssen wir mit immer weniger Kollegen arbeiten«, berichtet Yuma, »zugleich werden unsere Kunden weniger und immer älter.« Japan, so kommt es ihm manchmal vor, stirbt allmählich aus. Es wird immer schwieriger, Personal zu finden. Im Supermarkt arbeiten die meisten als Teilzeitkräfte, viele davon Hausfrauen oder ausländische Studenten. Häufig wird Yuma in andere Filialen in Tokio gerufen, um Kollegen zu ersetzen, die plötzlich krank geworden sind oder ganz aufgehört haben zu arbeiten. An Urlaub ist nicht zu denken. Er sagt: »Würde ich länger als sechs Tage pro Jahr freinehmen, brächte ich meine Kollegen in Schwierigkeiten, denn die müssten dann ja für mich mitarbeiten.«

Yuma käme nie auf die Idee, sich zu beklagen. Er hat von klein auf gelernt, sich einzufügen in eine Gesellschaft, die großen Wert auf Harmonie legt. Gleich nach dem Aufstehen verlässt er das Haus. Sein Frühstück besorgt er sich in einem der 24-Stunden-Läden, die es an jeder Ecke gibt und in denen die Japaner nicht nur Dinge des täglichen Bedarfs einkaufen, sondern auch Geld überweisen, Rechnungen bezahlen oder Konzerttickets kaufen. Der Laden, in dem sich Yuma morgens meist zwei Reisbällchen und eine Flasche grünen Tee kauft, liegt direkt am Bahnhof. Von dort fährt er fast eine Stunde lang mit einem Pendlerzug.

Immer neue Passagiere quetschen sich in den überfüllten Waggon. Niemand beschwert sich, es herrscht diszipliniertes Schweigen. Die meisten sind in ihre Smartphones vertieft, auch Yuma. Mit seinem Smartphone erledigt er fast alles: Videospiele spielen, Filme schauen, Musik hören und manchmal auch mit früheren Schulfreunden chatten. Das Smartphone ersetzt ihm vieles von dem, wonach seine Eltern noch strebten, als sie jung waren: Auto, Eigenheim und eben auch die eigene Familie. Yuma sagt: »Meine Generation hat andere Werte.«

Er spricht erstaunlich offen darüber, dass er Single ist und es wohl auch bleiben wird, wie viele Männer und Frauen seiner Generation. Bis zum Jahr 2040 dürften rund 40 Prozent der Japaner allein leben, errechnete das Nationale Institut für Studien zur Bevölkerung und zur sozialen Sicherheit. Für Yuma ist das nicht irgendeine Zahl, es ist die Realität, in der er lebt. Wenn man ihm zuhört, denkt man unwillkürlich an Reportagen über japanische Männer, die mit Silikonpuppen leben. Oder an spezielle Cafés und Massagesalons, wo als Schulmädchen verkleidete Frauen den Einsamen allerlei Formen der Zärtlichkeit anbieten – vom harmlosen Streicheln bis zum Sex gegen Bezahlung. All diese Dienstleistungen gibt es in Japan, aber für die meisten Menschen spielt sich der Alltag nicht so exotisch ab, sondern verläuft eher trist und öde wie der von Yuma. Er hat sich längst daran gewöhnt, er kennt nichts anderes. Er lebt im Rhythmus der Schichteinteilungen bei der Arbeit und der Fahrpläne der Pendlerzüge.

In seiner Mittagspause speist Yuma oft in einem Restaurant nahe seinem Supermarkt, es ist eines der letzten, die hier noch geöffnet haben. Im umliegenden Wohnviertel, das in den Siebziger- und Achtzigerjahren aus dem Boden gestampft wurde, stehen immer mehr Häuser und Apartments leer; viele alte Bewohner sind weggezogen oder verstorben. »Irgendwann wird auch unser Supermarkt schließen«, vermutet Yuma. Wenn es so weit ist, wird er wohl in eine andere Filiale versetzt werden. Zum Glück ist er fest angestellt. Das ist mittlerweile ein Luxus in Japan, wo rund 40 Prozent der Arbeitskräfte als sogenannte »Hiseiki«, als »Nicht-Reguläre«, arbeiten. Gleichwohl sorgt er sich um seine Zukunft. Er sagt: »Wenn es immer weniger junge Menschen gibt, wer wird dann später meine Rente finanzieren?«

Yuma interessiert sich nicht für Politik, er geht nicht wählen. Aber er bekommt hautnah mit, wie dramatisch sich sein Land verändert.

Er ist umgeben von alten Menschen, von denen viele immer länger arbeiten: Sie begrüßen Touristen an den Rezeptionen der Hotels, sie fahren Taxis oder Busse, sie weisen Autos auf Parkplätze ein, sie putzen frühmorgens Büros, sie liefern oft spätabends noch Pakete aus. Jeder, der noch einigermaßen fit ist, wird gebraucht.

Die Vergreisung liegt wie ein grauer Schleier über Japan: Das Fernsehen bringt zur besten Sendezeit Werbespots für Senioren-Windeln und elektronisch verstellbare Pflegebetten. Die Tageszeitungen drucken ihre Artikel in extragroßen Schriftzeichen für die Alten. Die Restaurants servieren oft immer kleinere Portionen, abgestimmt auf den geringeren Appetit ihrer Gäste, die immer älter werden. Im Wahlkampf umwerben Politiker bevorzugt Rentner und verheißen ihnen soziale Wohltaten – auch wenn die Zusagen dann oft nicht eingehalten werden –, denn die Alten gehen am verlässlichsten zur Wahl. Japan wird auch als »Silber-Demokratie« bezeichnet.

Allenthalben ist vom Altern und vom Sterben die Rede. Das Geschäft mit dem Tod ist eine Branche mit Zukunft, so makaber es klingt. In Tokio findet regelmäßig eine Ausstellung der »Industrie für das Lebensende« statt, sie zieht weit über 20 000 Besucher an. Allenthalben werben Bestatter um Kunden, Probeliegen im Sarg inklusive. Neuerdings beliebt: Ruhestätten, die sich in Hochhäusern befinden. Von außen sehen die Anlagen wie Wohnblocks aus. Preiswerter, weil platzsparend, sind dagegen Urnengräber, die über- und nebeneinander aufgereiht werden – wie Schließfächer in einem Bahnhof.

Das Fernsehen sendet Tipps zur Vorbeugung gegen Demenz, immer wieder empfohlen: das Kauen von Kaugummis, dreiminütige Meditationen und eine Ernährung, die reich an Vitamin B ist. Das Wirtschaftsmagazin »Toyo Keizai« bringt eine Titelgeschichte über die »befriedigende Art zu sterben«. Und die Frauenzeitschrift »Josei Seven«, die ihre Leserinnen einst eher mit Klatsch und Kosmetiktipps versorgte, veröffentlicht ein Ranking von Städten, in denen man gut betreut die letzten Lebensjahre verbringen kann. Am besten schneidet dabei Yokosuka ab, eine Hafenstadt bei Tokio.

Das kollektive Altern verändert auch das Konsumverhalten. Verglichen mit Deutschland ist Japan weniger eine Gesellschaft von Bürgern, die politisch mitreden oder mitentscheiden; eher kann man die Bevölkerung als Gesellschaft von Verbrauchern bezeichnen. Der Konsum ist das Vehikel, über das die Japaner am öffentlichen Leben teilnehmen. Die Freizeit oder das, was sie darunter verstehen, vertreiben sie sich im Rhythmus der Werbekampagnen. Anders als oft vermutet, verbraucht die Nation die meisten Waren und Dienstleistungen, die sie produziert, selbst. Es war der heimische Markt, auf dem die Konzerne lange das Geld verdienten, mit dem sie ihre Exportoffensiven finanzierten. Doch mit der Bevölkerung schrumpft auch dieser Absatzmarkt. Allein Toyota verkaufte in Japan 2015 rund 200 000 Autos weniger als zehn Jahre zuvor.

Japans Wirtschaftsplaner sehen sich mit einer Herausforderung konfrontiert, die mit herkömmlichen Theorien kaum zu lösen ist: Wer will langfristig noch in einem Land investieren, in dem immer weniger Verbraucher leben? Die Alterung ist mitverantwortlich für die Dauerkrise, unter der Japan seit der geplatzten Wirtschaftsblase der späten Achtziger- und frühen Neunzigerjahre leidet. Zwar genoss das Land noch im Frühjahr 2018 eine wirtschaftliche Erholungsphase, die nun bereits sechs Jahre währt und damit eine der längsten der Nachkriegszeit ist. Doch im Alltag merkten und merken die Bürger davon wenig. Sie knausern mit ihrem Geld. Um den flauen Konsum auszugleichen, pumpt der Staat seit über zwei Jahrzehnten Milliarden in den schlaffen Wirtschaftskreislauf. Auf diese Weise hat das Land sich mit mehr als dem Doppelten seiner gesamten Wirtschaftsleistung verschuldet, so hoch wie kein anderes führendes Industrieland.

Das Hauptproblem, das die Regierung auf diese Weise bekämpfen will, bekommt sie jedoch nicht dauerhaft in den Griff: die Deflation, also den Verfall der Preise. Zwar sinken die Preise mittlerweile kaum noch oder nur noch moderat, gleichwohl gibt es kaum Grund zur Entwarnung. Denn je weniger Waren gekauft werden, desto eher sinken die Preise. Dadurch wiederum sinken die Gewinne der Firmen, die immer weniger investieren und ihren Beschäftigten immer niedrigere Löhne zahlen. Und im schlimmsten Fall horten dann alle nur noch Geld, Firmen wie Verbraucher.

Mit dieser deflationären Realität plagt Japan sich also seit Jahrzehnten herum, mal weniger, mal mehr. Fast könnte man vermuten, dass der Verfall sich auch im Straßenbild zeigt: etwa mit Slums, wie es sie in anderen Industrieländern gibt, mit kaputten Fensterscheiben, bröckelnden Fassaden, verdreckten Hauseingängen. Doch Japan altert in Würde. Das gilt auch für ein einstiges Neubaugebiet im Westen von Tokio, das inzwischen indes gar nicht mehr neu ist, sondern immer älter aussieht. Yuma verbrachte in diesem Viertel seine ersten Lebensjahre, auch jetzt fährt er jeden Morgen mit dem Zug daran vorbei: Es heißt Tama New Town.

Zukunft: Kompakte Stadt

Das Stadtviertel, von dem hier die Rede ist, symbolisierte einst Japans Wiederaufstieg nach dem Zweiten Weltkrieg: Bulldozer rückten an und trugen Hügel um Hügel ab, um Platz für moderne neue Apartmentblocks zu schaffen. Mit einer Fläche von rund 3000 Hektar war Tama New Town größer als 4000 Fußballfelder. Die weiß getünchten Blocks sahen alle gleich aus, wie Schachteln, sie unterschieden sich nur durch die Nummern, die an ihren Fassaden prangten. Rund 350 000 Menschen zogen in ihnen ein. Tama New Town wurde die größte Wohnanlage dieser Art in Japan und ein Vorbild für ähnliche Projekte im Land.

Als Mieko Terada 1976 mit ihrer Familie hierherzog, war die

Anlage bereits fünf Jahre alt. Für die gelernte Bibliothekarin und ihren Ehemann – er arbeitete bei einem Hersteller für Audiogeräte – hatte sich ein Traum erfüllt. Sie fühlten sich als Teil der aufstrebenden Mittelschicht. Ihre neue Wohnung war nicht groß, aber die Familie besaß nun ein eigenes Bad; nicht länger mussten sie sich im Sento, einer öffentlichen Badeanstalt, waschen. Statt in einem zugigen Haus aus Holz und Papier lebten sie warm hinter Beton und Glas.

Anfangs sah es noch kahl aus in der New Town, aber auf den Grünflächen tobten viele Kinder. Junge Mütter schoben Kinderwagen durch die Einkaufsstraßen des Areals, in denen sich Laden an Laden reihte. An den Wochenenden gesellten sich die Väter hinzu.

»Damals herrschte hier Aufbruchstimmung«, erinnerte sich Terada, als sie mich im Sommer 2016 im »Fukushi-Tei«, dem »Wohlfahrtscafé«, empfing. Terada kam gerade aus der Küche, aber sie sah nicht aus wie eine Wirtin. Sie war hier so etwas wie eine Sozialarbeiterin, auch wenn sie sich nicht so nannte. Sie arbeitete ehrenamtlich. Das »Fukushi-Tei« war ein Treff für Senioren, deren Zahl in der New Town rapide zunahm. Es befand sich in einem früheren Laden, der längst geschlossen war, wie die meisten umliegenden Geschäfte.

Terada war 68 und Rentnerin, sie gehörte eindeutig zu den Jüngeren in dem Café. Sie zeigte aus dem Fenster und sagte: »In der Nachbarschaft stehen immer mehr Apartments leer.« Von den einst 350 000 Einwohnern lebten nur noch 220 000 Menschen in der Tama New Town. In einigen Bereichen der Anlage war fast die Hälfte der Bewohner bereits 65 Jahre alt oder älter. Mehrere Kindergärten und Schulen waren geschlossen, für immer. Kinderwagen sah ich hier keine, dafür aber umso mehr Rollatoren, die von Greisen geschoben wurden.

Das Ehepaar Terada wohnte noch immer im selben Apartment. Ihre Kinder waren längst erwachsen und ausgezogen. Die meiste

Zeit verbrachte Frau Terada im Seniorentreff. »Wir wollen hier ein Modell schaffen für ganz Japan«, sagte sie, »eine Gesellschaft, die altert, kann nur überleben, wenn wir uns gegenseitig helfen.«

Morgens um neun Uhr öffnete das Café, das auch warme Mahlzeiten servierte. Es war ein zweites Zuhause für viele Alte, die in ihren Apartments sonst vereinsamt wären. An den Tischen spielten sie Go und andere Brettspiele. Freiwillige halfen ihnen dabei, Anträge für die Pflegeversicherung auszufüllen oder Einkäufe zu organisieren. Da viele Geschäfte in der Nähe aufgegeben hatten, mussten die Alten nun in dieser Siedlung, die einst für junge Menschen gebaut worden war, zum Einkaufen weite Strecken zurücklegen. Um zum nächsten Bahnhof zu gelangen, hatten sie steile Treppen zu überwinden. In den Blocks gab es meist keine Fahrstühle.

Viele der älteren Bewohner verließen ihre Apartments nur noch selten. »Besonders alleinstehende Männer sind oft zu stolz, ihre Nachbarn um Hilfe zu bitten«, berichtete Terada. Ein Gast ihres Cafés sei eines Tages plötzlich nicht mehr gekommen. »Ich rief mehrmals bei ihm zu Hause an, aber niemand meldete sich; ich dachte, er wäre verreist.« Wochen später habe man seine Leiche in der Wohnung gefunden. »Kodukushi« – »Tod in Einsamkeit« – nennen die Japaner dieses Phänomen, das längst zum Alltag gehört.

Terada sorgte sich zunehmend um ihre eigene Zukunft. Noch zehn Jahre wollte sie im »Fukushi-Tei« aktiv sein. »Aber dann werde ich wohl selber Hilfe benötigen.«

In zehn Jahren – dann dürfte ganz Tokio sehr alt sein und sehr grau: Bereits 2025 wird die Generation der einstigen Babyboomer über 75 sein und damit in einem Alter, in dem sie immer mehr Hilfe benötigt. Mit der Bevölkerung von Tokio wird dann auch die Wirtschaft schrumpfen, warnt der Demografie-Experte Akihiko Matsutani in seinem Buch »Tokyo Rekka« – »Der Verfall Tokios«. Viele Viertel der Hauptstadt könnten verwahrlosen wie Teile von New

York in den Siebzigerjahren. Bis 2060 könnte Tokio um drei Millionen Menschen schrumpfen – das wären etwa so viele Menschen, wie im heutigen Berlin wohnen.

Für ausländische Touristen, die das pralle Leben im neonglitzernden Zentrum von Tokio kennenlernen, muss so eine Untergangsvision absurd klingen. Denn derzeit wächst die 13,5-Millionen-Hauptstadt noch, sie lockt immer mehr Junge und Ehrgeizige an. Dadurch allerdings entvölkern sich die ländlichen Gegenden immer mehr. Und es verstärkt sich ein Trend, der im hoch zentralisierten Japan seit jeher gilt: Wer es im Leben zu etwas bringen will, zieht nach Tokio.

Die Hauptstadt ist ein Magnet, sie zieht die Energien von Staat, Wirtschaft, Kultur und Gesellschaft an. Hier drängen sich die Elite-Universitäten, die Konzernzentralen und natürlich alle wichtigen Behörden. Die Konzentration in der Hauptstadt nimmt momentan weiter zu – trotz aller Beschwörungen von Politikern, Japan müsse seine Regionen wiederbeleben. Allein im Jahr 2015 verlegten 335 Unternehmen ihre Zentralen nach Tokio oder in eine der drei benachbarten Präfekturen, meldete der Statistikdienst Teikoku Databank. Rund 120 000 Menschen drängen pro Jahr neu in den Ballungsraum.

Kein Wunder, dass Warnungen vor einem Rückgang der Bevölkerung wenig Gehör finden. Denn im Alltag wird die Megacity ja immer voller, immer stressiger. Ähnlich wie Yuma, mein Verwandter, pendeln die meisten Menschen in überfüllten U- und S-Bahnen. Nicht selten brauchen sie bis zu zwei Stunden, um zu Firmen, Universitäten und Schulen zu gelangen. Um das Gedränge zu lindern, mehr Stehraum zu schaffen und das Ein- und Aussteigen zu beschleunigen, haben die Bahngesellschaften in den Waggons teilweise die Sitze abgeschraubt und zusätzliche Türen eingebaut.

Doch der langfristige Trend der Vergreisung lässt sich inzwischen auch in Tokio besichtigen, und zwar nicht nur in Randgebieten wie

Tama New Town. Auch in relativ zentral gelegenen Stadtbezirken wie Suginami oder Nagano sieht man immer häufiger unbewohnte Wohnungen und Häuser; sie verfallen, weil ihre Bewohner in Altenheime gezogen oder verstorben sind. Im ganzen Land waren bereits 2013 rund 8,2 Millionen Wohnungen unbewohnt – das waren 630 000 Wohnungen mehr als fünf Jahre zuvor. Bis zum Jahr 2033 dürften 30 Prozent des gesamten Wohnungsbestands leer stehen, prophezeit das Forschungsinstitut des Wertpapierhauses Nomura in Tokio.

Die Tokioter Stadtregierung sieht Tama New Town als Testlabor des demografischen Wandels, sie will die ergraute Satellitenstadt zu einem Pilotprojekt für altengerechtes Wohnen umbauen: Steile Treppen werden nach und nach durch barrierefreie Umwege ersetzt, einige Apartmentblocks erstmals mit Fahrstühlen ausgestattet. Überdies werden Wohnungen zusammengelegt, sodass dort junge Familien mit ihren betagten Eltern einziehen können. »Die Idee ist, dass sich die Jungen um die Alten kümmern«, sagt Jun Ueno, ein Stadtplanungsexperte von der Shuto-Universität, der selbst in Tama New Town lebt.

Als Ueno mir in seiner Uni das Zukunftskonzept erläuterte, musste ich an Yubari denken, eine Stadt auf Hokkaido, der nördlichen Hauptinsel, die ich mehrmals besucht hatte. Auch sie war ein Menetekel für ganz Japan, wenn auch auf andere Weise: Yubari war nicht nur überaltert, die Stadt war auch pleite. »Yubari« war ein anderes Wort für Verfall.

Als ich Yubari 2007 erstmals besuchte, empfing mich der damalige Bürgermeister Hajime Fujikura in einem Rathaus, das fast völlig verwaist war. Die Hälfte seiner Beamten war ausgeschieden. Es war kein Geld mehr da, um ihre Gehälter zu bezahlen. Aber auch im Niedergang seiner Stadt wahrte der Bürgermeister die Form: Fujikura verneigte sich höflich. Er berichtete, dass er kürzlich seinen Dienst-Toyota habe versteigern lassen, um die leere Stadtkasse zumindest ein wenig zu entlasten. Inzwischen hat ein Nachfolger den Posten des Bürgermeisters übernommen, er zählt zu den ärmsten Amtsträgern im Land und verdient etwa so viel wie ein nicht regulärer Arbeiter. Die Fahrt zur Arbeit muss er aus eigener Tasche bezahlen.

Fünf Jahre nach dieser ersten Reise in die strauchelnde Stadt besuchte ich Yubari wieder. Die Stadt kam mir noch ärmer vor und noch menschenleerer, und sie war es auch. Das einstige städtische Krankenhaus stand zwar noch, aber es existierte nur noch als Notbehelf. »Willkommen im Griechenland Japans.« Mit diesen sarkastischen Worten begrüßte mich Chefarzt Tomohiko Murakami. Er führte mich durch die düsteren Flure des Gebäudes, aus Kostengründen war die Beleuchtung teilweise abgeschaltet worden. Die Operationssäle waren geschlossen, die Krankenstation war von einst 171 auf 19 Betten reduziert und mit der Altenpflegestätte zusammengelegt worden.

Der Arzt hielt den Betrieb mit Freiwilligen aus dem ganzen Land aufrecht. Von einst zwölf Medizinern arbeiteten nun gerade noch einmal halb so viele – gegen deutlich verringerte Bezahlung. Umso mehr überraschte der Enthusiasmus von Murakami. Ausgerechnet hier, mitten im Verfall, glaubte er ein Überlebensmodell nicht nur für Japan, sondern auch für die übrige Welt entdeckt zu haben. Er sagte: »Hier probieren wir aus, wie ein Industrieland den Abstieg zu einer Gesellschaft von Alten und Pflegebedürftigen bewältigt.«

Yubari war einst ein Kohlerevier, in dem rund 100 000 Menschen lebten. Die meisten Männer arbeiteten unter Tage. Inzwischen ist die Einwohnerzahl auf unter 9000 gesunken. Als Yubari 2007 als erste japanische Stadt pleiteging, hatte es Schulden von rund 35 Milliarden Yen angehäuft. Das hatte mit Demografie wenig zu tun: Verantwortlich für die Misere war – ähnlich wie im deutschen Ruhrgebiet – der Niedergang der Kohle, die zunehmend unter Druck geriet durch Öl und andere Energieträger. Um den Strukturwandel zu bewältigen, hatte Yubari sich seit den Achtzigerjahren immer höher verschuldet: Die Stadtväter errichteten Prachtbauten, darunter ein riesiges Hotel am Bahnhof, Skipisten und einen Freizeitpark, sie leisteten sich ein teures Filmfestival. Noch Jahre später flatterten vergilbte Kinoplakate auf Werbeflächen. Yubari wirkte wie ein verlassenes Filmset, vom Winde verweht.

Mehrere Schulen wurden geschlossen oder zusammengelegt, weil der Stadt das nötige Geld für ihren Betrieb fehlte. Viele Junge zogen weg, auch um den steigenden Steuern und Abgaben zu entgehen, welche die verschuldete Kommune von den Zurückgebliebenen erhob. Für ihre Steuern bekamen die Bürger immer weniger Gegenwert an kommunalen Dienstleistungen: Auch öffentliche Toiletten, Parks und die Bibliothek wurden geschlossen. Eine städtische Siedlung mit einst rund hundert Wohnblöcken sollte nach und nach abgerissen werden. Zurück blieben meist alte Bewohner, sie sollten zusammenrücken in einige wenige Wohnblocks. »Kompakte Stadt« hieß der Fachbegriff für den organisierten Rückbau Yubaris, wie ihn inzwischen auch andere überalterte Kommunen in Japan planen. Auf diese Weise wollte man Geld sparen für den Unterhalt von Straßen, Brücken und Wasserleitungen. In der schneereichen Stadt rückten die Räumfahrzeuge nur noch aus, wenn es sich lohnte und der Schnee eine bestimmte Höhe erreicht hatte.

Der Zwang zum Sparen war für die Bewohner bitter, aber auf ihre Gesundheit wirkte er sich positiv aus. »Wer pleite ist, muss sich gründlicher die Zähne putzen«, erläuterte Murakami, der Arzt, sein Konzept. Im seinem Behandlungszimmer breitete er Statistiken aus, die einen erstaunlichen Trend belegen sollten: Seit das städtische Krankenhaus geschlossen hatte, war Yubaris Sterberate deutlich zurückgegangen. Erreicht habe man dies durch simple Vorbeugungsmaßnahmen wie eben bessere Mundhygiene, aber auch durch verstärkte Impfungen gegen Grippe sowie gegen einen Erreger von Magenkrebs, der in Japan häufig vorkommt. Auch Lungenentzündungen mit tödlichem Ausgang – eine typische Greisen-Erkrankung – habe man deutlich reduziert, sagte Murakami.

Statt aufwendiger Behandlungen und teurer Medikamente, für die ohnehin kein Geld mehr vorhanden war, setzte der Arzt auf regelmäßige Hausbesuche und Nachbarschaftshilfe. Früher hätten ältere Leute oft nach einem Krankenwagen gerufen, wenn sie sich unwohl fühlten. »Jetzt leiten wir sie dazu an, erst einmal selbst etwas für ihre Gesundheit zu tun und sich zu bewegen. So bleiben sie länger rüstig.«

Murakami sah sich als Pionier. Am Ende, da war er sich sicher, würde ganz Japan das Modell Yubari übernehmen. »Unser Land wird dann zwar ärmer sein, aber auch glücklicher.«

Der alltägliche Pflegenotstand

Japan bleibt keine andere Wahl: Aus seiner Not, dem demografischen Wandel, muss es eine Tugend machen. In der Altenpflege muss das Land neue, kreative Wege gehen. Gleichwohl droht das rasante Tempo der kollektiven Vergreisung die Gesellschaft zu überfordern, personell, finanziell, aber auch psychisch.

Dabei hat Japan sich auf die Herausforderung durchaus vorbereitet: Seit dem Jahr 2000 gibt es eine Pflegeversicherung, sie hat fünf Stufen und funktioniert weitgehend nach deutschem Vorbild. Doch sie stößt zunehmend an Grenzen: Rund 1,71 Millionen Pflegekräfte kümmerten sich 2013 bereits um die Alten und Gebrechlichen. Das ist viel zu wenig, denn die Zahl der zu Betreuenden hat sich bis 2016 fast verdreifacht – auf über sechs Millionen. Pro Jahr wendet die Nation für die Pflege rund 10,5 Billionen Yen (etwa 81 Milliarden Euro) auf. Bis 2025 dürften sich diese Ausgaben etwa verdoppeln, schätzt das Ministerium für Gesundheit, Soziales und Arbeit in Tokio.

Um Kosten zu senken, werden die Ansprüche auf Heimplätze zunehmend eingeschränkt. Versicherte, die in niedrigere Pflegegrade eingeteilt werden, sollen möglichst lange zu Hause versorgt werden. Das klingt nach einem vernünftigen Ansatz, der auch den Wünschen vieler Betroffener entgegenkommt. Tatsächlich verbirgt sich dahinter aber auch der zunehmende Zwang des Staates, zu sparen: Häusliche Hilfeleistungen wie Putzen oder das Zubereiten von Essen werden mitunter drastisch reduziert.

Die Monatsbeiträge der Pflegeversicherten haben sich teilweise verdoppelt. Mittlerweile erwägt die Regierung, auch Beiträge von unter 40-Jährigen einzuziehen, die von Zahlungen in die Pflegeversicherung zunächst ausgenommen waren. Doch mehr Geld wird dringend gebraucht: In ganz Japan warten rund eine halbe Million Menschen darauf, Plätze in Pflegeheimen zu bekommen.

Im Juni 2015 machte Hiroya Masuda, früher Minister für die öffentliche Verwaltung, einen Vorschlag, der viele Landsleute aufschreckte: Betagte Mitbürger aus Tokio sollten in ländliche Regionen umsiedeln. Dabei bezog er sich auf das Jahr 2025, ein oft genanntes Horrordatum in Japan: Dann würde allein im Großraum Tokio rund ein Drittel der über 75-jährigen Menschen leben, die Zahl der Pflegebedürftigen werde drastisch steigen. Daher, forderte Masuda, sollten möglichst viele Alte auf das Land umziehen, solange sie noch beweglich seien. An ihren neuen Bestimmungsorten könnten sie in altersgerechten Wohnkomplexen leben; dort könne man sie später bis an ihr Ende pflegen.

Als ich von dem Plan hörte, musste ich an eine japanische Legende denken, die »Ballade von Narayama«: Sie handelt davon, dass bitterarme, hungernde Dörfler einst ihre nutzlos gewordenen Greise in den Bergen aussetzten. Dort harrten die Alten dann ihres Todes durch Hunger und Kälte. Der Regisseur Shohei Imamura hat diesen Gruselstoff 1983 verfilmt. Doch der Vorschlag des Ex-Ministers war nicht so realitätsfern, wie er zunächst klang. Tatsächlich sucht die Bürokratie in Tokio bereits Freiwillige, die aufs Land ziehen, denn dort gibt es oft noch Personal und Platz für Pflegeheime. Als ein Pilotprojekt baute der Stadtbezirk Suginami mit der Stadt Shimoda auf der Halbinsel Izu an der Pazifikküste ein Altenpflegeheim mit hundert Betten. Ab 2018 sollen die ersten Greise dorthin umsiedeln.

Wie angespannt das Pflegesystem in Tokio ist, erlebte ich in einem Heim in Katsushika, einem Bezirk im Osten der Hauptstadt. Wie viele solcher Einrichtungen trägt es einen Namen, der einen friedlichen, beschaulichen Lebensabend verheißen soll: »Yasuragi no Sato« – »Heimat der Ruhe«. Tatsächlich aber wurde der Pflegealltag beherrscht von Stress und Hektik. Über dem Eingang des Heims hing ein riesiges Banner, es las sich wie ein Hilferuf: »Wir suchen dringend Personal.« Als der Pförtner die automatische Tür öffnete, um mich hereinzulassen, rannte sogleich ein unter Demenz leidender Bewohner auf die Straße, mehrere Pfleger stürzten hinterher. Nach einigen Minuten der Aufregung fingen sie ihn wieder ein.

»Bei uns leben über 80 ständige Bewohner, die meisten sind dement«, sagte Atsuko Arai, die Heimleiterin. »Wir können längst nicht so viele aufnehmen, wie sich um Plätze bewerben.« Arai arbeitete seit dreieinhalb Jahrzehnten in der Altenpflege, sie wirkte freundlich, aber resolut. Sie wollte ihren Job gut machen, aber ständig stieß sie an die Kapazitätsgrenzen des Systems. Sie zeigte mir die Liste der Wartenden, oft handelte es sich um schwere Fälle. »Für solche Personen brauchen wir je vier Betreuer, doch die haben wir einfach nicht.«

Rund 60 Pfleger arbeiteten in dem Heim, die meisten waren Frauen, sie waren völlig überlastet. Umso mehr erstaunte mich, wie liebevoll und freundlich sie mit den Alten umgingen – und dies sicher nicht, weil ich sie bei ihrer Arbeit beobachtete. Aber klar war auch: Einige arbeiteten hier am Rand des Nervenzusammenbruchs, und darüber sprachen Arai und ihre Kollegen ganz offen.

Das »Yasuragi no Sato« gehörte eindeutig zu den besseren Pflegeheimen in Japan: Arai achtete darauf, dass die Beschäftigten möglichst nicht länger arbeiteten als die vorgeschriebenen acht Stunden am Tag. Das war nicht selbstverständlich. In anderen Heimen fesselten überforderte Betreuer die Alten nicht selten an die Betten. Im März 2018 wurde ein ehemaliger Pfleger eines Heims in Kawasaki bei Tokio in erster Instanz zum Tode verurteilt. Er soll drei Greise umgebracht haben, indem er sie nacheinander von Balkonen der Einrichtung herabwarf. Arai verfolgte den Fall in den Medien. »Um Stress zu lindern, bieten wir unseren Mitarbeitern psychische Beratung an«, sagte sie.

Weit über sechs Millionen Japaner sind auf Pflege angewiesen. Ab 2025 – also dann, wenn die Babyboomer 75 werden – dürften im ganzen Land rund 380 000 Pflegekräfte fehlen. Entlastung ist nicht in Sicht. Ähnlich wie in Deutschland verdienen Pfleger und Pflegehelfer deutlich weniger als in anderen Dienstleistungsberufen. Oft reicht der Lohn nicht, um damit eine Familie zu ernähren.

Der Pflegenotstand gehört in Japan zum Alltag. Den Angehörigen von Alten und Gebrechlichen bleibt oft nichts anderes übrig, als ihre Jobs aufzugeben und die Betreuung selbst zu übernehmen. Das gilt auch für die wachsende Zahl von Demenzkranken. Das alternde Japan sei »eine Großmacht der Demenz«, schrieb die Wirtschaftszeitung »Nihon Keizai«. Die Zahlen belegen diesen Befund: Im Jahr 2012 galten bereits 4,62 Millionen Japaner als dement, und bis 2030 – wenn die viel zitierten Babyboomer bereits über 80 sein werden – könnte die Zahl der Dementen gar auf 8,3 Millionen wachsen.

Kyoko Ohno leitet die Vereinigung für Demenzkranke und ihre Familien in Tokio. An einem Nachmittag im Frühjahr 2016 lud sie mich ein, an einem Gesprächskreis von betroffenen Angehörigen teilzunehmen. Wir trafen uns in einem Bürohochhaus in Tokio. Um ein Rechteck aus Tischen, bei grünem Tee und trockenem Gebäck, saßen etwa zwanzig Menschen, die sich großenteils nie zuvor begegnet waren: Berufstätige, Hausfrauen, Rentner. Sie hatten eines gemeinsam: Sie pflegten daheim demente Angehörige. Und sie blieben mit ihren Sorgen oft allein.

Und dann begann ein Gespräch, wie ich es in dieser Offenheit in Japan noch nicht erlebt hatte. In der japanischen Gesellschaft ziehen sich Menschen gerne hinter Höflichkeitsrituale zurück, doch die Versammelten sprachen erstaunlich freimütig über ihre Mühsal – oder eher: ihre Ohnmacht – im Umgang mit der Demenz. »Am meisten schmerzte mich der Moment, als meine Mutter sagte: ›Ich habe ja leider keine Kinder, die sich um mich kümmern‹«, sagte eine Hausfrau, die neben mir saß. »Sie schien mich nicht mehr zu erkennen.« Ihre demente Mutter, mit der sie zusammenwohnte, habe sich in eine ferne Welt verabschiedet, in der eine Verständigung nicht mehr möglich sei. Nachts irre die alte Frau herum, auf dem Weg zur Toilette verschmutze sie oft die halbe Wohnung mit Exkrementen.

Als Nächster meldete sich ein alter Herr zu Wort, er war 87 und hatte sein Leben lang in einem Büro gearbeitet. Seine Frau sei vier Jahre jünger als er, sie sei zwar noch fähig, sich zu Hause zu bewegen, aber immer häufiger verlege sie Gegenstände. Und dann gebe sie ihm jedes Mal die Schuld. »Häufig schlägt sie mich, und wenn es zu schlimm wird, fliehe ich auf mein Zimmer«, berichtete er. »Ich versuche mich damit abzufinden, dass meine Frau ein ›irrationales Wesen‹ ist, aber leicht fällt mir das nicht.« Er sorgte sich, dass seine Frau in verwirrtem Zustand aus der Wohnung laufen könnte. Seine Angst war verständlich: Allein 2015 wurden in Japan 12 000 Demente als vermisst gemeldet, so viele Menschen, wie mancher Ort Einwohner hat.

Die Berichte der Teilnehmer waren zutiefst berührend. Manche sahen erleichtert aus, nachdem sie von ihrer Situation erzählt hatten. Doch im Alltag blieben sie mit ihrer Not oft allein. Japaner werden dazu erzogen, ihrer Umgebung nicht zur Last zu fallen. Viele opfern sich für ihre Angehörigen auf, oft so lange, bis sie verzweifeln.

»Kaigo Satsujin« – »Pflegemord« – heißt ein entsetzlicher Begriff, der immer öfter in den japanischen Nachrichten auftaucht. Es war an einem Abend im November 2015, als Atsuko Namikata, 47, den Kleinwagen ihrer Familie in den Fluss Tonegawa bei Fukaya, einer Stadt nahe Tokio, lenkte. Mit im Wagen saßen ihre 81-jährige Mutter und ihr 74-jähriger Vater. Die Fahrspuren, die sich in den Kies des tristen Uferstreifens gedrückt hatten, wurden noch Tage später immer wieder im Fernsehen gezeigt. Die Bilder zeugten von der Ausweglosigkeit, die im alternden Japan oft herrscht: Wenige Tage zuvor soll der Vater zur Tochter gesagt haben: »Ich möchte sterben, wollen wir zusammen sterben? Es tut mir leid, wenn wir Mutter alleine zurücklassen. Lass uns zu dritt sterben.« Die Antwort der Tochter war knapp: »Ja, ist gut.«

Seit Jahren hatten Tochter und Vater die Mutter gepflegt, die unter Demenz und unter der Parkinson-Krankheit litt. Gemeinsam lebten sie vom niedrigen Lohn des Vaters, einem Zeitungsausträger. Doch seit Kurzem konnte er nicht mehr arbeiten, er hatte eine Nackenwirbel-Quetschung erlitten. Nun war auch er bettlägerig und konnte nicht einmal mehr alleine auf die Toilette gehen. Zwar hatte die Tochter Sozialhilfe beantragt, doch die Behörden hatten das Ersuchen noch nicht genehmigt. Viel Geld konnte die Familie ohnhin nicht erwarten – schätzungsweise knapp 200 000 Yen (1500 Euro). Und so lud die Tochter ihre Eltern ins Auto. Zunächst fuhren sie zu einem Staudamm in der Nähe, dorthin hatten sie einst, in besseren Tagen, Ausflüge unternommen. Doch dann stellte sich heraus, dass sich der Ort nicht eignete, um das grausame Vorhaben auszuführen. Daher steuerte die Tochter den Wagen schließlich in den Fluss. Indes blieb das Fahrzeug bereits in Ufernähe stecken. Die Tochter öffnete die Tür und zog ihre Eltern nacheinander ins kalte Wasser, wo beide dann ertranken. Sie selbst überlebte.

Im Juni 2016 wurde die Tochter zu vier Jahren Gefängnis ohne Bewährung verurteilt. Das Urteil war vergleichsweise milde: Die

Staatsanwaltschaft hatte eine doppelt so hohe Strafe gefordert. Im Prozess hatte sich die Angeklagte fragen lassen müssen, warum sie denn nicht gewartet habe, bis ihr der Staat die beantragte Sozialhilfe gewährte. Am Ende berücksichtigte das Gericht die Verzweiflung, in der sich die Tochter nach Jahren der Pflege befunden hatte. Die Richterin gab ihr folgenden Rat mit auf den Weg ins Gefängnis: »Vergessen Sie bitte nicht die Gesichter Ihres Vaters und Ihrer Mutter aus der Zeit, als sie harmonisch zusammenlebten, und leben Sie bewusst jeden einzelnen Tag.«

Das Urteil las sich wie der Versuch, zwar Recht und Gesetz aufrechtzuerhalten, aber gleichzeitig auch Menschlichkeit walten zu lassen. Denn was hieß für die Beteiligten schon »gerecht«? Die Richterin machte klar, dass sie ihre Augen nicht verschließen konnte und wollte vor der Realität der Vergreisung, die Japans Gesellschaft zunehmend überfordert – und damit auch die Justiz.

Monate später fand ein ähnlicher Prozess vor dem Bezirksgericht der westjapanischen Stadt Himeji statt: Auf der Anklagebank saß diesmal ein 82-jähriger Bauer, seine weißen Haare waren zerzaust. Damit er der Verhandlung folgen konnte, hatte man ihm ein Hörgerät gegeben. Im April 2016 hatte er seine bettlägerige Frau mit einem Elektrokabel erdrosselt. Der Angeklagte, so beschrieb es die Richterin im Urteilsspruch, habe sich in einer »Pflege ohne Aussicht« aufgezehrt, »körperlich und seelisch«. Dass er darauf verfallen sei, seine Ehefrau zu töten, könne man nicht »groß kritisieren«. Das Strafmaß betrug drei Jahre Gefängnis, ausgesetzt zu fünf Jahren auf Bewährung. Auch in diesem Fall gab das Gericht dem Verurteilten einen Rat mit auf den verbliebenen Lebensweg, offenbar aus Sorge, dass er sich etwas antun könnte: »Tragen Sie Ihre Last nicht alleine. Wenn Sie nach Hause zurückkehren, sprechen Sie mit Ihrer Familie und mit den Nachbarn!«

Die Vergreisung sorgt nicht nur in Japans Gerichtssälen für eine humanere Tonlage. Auch die Gefängnisse überdenken ihr harsches

Regiment. Ihnen bleibt nichts anderes übrig, denn auch hier werden die Insassen immer älter und gebrechlicher. Die Zahl der Gefangenen, die 65 Jahre sind oder älter, hat sich seit 1997 mehr als vervierfacht. Hinzu kommt: Bei vielen Alten – bei weit über einem Fünftel der Insassen – handelt es sich um Wiederholungstäter, die wegen relativ geringfügiger Vergehen, wie Ladendiebstahl, einsitzen. Eine Folge zunehmender Altersarmut.

»Ich begrüße Sie in unserer Anstalt.« Mit freundlicher Miene empfing mich Toshiaki Echizen im Gefängnis von Nagano, etwa drei Zugstunden von Tokio entfernt. Der Komplex lag außerhalb der Stadt hinter hohen hellen Mauern. Echizen trug eine randlose Brille, er sah aus wie ein besorgter Schulleiter, und er redete auch so. Das fand ich ungewöhnlich, zumal dies nicht das erste japanische Gefängnis war, das ich besuchte. Im Vergleich zu Deutschland herrscht im japanischen Strafvollzug ein drakonisches Regiment. Das war grundsätzlich zwar auch in Nagano so: Die Zellen wurden im Winter nicht geheizt – nur die Gänge davor. In langen Reihen marschierten die Häftlinge morgens um halb acht in die Werkstätten, dabei riefen sie im Takt: »Ichi ni, ichi ni« – »Eins, zwei, eins, zwei«. Ihre Haare waren militärisch kurz geschoren, sie trugen grüne Uniformen. Doch aus den Worten des Anstaltsleiters konnte man heraushören, dass er sich weniger um die Disziplin sorgte als um das seelische und körperliche Wohl seiner 890 Insassen. Ein Zehntel der Häftlinge war über 65 Jahre alt. »Unsere Gefangenen werden immer älter«, sagte Echizen, »wir haben bereits eine spezielle Maschine angeschafft, mit der wir die Masse von Windeln entsorgen, die wir jetzt für unsere älteren Häftlinge brauchen.«

Ich war nach Nagano gefahren, weil man hier begonnen hatte, jüngere Häftlinge zu Altenpflegern auszubilden – für ihre älteren Mitinsassen. In einem Schulungsraum hatte der Unterricht an diesem Morgen gerade angefangen. Hintereinander aufgereiht an kleinen Holztischen, bewacht von einem Wärter, hockte ein Dutzend junger Männer. Sie blätterten in einem Lehrbuch mit dem Titel: »Das Gefüge von Seele und Körper«. Vor ihnen saß ihre Lehrerin, eine Altenpflegerin aus einem nahe gelegenen Heim. Heute nahmen sie die Lektion durch, wie man einen Rollstuhl so schiebt, dass er nicht wegrollt.

Die Auszubildenden paukten für ihr Examen, später sollten sie in der Haftanstalt als Pfleger eingesetzt werden. Zum Beispiel in den Gefängnis-Werkstätten, wo die Häftlinge Schuhe, Kleidung oder Möbel fertigten. Dort sollten sie demenzkranken Mitinsassen dabei helfen, das jeweilige Arbeitspensum zu erfüllen. In den Pausen begleiteten sie die Senioren auf die Toiletten, die behinderten- und altengerecht umgebaut worden waren.

In der Krankenabteilung des Gefängnisses durfte ich dabei zuschauen, wie ein frisch geschulter Pfleger einem alten Mithäftling dabei half, sich zu rasieren. Anschließend zog er ihn nackt aus, seifte ihn von Kopf bis Fuß ein, duschte ihn und trocknete ihn ab. »Diese Art der Pflege tut beiden gut, dem Häftling, der sie ausübt, und dem, der sie empfängt«, sagte der Anstaltsleiter. Seit man Häftlinge als Pfleger einsetze, werde nicht nur das Wachpersonal entlastet. Auch der Umgangston zwischen den Gefangenen sei angenehmer und menschlicher geworden. Der Leiter sah zufrieden aus, fast stolz. Wenn man ihm zuhörte, vergaß man fast, dass dies ein Gefängnis war. Und dass die Altenpflege hier nicht aus humanistischen Antrieben praktiziert wurde, sondern aus dem Zwang des demografischen Wandels heraus.

Arbeiten bis zum Umfallen

Allenthalben werden die Arbeitskräfte knapp in Japan. Die Nation marschiert in eine Zukunft, in der die verbliebenen Menschen immer mehr und immer länger arbeiten müssen. Die Regierung in Tokio setzt darauf, die menschlichen Reserven zu mobilisieren, sie hat das Motto ausgegeben: »Eine Gesellschaft, in der 100 Millionen Japaner aktiv sind.« Für eine Nation, die rund 125 Millionen Menschen zählt, heißt das, dass jeder mithelfen soll, der einigermaßen bei Kräften ist. Auch Frauen, die in der traditionell männlich dominierten japanischen Gesellschaft oft nur so lange arbeiten, bis sie heiraten oder Kinder bekommen, werden verstärkt gedrängt, ins Berufleben zurückzukehren. Japan soll eine Gesellschaft werden, in der »Frauen leuchten«. Auch Behinderte sollen von Firmen und Behörden verstärkt eingestellt werden.

Diese Ankündigungen überraschten viele Landsleute, zumal die Regierung ansonsten eine stramm konservative Linie verfolgte. Doch mit Gleichberechtigung der Geschlechter oder mit Integration von Randgruppen hatte diese Politik wenig zu tun. Es ging in erster Linie darum, den Personalmangel zu lindern. Und daher drängte die Regierung auch jene Gruppe verstärkt zum Weiterarbeiten, die zahlenmäßig am stärksten wächst: die Alten.

Zum Zeitpunkt ihrer Geburt erfreuen sich die Japaner der höchsten Lebenserwartung. Wie die Weltgesundheitsorganisation für das Jahr 2015 errechnete, leben japanische Frauen mit 86,8 Jahren im Durchschnitt am längsten, die Männer belegen mit 80,5 Jahren immerhin noch Rang sechs. Dagegen kommt Deutschland mit einer Lebenserwartung von 83,4 Jahren bei Frauen und 78,7 Jahren bei Männern jeweils nur auf Rang 23. Angesichts der japanischen Langlebigkeit plädieren japanische Mediziner bereits dafür, die Grenze, ab der Menschen als »alt« definiert werden, von 65 auf 75 Jahre heraufzusetzen.

Dabei handelt es sich jedoch um eine akademische Debatte. Im realen Arbeitsalltag gilt die Altersgrenze für viele Japaner längst nicht mehr. Von den über 75-Jährigen arbeiten bereits 16 Prozent, teilt Shigoto Zaidan mit, eine Stiftung in Tokio, die alte Menschen für eine zweite oder dritte Karriere vorbereitet. Viele Senioren bekommen indes nur schlecht bezahlte Jobs. Je älter sie werden, desto weniger verdienen sie. Dass Menschen bis ins sehr hohe Alter arbeiten, ist ein globaler Trend, der langfristig auch vor Deutschland nicht haltmachen dürfte. Zwar lässt sich die Situation beider Länder nur grob vergleichen. Aber auch in Deutschland wächst die Zahl der Senioren, die arbeiten. Wie das Statistische Bundesamt mitteilte, gingen bereits 2014 rund 14 Prozent der 65- bis 69-Jährigen einer Erwerbstätigkeit nach. Damit hatte sich ihr Anteil in nur einem Jahrzehnt weit mehr als verdoppelt.

Japans Greise lassen sich oft klaglos für die Arbeit mobilisieren. Für viele ist es selbstverständlich, lange zu arbeiten. Das hat zunächst einmal finanzielle Gründe: Die Altersgrenze beginnt in vielen Berufen früher als in Deutschland. Beamte arbeiten beispielweise offiziell oft nur bis 60. Danach wechseln sie als sogenannte »Himmelsboten« – Japanisch: »Amakudari« – in andere Institutionen wie Universitäten oder in Tochterfirmen von Firmen. Dort bleiben sie dann mindestens bis 65, bis sie ihre Renten ausgezahlt bekommen – und oft auch länger.

Japanische Experten führen gerne kulturelle Gründe dafür an, dass ihre Landsleute länger arbeiten als etwa im christlich geprägten Deutschland. Die Japaner empfänden Arbeit nicht als biblische Mühsal oder gar als Strafe, heißt es oft. Daran mag etwas Wahres sein. Doch spätestens seit dem Platzen der Japan-Blase der späten Achtzigerjahre arbeiten Ältere auch deshalb immer länger, weil ihnen wenig anderes übrig bleibt: Ihre Altersbezüge reichen oft nicht aus, um ihren Lebensunterhalt zu bestreiten. Zwar war Japan einst berühmt für lebenslang garantierte Jobs, doch in den Jahren der Krise begannen viele Firmen, ihr Personal zu Tochtergesellschaften abzuschieben. Dort mussten die Angestellten oft zu schlechteren Konditionen arbeiten. Entsprechend niedriger fielen später die Renten aus.

Über die Jahre habe ich viele malochende Alte in Japan getroffen. Einer, dessen Geschichte, mich tief berührte, hieß Yoshiro

Yanagisawa. Er hatte einst als Finanzexperte im Ministerium für Landwirtschaft, Forsten und Fischerei gearbeitet. Als ich ihn 2010 im Osten von Tokio kennenlernte, war er 62 und eigentlich seit zwei Jahren pensioniert. Er war schmächtig und trug eine randlose Brille. Man sah ihm an, dass er ein Arbeitsleben lang an Schreibtischen gesessen hatte. Ich konnte mir kaum vorstellen, dass er nun täglich von neun Uhr morgens bis fünf Uhr abends dreißig Kilo schwere Säcke in einer Reismühle schleppte. Doch Yanagisawa blieb nichts anders übrig. Das Alter, ab dem er seine Rente ausgezahlt bekommen sollte, war auf 65 Jahre heraufgesetzt worden. An seinem Arbeitsplatz sei es oft unerträglich heiß, berichtete er. »Jedes Mal, wenn ich einen Sack öffne und in den Grill schütte, wirbelt dichter Staub auf.« Doch er machte weiter. Er hatte Angst, den Job zu verlieren, den er über eine Agentur für Leiharbeit gefunden hatte. Daher verzichtete er auch auf die zehn Tage bezahlten Urlaub, die ihm eigentlich zugestanden hätten. »Shigata ga nai«, sagte er. »Dagegen kann man nichts machen.«

Die Schicksalsergebenheit vieler Japaner erstaunt mich immer wieder. Ansprüche gegen Regierung und Gesellschaft erhebt kaum jemand. Im Sommer 2016 traf ich die Renterin Keiko Morizane, wir hatten uns in einem Café in Yokohama verabredet. Sie war 75 Jahre alt und berichtete, wie erleichtert sie sei, weil sie vor einigen Tagen einen neuen Job gefunden habe: als Kundenwerberin für einen Versandhandel. Ihr Verdienst war nicht garantiert, seine Höhe bemaß sich danach, wie viele Kunden sie anwarb. Sie hatte bereits einige Bekannte geworben. »Das war nicht schwer«, sagte sie, »doch der harte Teil beginnt, wenn ich Fremde werben muss.«

Morizane machte einen gepflegten Eindruck, sie war dezent geschminkt. Sie überreichte mir eine blaue Visitenkarte, darauf hatte sie die Jobs aufgelistet, die sie ausüben konnte. Jahrzehntelang hatte sie im Baubetrieb ihres Mannes die Bücher geführt, bis sie sich scheiden ließ. Sie kannte sich überdies damit aus, wie man Kimonos, die traditionelle japanische Frauentracht, professionell von Flecken reinigt. Auch eine Ausbildung als Altenpflegerin habe sie absolviert, sagte sie. Zu körperlich schweren Arbeiten war sie zwar nicht mehr in der Lage, aber auch sie konnte sich noch lange nicht zur Ruhe setzen: Ihre Rente von 67000 Yen (516 Euro) reichte bei Weitem nicht aus. Sie lebte in einem Apartment mit ihrem erwachsenen Sohn, der nur wenig verdiente. Ihr graute vor dem Tag, an dem sie zu schwach sein würde, um noch zu arbeiten. Sie sagte: »Das wäre das Schlimmste.«

Und es wäre ein Verlust für Japans Wirtschaft, die auf fleißige Rentner wie Yanagisawa oder Morizane angewiesen ist. Anders als Deutschland lässt Japan nur vergleichsweise wenig ausländische Arbeitskräfte ins Land. Die Inselnation fürchtet um ihre kulturelle Eigenart, sie bleibt lieber unter sich. Indes lässt sich dieser Anspruch immer weniger aufrechterhalten; notgedrungen will die Regierung die strengen Zuwanderungsregeln lockern und bis 2025 rund eine halbe Million ausländische Arbeitskräfte zusätzlich ins Land lassen. Rund 1,3 Millionen Ausländer arbeiten bereits offiziell in Japan, knapp zwei Prozent aller Beschäftigten. Die tatsächliche Zahl dürfte weit höher liegen: Auf Baustellen, in Supermärkten, in Restaurants, in Altenheimen und in landwirtschaftlichen Betrieben sieht man immer häufiger nicht japanische Beschäftigte. Die meisten kommen aus China, Vietnam, Indonesien, Nepal oder anderen asiatischen Ländern. Viele werden als sogenannte »Technische Praktikanten« befristet ins Land gelassen, tatsächlich werden sie aber oft als Billiglöhner ausgebeutet. Ihr rechtlich unsicherer Status hat für das Gastland den Vorteil, dass sie je nach Konjunkturlage relativ schnell wieder abgeschoben werden können.

Statt sich dauerhaft für Einwanderer zu öffnen, sucht Japan lieber nach technischen Lösungen gegen die Folgen der Vergreisung: Kaum eine andere Industrienation tüftelt so besessen daran, den Alltag durch Roboter zu automatisieren, selbst in der Altenpflege: Im

»Gashoen«, einem Seniorenheim in Tokio, führte man mir schon 2005 vor, wie Bewohner teilweise von Waschrobotern geduscht und getrocknet wurden. Die Regierung fördert den Einsatz solcher Maschinen finanziell. Um Alte und Demente psychisch zu betreuen, setzten viele Heime auch Roboter-Seehunde und Roboter-Katzen ein. Als ich im Frühjahr 2017 wieder im »Gashoen« vorbeischaute, rechnete ich damit, ein nunmehr voll automatisiertes Altenheim vorzufinden. Doch das Gegenteil war der Fall, die Bilanz der Betreuer fiel erstaunlich ernüchternd aus. Routinearbeiten wie Waschen, Windelnwechseln und Füttern verrichte man nach wie vor per Hand, sagte der Heimleiter. Und auch sonst sei es oft viel schneller und einfacher, mit den Händen zuzupacken, als teure Maschinen zu bedienen und zu warten. Zwischen den Visionen der amtlichen Planer und dem Alltag der Pfleger klafften offensichtlich Welten.

In Sasebo im Südwesten des Landes übernachtete ich im ersten Hotel, in dem keine Menschen mehr an der Rezeption sitzen, sondern Roboter. Als ich davon zum ersten Mal hörte, wollte ich mir diese schöne Geschichte nicht entgehen lassen. Aber auch hier wurde ich enttäuscht: Die Roboter, die mich hinter dem Rezeptionstresen begrüßten – ein Dinosaurier, eine uniformierte Dame und ein Maschinenwesen, das wie ein Außerirdischer aussah –, konnten letztlich nicht viel mehr, als ein paar Floskeln zu äußern und höflich die Köpfe zu wiegen. Das Ein- und Auschecken und das Bezahlen mussten die Gäste selbst erledigen – mit Hilfe eines Automaten, wie es sie auf Flughäfen gibt. Auf diese Weise hatte man zwar Personal gespart, aber die Arbeit erledigten jetzt die Gäste, nicht die Roboter. Und einen hilfsbereiten Roboter, der mir den Koffer auf das Zimmer getragen hätte, konnte ich auch nirgends entdecken.

Nippons Roboter müssen noch eine Menge lernen, damit die ambitionierten Pläne der Industriestrategen wahr werden. In zehn bis 20 Jahren könnte fast die Hälfte der heimischen Jobs durch intelligente Maschinen ersetzt werden, prophezeit das Nomura Research

Institute in Tokio. Indes offenbart der Trend zur Automatisierung ein weiteres Problem der alternden Nation: Es mangelt allenthalben an Experten, welche die nötige Software für die Roboter entwickeln. Einer Schätzung zufolge dürften in Japan bis 2020 etwa 360 000 IT-Spezialisten fehlen.

In traditionellen Berufen zeigt sich bereits, dass das schrumpfende Japan mit seinen Menschen auch einen gewaltigen Schatz an Know-How zu verlieren droht. Ähnlich wie die Deutschen sind die Japaner stolz auf ihre »hidden champions«. Gemeint sind damit kleine und mittlere Betriebe, von der Messerschmiede bis zum Autozulieferer, von denen viele in ihren Branchen heimliche Weltmarktführer sind. Solche Betriebe beschäftigen momentan noch viele Japaner, doch Tausende schließen Jahr für Jahr ihre Tore. Denn die Bosse sind im Durchschnitt bereits über 66 Jahre alt, Schätzungen zufolge wird ihr Durchschnittsalter bis 2030 gar auf 80 Jahre steigen. Viele Geschäftsinhaber finden keine Nachfolger.

Die Regierung versucht, das Firmensterben aufzuhalten. Eine Organisation in Tokio berät ergraute Firmenchefs dabei, ihre Nachfolge zu regeln oder die Betriebe rechtzeitig zu verkaufen. Eines der wenigen Beispiele, bei denen das geglückt ist, ist die Polsterei Takawa im nordjapanischen Akita. Als ich den Betrieb im Sommer 2016 besuchte, öffnete Seniorchef Kazuo Takahashi, 78, noch einmal die Werkstatt, in der er und seine Leute über fünf Jahrzehnte Sitzmöbel gepolstert und bezogen hatten. Es roch nach Holz und Leim, aber der Raum war fast leer. Die Angstellten, die Maschinen und das Know-How waren von einer Firma in einer Nachbarstadt übernommen worden. An der Wand hing noch ein Werbeplakat für einen Polsterstuhl, es handelte sich um ein Produkt, auf das Takahashi besonders stolz war: Er hatte es einst in größerer Menge an die Vereinten Nationen in New York geliefert.

»Ich konnte einfach keinen Nachfolger finden«, sagte Takahashi. Seine Firma zu verkaufen – diese Lösung fand er schließlich besser, als sein Lebenswerk untergehen zu lassen. Gleichwohl lag Wehmut über seinem Gesicht. Zum Abschied zeigte er auf die Nachbarschaft, wo zahlreiche Lücken zwischen den Häusern klafften. Dort habe es früher viele ähnliche Betriebe gegeben, sagte er. Auch sie hatten schließen müssen.

Mit jeder Firma, die dichtmacht, oder mit jedem älteren Kollegen, der ausscheidet, wachsen die Lasten der Zurückgebliebenen, also der Jüngeren und noch Aktiven. Sie müssen immer härter arbeiten, vor allem in der Dienstleistungsbranche, die Japan so perfektioniert hat wie kaum ein anderes Land. Ob Läden, die rund um die Uhr geöffnet haben, ob Kuriere, die Koffer und Pakete auch spätabends noch bis an Haustüren schleppen: Japan funktioniert dank Menschen, die unermüdlich und verlässlich arbeiten, oft bis zum Umfallen. Dass sie besonders viel und lange arbeiten, liegt auch daran, dass sie oft Dienstleistungen erbringen, die in Ländern wie Deutschland als überflüssig gelten würden. In japanischen Banken ist oft ein Mitarbeiter – manchmal gar zwei oder drei – nur dafür zuständig, die Kunden am Eingang laut und deutlich zu begrüßen. Bis vor Kurzem war es selbstverständlich, dass Paketzusteller so lange bei den Empfängern anklingelten, bis sie diese endlich zu Hause antrafen. Pro Kopf sind Japaner weniger produktiv als Nationen, die kürzer arbeiten. Unter den Mitgliedern der OECD, der Organisation für wirtschaftliche Zusammenarbeit und Entwicklung, kam Japan 2015 bei der Arbeitsproduktivität nur auf Rang 22, hinter Griechenland. Deutschland belegte immerhin Rang acht.

In Kyoto, der alten Kaiserstadt, traf ich einen Pädagogikstudenten, der eineinhalb Jahre lang in einem 24-Stunden-Laden gejobbt hatte. Angesichts des Arbeitskräftemangels hätte man vermuten können, dass er besonders gut entlohnt worden wäre. Doch dies ist das Paradox der langen Deflationskrise in Japan: Löhne und Gehälter steigen kaum. Der Student verdiente umgerechnet nur sechs Euro pro Stunde, behandelt wurde er wie ein Arbeitssklave: Ein umfangreicher Katalog von Strafen – vom Toilettenputzen bis zu Lohnabzügen – drohte ihm und seinen Kollegen, sobald sie ihre Pflichten nicht perfekt erfüllten. Er musste viele Überstunden leisten, oft kam er erst gegen drei Uhr morgens nach Hause. Schließlich sah er so ausgezehrt und abgearbeitet aus, dass seine Eltern ernstlich um seine Gesundheit fürchteten. Sein Vater rief im Laden an und kündigte im Namen des Sohnes. Der hätte dazu nie den Mut aufgebracht, wie er mir nun eingestand. Er hatte nie gelernt, zu widersprechen oder sich aufzulehnen.

In Tokio kenne ich einen Rechtsanwalt, der sich um die Opfer der rigiden Arbeitskultur kümmert. Er heißt Shoichi Ibusuki, in seiner kleinen Kanzlei stellte er mir einige Male Mandanten vor, die an ihren Jobs fast zerbrochen wären. Einer hatte in einem Druckerei-Betrieb gearbeitet und berichtete, wie er immer härter hatte malochen müssen. Fast alle Kollegen, mit denen er angefangen hatte, waren ausgeschieden, sodass er ihr Pensum mit übernehmen musste. Schließlich lebte er fast nur noch für die Firma: Nachts fuhr er nicht mehr nach Hause, er schlief auf seinem Schreibtisch im Büro.

An einem Tag im Januar 2014 war der Mann am Ende seiner Kräfte. Seinem Chef, der ihn stets zu höheren Leistungen angetrieben hatte, schickte er per Smartphone eine knappe Abschiedsnachricht über »Line«, eine in Japan beliebte Chat-App, sie lautete: »Es gibt so viele Dinge, die ich einfach nicht bewältigen kann.« Dann setzte er sich ins Auto und fuhr an seinen Lieblingsplatz in Tokio, wo er oft geparkt hatte, wenn er Zeit für sich brauchte, um nachzudenken. Er stellte einen Behälter mit Holzkohle auf den Beifahrersitz und fachte die Glut an. Anschließend schluckte er Schlaftabletten, trank etwas Bier und schloss die Fenster. Dass er den Selbstmordversuch überlebte, verdankte er seiner Ehefrau. Sie kannte diesen Ort und fand ihn dort gerade noch rechtzeitig, um sein Leben zu retten.

Die Japaner haben ein Wort dafür, wenn Menschen wegen seelischer und körperlicher Erschöpfung plötzlich tot umfallen oder sich das Leben nehmen: »Karoshi« – »Tod durch Überarbeitung.« Die Karoshi-Fälle nehmen kein Ende, und nur zögerlich beginnt das Land, die nötigen Konsequenzen zu ziehen und Abstriche von seiner perfektionistischen Dienstleistungsgesellschaft zu machen.

In jedem Frühjahr finden in Japan Tarifverhandlungen zwischen Arbeitgebern und Angestellten statt. »Shunto« – »Frühjahrsoffensive« – heißt das Ritual, bei dem sich die Unternehmer und die Vertreter der Firmengewerkschaften gegenübersitzen und dann meist moderate Lohnerhöhungen vereinbaren. Doch im Frühjahr 2017 sorgte die Gewerkschaft von Yamato Transport – mit über 160 000 Beschäftigten handelt es sich um den größten Kurierdienst des Landes – für Aufsehen: Statt höherer Löhne forderte sie, das Management solle die Gesamtmenge des zu befördernden Gepäcks beschränken. Der Anlass für den ungewöhnlichen Vorstoß: Im Zuge des boomenden Online-Shoppings war eine wahre Flut von Paketen über Fahrer und Austräger hereingebrochen, eine Menge, die sie trotz zunehmender Automatisierung kaum noch bewältigen konnten. Die Yamato-Bosse versprachen Maßnahmen, um die Arbeitslast des Personals zu lindern. Beispielsweise installiert die Firma zunehmend spezielle Schließfächer in Bahnhöfen und Supermärkten. Dort können sich Empfänger ihre Pakete selbst abholen.

Doch Überarbeitung und Überstunden sind tief verankert in der japanischen Arbeitskultur. Um daran etwas zu ändern, müsste sich die Gesellschaft von Grund auf wandeln, angefangen damit, wie sie ihre Kinder erzieht, bis hin zu den Methoden, mit denen sie die Arbeit organisiert. In vielen Großraumbüros wagen Angestellte erst dann Feierabend zu machen, wenn ihre Vorgesetzten sich die Jacketts überziehen und so das Signal zum allgemeinen Aufbruch geben. Aber auch nach der Arbeit ziehen die Kollegen oft noch gemeinsam in die Kneipe oder zum Karaoke. Das gehört nach wie vor zu den Gebräuchen einer männlich geprägten Unternehmenskultur, die

Frauen, und insbesondere Müttern, die Teilnahme am Berufsleben erschwert.

Auch öffentliche Kampagnen halfen bislang wenig, um die langen Arbeitstage ein wenig zu verkürzen. Im Februar 2017 führten Regierung und Wirtschaft beispielsweise den »Premium Friday« ein: An jedem letzten Freitag des Monats sollten Betriebe und Verwaltungen ihre Beschäftigungen möglichst schon um drei Uhr nachmittags ins Wochenende entlassen. Indes folgten nur wenige Unternehmen dieser Initiative. Der »Premium Friday« wurde ein Flop.

Ende Juni 2018 brachte die Regierung dann eine Reform durch das Parlament, mit der sie die Arbeitswelt flexibler gestalten wollte. Für Japan versprach das immerhin einen Anfang: Erstmals seit 1947 sollte die Höchstzahl der Überstunden begrenzt werden. Allerdings sollte es in bestimmten Fällen weiterhin möglich sein, bis zu 100 Überstunden pro Monat zu leisten. Ob sich »Karoshi« mit der Reform eindämmen lassen würde, war fraglich. Kritiker warnten vor dem Gegenteil: Denn andererseits sollten besser verdienende Angestellte in bestimmten Berufen ganz von Arbeitszeitbeschränkungen ausgenommen werden. In einer Firmenkultur, die auf tief verinnerlichtem Pflichtbewusstsein und informellem Druck beruht, wäre der Arbeitswut damit erst recht Tür und Tor geöffnet. Die Japaner hätten eine drastische Verringerung ihrer Arbeitzeit verdient. Was ihre Regierung stattdessen vorlegte, war ein Flickwerk der Widersprüche.

Jugend ohne Hoffnung

»Vielen Dank für alles« – mit diesen Worten verabschiedete Matsuri Takahashi sich Ende 2015 per E-Mail von ihrer Mutter. Dann sprang sie aus dem Wohnheim ihrer Firma in den Tod. Sie war 24 Jahre alt und arbeitete für die Werbeagentur Dentsu. Ihr Suizid wurde von der Aufsichtsbehörde später offiziell als »Karoshi«, also als »Tod durch Überarbeitung«, eingestuft. Sie hatte bis zu 105 Überstunden im Monat gemacht, 25 Stunden über der Grenze, über der nach verbreiteter Definition das Risiko von »Karoshi« beginnt.

Nur acht Monate zuvor hatte die junge Frau bei Dentsu angefangen, sie kam frisch von der Tokio-Universität, abgekürzt Todai, der angesehensten Hochschule des Landes. Eine Stelle bei Dentsu galt in Japan als Traumjob, sie stellte die Belohnung dar für jahrelanges Pauken. Dentsu ist die größte und einflussreichste Werbeagentur in Japan, sie organisiert einen großen Teil der TV-Werbung und der Wahlkampf-Kampagnen der Parteien. Schon im Jahr 2000 war die Agentur ins Gerede gekommen: Damals hatte sich ein Angestellter erhängt, er war so jung wie Takahashi, auch er hatte Nächte durchgearbeitet. Doch die allgemeine Empörung über seinen Tod hatte nur kurz gewährt.

Dagegen wühlte der Fall der jungen Matsuri Takahashi die Nation über Monate auf. Das lag auch daran, dass die Regierung den Anlass nutzte, um ein Exempel zu statuieren und so für die angepeilte Arbeitsreform zu werben. Immer wieder zeigte das Fernsehen Aufnahmen, auf denen die hübsche junge Frau in unbeschwerten Tagen zu sehen war. Vor laufenden Kameras durchsuchten Beamte der Aufsichtsbehörden die Zentrale von Dentsu, kartonweise transportierten sie Akten ab. Die Bosse der Firma mussten sich entschuldigen, einige traten zurück. Zum Zeichen der Reue schickte Dentsu seine Mitarbeiter kollektiv in den verfrühten Feierabend – oder was man in Japan darunter versteht: Um spätestens 22 Uhr hatten sie das Gebäude zu verlassen. Wie zum Beweis zeigte das Fernsehen, wie in den Büroetagen schlagartig die Lichter ausgingen.

Im Oktober 2017 wurde Dentsu von einem Gericht in Tokio zu einer Geldstrafe verurteilt, weil es mit seinem Überstundenregiment gegen das Arbeitsstandard-Gesetz verstoßen hatte. Dentsu musste umgerechnet 3800 Euro bezahlen – gerade mal so viel, wie manche Bosse für einen Kneipenabend auf Spesen abrechnen. Das Urteil machte erneut deutlich: Bevor Japan weniger und effektiver arbeitet, muss noch eine Menge passieren.

Jahrzehntelang galt bei Dentsu ein Verhaltenskodex, der intern als die »zehn Regeln des Teufels« bekannt war. »Schaffe dir selbst Arbeit, statt darauf zu warten, dass sie dir zugeteilt wird«, hieß es da beispielsweise. Oder: »Wenn du eine Aufgabe anfängst, lass nicht davon ab! Selbst wenn du getötet wirst, gibt nicht auf … bis das Ziel erreicht ist.« In diesem Geist hatten die Vorgesetzten bei Dentsu auch die Angestellte Takahashi immer brutaler unter Druck gesetzt: »Deine 20 Überstunden sind für die Firma nur vergeudet«, soll ihr Chef sie beschimpft haben. Statt die Erschöpfte zu beurlauben, soll er sie immer weiter in die Enge getrieben haben: »Komm nicht mit blutunterlaufenen Augen zur Arbeit!« Wiederholt hatte Takahashi Signale der Verzweiflung per Twitter ausgesandt, doch niemand hatte die Klagen ernst genug genommen, um ihr zu helfen. »Es wurde festgelegt, dass ich auch Samstag und Sonntag arbeiten muss«, schrieb sie etwa. »Ich möchte wirklich sterben.«

Ihre letzten Nachrichten lesen sich wie einsame Hilferufe in einer Kultur, in der das Malochen oft Selbstzweck ist. In den Zeiten der wirtschaftlichen Aufholjagd, als Japan einer einzigen großen Firma glich und vor allem billige Massenprodukte wie Textilien, Autos, Fernseher und Computer herstellte, hatte es durchaus industriepolitischen Sinn ergeben, die Jugend zu loyalen Angestellen und willigen Konsumenten zu erziehen. Das japanische System war vom Konfuzianimus geprägt. Diese Gesellschaftsphilosophie stammt ursprünglich aus China, sie regelt die hierarchischen Beziehungen zwischen Eltern und Kindern, Vorgesetzten und Untergebenen. Im globalen Wettbewerb des 21. Jahrunderts aber braucht Japan keine Anpasser, die in blinden Fleiß verfallen. Es braucht Querdenker und Erfinder.

Viele junge Japaner spüren, dass das rigide Erziehungssystem und die autoritäre Firmenkultur der Realität, in der sie leben, längst nicht mehr gerecht werden. Doch viele sehen keine Perspektive mehr in dieser Gesellschaft: Sie verweigern sich dem Arbeitsleben und wohnen auch als Erwachsene weiter bei ihren Eltern, oft ohne eigenes Einkommen. Sie verzichten darauf, zu heiraten und eigene Familien zu gründen.

Ich konnte diese Entwicklung ungewöhnlich nah beobachten bei Joe, dem Sohn eines japanischen Freundes. Als ich den Jungen kennenlernte, ging er bereits ein paar Jahre zur Schule. Sein Weg schien von Geburt an vorgezeichnet. Seine Eltern – sein Vater ist Wissenschaftler, die Mutter Journalistin – konnten sich für Joe keine andere Zukunft vorstellen, als dass er eine Eliteschule besuchen würde. Sie hofften, dass er später von dort auf die Todai aufrücken würde, die Spitzen-Uni in Tokio, die seine Eltern einst selbst besucht hatten.

Aus diesen Plänen ist nichts geworden. Joe gehört zu schätzungsweise über einer Million jungen Japanern, die sich abkapseln. Er lebt immer noch bei seinen Eltern, obwohl er mittlerweie auf die vierzig zugeht. Er ist einer, den seine Landsleute »Hikikomori« nennen. Er selbst hasst diese Bezeichnung, er empfindet sie als diskrimierend, als Versuch der übrigen Gesellschaft, Abweichler und Andersartige wie ihn als gescheitert abzustempeln. Als ich ihn in einem Artikel für den SPIEGEL einen »Hikikomori« nannte, wenn auch in Anführungszeichen, war er mir anschließend sehr böse. Er sagte: »Nicht ich bin sonderbar, unsere Gesellschaft ist es.« Er hatte recht.

Joe wohnt bei seinen Eltern in einem kleinen Zimmer unter dem Dach, die Fenster hat er mit Papier verklebt. Er will nicht mitbekommen, wie die Angestellten der umliegenden Firmen morgens zur Arbeit gehen und sie abends wieder verlassen. Wenn er aus dem Haus geht, meidet er die Stoßzeiten, in denen die Pendler unterwegs sind. Er bevorzugt leere Straßen, er will keine Japaner seines Alters treffen, die Jobs haben. Denn wie viele sogenannte Hikikomori leidet er im Innersten darunter, dass er die Erwartungen seiner Eltern und der übrigen Gesellschaft nicht erfüllt hat: Einerseits ist er stolz auf die selbst gewählte Isolation, aber glücklich ist er damit auch nicht.

Der Leistungsdruck beginnt für Japaner spätestens mit Ende des Kindergartens. Bis dahin genießen sie meist viel mehr Freiheiten als deutsche Kinder, die man oft schon wie kleine Erwachsene behandelt. Japaner lassen ihren Nachwuchs dagegen gewähren, selbst wenn er tobt oder schreit. Das ändert sich indes schlagartig, sobald die Kinder in die Schule kommen. Ab jetzt müssen sie funktionieren und sich einordnen in den streng reglementierten Alltag, zu dem beispielsweise auch das gemeinsame Putzen der Klassenräume gehört. Es gibt ein japanisches Sprichwort, das den Geist dieser Art von Erziehung ausdrückt: »Ein herausstehender Nagel muss eingeschlagen werden.« Das klingt grausam, aber es trifft den Sachverhalt.

Um aufzusteigen im Bildungssystem, lernen viele Schüler nach dem Unterricht oft noch bis spät in den Abend an privaten Paukschulen, den »Juku«. Es gibt Zehntausende solcher Einrichtungen in ganz Japan. Sie bereiten ihre Schüler systematisch auf die wichtigsten Examen vor: von der Mittel- auf die Oberschule und von dort zur Uni. Jedes Jahr im Januar findet die zentrale Prüfung für die Aufnahme in die Hochschulen statt. Es ist das herausragende Ereignis in den Fernsehnachrichten, und große Tageszeitungen drucken danach seitenlang die Prüfungsfragen ab. Vor dem Examen pilgern viele Schüler an bestimmte Shinto-Schreine; dort beten sie für gute Noten oder kaufen sich hölzerne Votivtafeln, auf die sie die Wünsche für ihr Fortkommen notieren.

Fast mehr noch als ihren Göttern vertrauen die Japaner indes ihren Juku-Lehrern. Einige genießen den Ruf von Star-Trainern, weil sie besonders vielen Zöglingen zur Aufnahme an Elite-Unis verhelfen. An einer Juku in Tokio, die ich besuchte, prangte gleich am Eingang eine Tafel mit den Namen führender Unis, an die es einstige Juku-Absolventen geschafft hatten. Die Juku-Lehrer bringen den Schülern die nötigen Kniffe bei, um Tests zu bestehen. Selbst bei Fremdsprachen kommt es letztlich auf das Auswendiglernen an. Das erklärt beispielsweise, warum Japaner fast die ganze Schulzeit über Englisch lernen, aber dann selten in der Lage sind, sich in der Sprache frei zu verständigen. Im Vordergrund steht das abrufbare grammatikalische Wissen.

Joe, der Sohn meines Freundes, litt früh unter der Kluft zwischen dem rigiden Erziehungssystem und dem komplexen Alltag, den er außerhalb der Schule erlebte. Er wurde immer aggressiver, gegen sich und gegen andere. Er verfügte zwar über viel Faktenwissen. Was er aber nicht gelernt hatte, waren Fertigkeiten, um Konflikte auszutragen, Verantwortung zu übernehmen und ein mündiger Bürger zu werden. »Früh eckte ich bei Lehrern und Mitschülern an«, berichtete er, »immer wieder fiel ich durch vorlaute Bemerkungen auf. Im Sportunterricht marschierte ich nach links, wenn alle anderen nach rechts marschierten.« Irgendwann blieb er dem Unterricht für längere Zeiten fern.

Jahr für Jahr produziert Japan neue Generationen von Außenseitern. Rund 120 000 schulpflichtige Schüler schwänzen den Unterricht, wie aus einer Statistik des Ministeriums für Bildung und Wissenschaft in Tokio hervorgeht. Sie werden »Futoko« genannt – »Schulverweigerer«. Tatsächlich dürfte ihre Dunkelziffer weit höher liegen. Und solange Japan sein Schulsystem nicht grundlegend ändert, bleibt jenen, die anders sind oder anders sein wollen als ihre Mitschüler, meist nur die Möglichkeit, daheim zu bleiben. Oder sie besuchen eine der sogenannten Freien Schulen, die von ehrenamtlichen Helfern betrieben werden.

Im Herbst 2016 besuchte ich so eine private Einrichtung. Sie heißt »Nemo« und befindet sich in Chiba, einer Nachbarpräfektur von Tokio. Mit herkömmlichen Schulen hat Nemo wenig gemein: Über eine steile Treppe gelangte ich in ein umgewandeltes Zwei-Zimmer-Apartment. Hier traf ich rund 20 Kinder und Jugendliche, einige spielten Computerspiele, einige vergnügten sich mit ihren Smartphones oder unterhielten sich miteinander.

Es war noch früh am Morgen, sie hatten noch nicht entschieden, wie sie diesen Tag verbringen wollten. Aber eben das war der Unterschied zwischen Nemo und einer normalen Schule. »Die Kinder überlegen sich selbst, ob sie etwas machen wollen und was sie machen wollen«, sagte Umi Maekita, der Schulleiter, den hier alle nur bei seinem Vornamen nannten. Umi sah nicht aus wie ein Lehrer, eher wie älterer Spielkamerad. Er trug eine Hornbrille und ein T-Shirt, er lächelte oft. Er war 32 Jahre alt, aber er wollte hier auf keinen Fall den Pädagogen geben. Er selbst sei einst ein »Futoko« gewesen, berichtete er. »Nemo soll eine Zuflucht bieten für alle, die sich in der Schule eingeengt und bedrängt fühlen.«

Einige von Umis Zöglingen hatten in ihren Schulen traumatische Dinge erlebt, waren von Klassenkameraden gedemütigt oder misshandelt worden. »Ijime« nennen die Japaner solche oft grausamen »Hänseleien«. Bisweilen sind die Opfer so verzweifelt, dass sie Selbstmord begehen. Jedes Jahr gibt es ein paar Wochen, in denen Japan verstärkt über »Ijime« diskutiert, es handelt sich um die Zeit um den 1. September: Dann gehen die Sommerferien zu Ende, das neue Schuljahr beginnt. Einige Kinder ängstigt die bevorstehende Rückkehr zu ihren Peinigern so stark, dass sie keinen anderen Ausweg sehen, als sich das Leben zu nehmen. Indes ist Ijime nicht auf wenige Tage beschränkt, es vergiftet das ganze Jahr über den Schulalltag.

So auch im Oktober 2011: Damals wurde ein 13-Jähriger im westjapanischen Otsu von Mitschülern so grausam misshandelt, dass er aus Verzweiflung vom Balkon des elterlichen Apartments in den Tod sprang. Wochenlang breiteten die Medien danach seine Leiden in gruseligen Details aus. Seine Peiniger hatten ihn um Geld erpresst, ihn mit Klebeband geknebelt und gefesselt. Sie hatten ihn gezwungen, tote Insekten zu essen und eine Art Selbstmord-Training zu absolvieren. Die Lehrer des Jungen behaupteten erst, von seiner

Bedrängnis nichts mitbekommen zu haben. Dann hieß es, sie hätten die Konflikte zwischen den Jugendlichen zwar bemerkt, aber für harmlosen Streit gehalten. Der Fall ließ auch das Parlament in Tokio aufhorchen: 2013 verabschiedete es ein Gesetz zur Vorbeugung von Ijime, das Schulen dazu verpflichtet, nach Anzeichen von Mobbing Ausschau zu halten, Gegenmaßnahmen zu treffen und die Schüler im Rahmen der Moralerziehung zu einem friedlichen Miteinander zu erziehen.

Doch der Schulalltag lässt sich nicht einfach per Gesetz regeln, die Ijime-Fälle nehmen kein Ende: Im Jahr 2015 sprang ein 13-Jähriger in Nordjapan vor einen Zug. Auch er soll von einem oder mehreren Mitschülern geschlagen und eingeschüchtert worden sein. Im selben Jahr wurde der Schüler einer Elite-Oberschule in Tokio von Schulkameraden so arg malträtiert, dass er der Schule fernblieb und somit ein »Futoko« wurde. Die Gewalt eskalierte nach und nach. Erst wurde der Junge gezwungen, Larven von Zikaden zu lutschen, im Sportunterricht wurde er dann so hart geschubst, dass ihm ein oder mehrere Handgelenke brachen und er eine Gehirnerschütterung erlitt. Auch diesmal wollten die Lehrer von der Angelegenheit lange Zeit nichts mitbekommen haben. Erst viel später als gesetzlich vorgeschrieben informierten sie das zuständige Ministerium.

Letztlich sind alle Schüler – Gemobbte wie Mobber – Opfer eines Erziehungssystems, das auf sturen Drill setzt und es nicht schafft, für ein Gleichgewicht zu sorgen zwischen notwendiger Disziplin und individuellen Freiräumen. Über 70 Prozent der Jugendlichen, die schon einmal Mitschüler gequält haben, leiden selbst darunter, dass sie sich so verhalten, fand eine Studie heraus, die in der westjapanischen Präfektur Nara erhoben wurde. Das Papier war ein Armutszeugnis für ein Land, das seiner Jugend keine Hoffnung mehr vermittelt. Seit der geplatzten Japan-Blase, der überhitzten Konjunktur der Achtziger- und Neunzigerjahre, fällt es der alternden Nation zunehmend schwer, dem Nachwuchs Werte anzuerziehen, für die es sich zu leben lohnt. Perspektivlosigkeit breitet sich aus; Überdruss und Aggressivität sind die Folgen.

Im Februar 2015 wurde ein 13-jähriger Schüler in Kawasaki bei Tokio tot aufgefunden. Der Junge war tagelang der Schule ferngeblieben, er hatte sich einer Gang älterer Jugendlicher aus der Nachbarschaft angeschlossen. Die Gruppe pflegte streng hierarchische Rituale, die wie eine grausame Parodie des japanischen Erwachsen-Alltags wirkten. Weil der Junge den Älteren nicht prompt auf eine Nachricht im Chat-Dienst »Line« geantwortet hatte, wurde er gezwungen, regungslos im Schneidersitz zu hocken – eine Strafe, die auch in japanischen Gefängnissen angewandt wird. Die Qualen, die er erdulden musste, wurden immer grausamer. Schließlich befahlen die Älteren dem Jungen, bei winterlichen Temperaturen nackt im Tama zu schwimmen, einem Fluss, der in die Bucht von Tokio mündet. Anschließend folterten sie ihn mit Messern so lange, bis er starb.

Auf ähnlich grausame Weise starb ein 16-Jähriger in Saitama, einer Nachbarpräfektur von Tokio. Auch er wurde von Jugendlichen gelyncht, auch er wurde gezwungen, nackt in einem kalten Fluss zu schwimmen. Anschließend vergruben die Täter seine Leiche am Ufer.

Die Reaktionen von Eltern, Lehrern, Politikern und Journalisten auf solche Vorfälle zeugen meist von der gleichen tiefen Ratlosigkeit. Schon in den Achtzigerjahren, als Japan bereits über Schulstress und grausame Quälereien innerhalb und außerhalb der Klassenzimmer diskutierte, lockerte das Erziehungsministerium vorübergehend den schulischen Drill. »Eine Erziehung, die Spielräume lässt« lautete die Devise, auf Japanisch: »Yutori no kyoiku.« Anfang der Neunzigerjahre wurde an den Schulen die Fünftagewoche eingeführt. Man wollte den Leistungsdruck verringern. Die Jugendlichen sollten Freiräume erhalten, um sich selbst zu entfalten.

Doch da die japanische Gesellschaft unter Erziehung vor allem die Vermittlung von abrufbarem Wissen versteht, formierte sich gegen diesen liberaleren Kurs rasch eine Gegenbewegung. Eltern waren entsetzt, dass ihre Kinder plötzlich ungewohnt viel Zeit zu Hause verbrachten, ohne pädagogische Aufsicht und Anleitung. Die gewährten Spielräume wurden bald wieder eingeengt. Viele Kinder gehen inzwischen samstags und nicht selten auch sonntags wieder zur Schule. Indes besuchen sie nicht nur klassischen Unterricht, oft nehmen sie auch an Arbeitsgruppen teil.

Als Heilmittel gegen den Verfall der Disziplin propagierten nationalistische Politiker und Professoren eine verstärkte Erziehung zur Vaterlandsliebe. Eine Richtlinie, wonach bei Schulfeiern das japanische Sonnenbanner gehisst und und die Nationalhymne gesungen werden sollte, wurde immer strenger umgesetzt. Lehrer, die sich unter Verweis auf Japans kriegerische Vergangenheit weigerten, die Hymne zu singen und dabei aufzustehen, mussten mit Disziplinarverfahren rechnen. Im Zuge der patriotischen Rückbesinnung ging Japan verstärkt daran, dunkle Flecken der eigenen Vergangenheit aus den Geschichtsbüchern für die Schulen zu tilgen. Über Kriegsverbrechen wie das Massaker im chinesischen Nanjing, bei dem japanische Soldaten 1937 mindestens 200 000 Menschen umbrachten, lernen japanische Schüler höchstens noch ein paar dürre Sätze.

Ihren vorläufigen Höhepunkt erreichte die geistig-moralische Wende im Frühjahr 2018, als die Regierung die Moralerziehung als Unterrichtsfach aufwertete, zunächst für die Grundschulen. Das war an sich keine schlechte Idee. Allerdings weckte der Schritt naheliegende Befürchtungen: Bis zum Ende des Zweiten Weltkriegs hatte die Obrigkeit den Moralunterricht dazu missbraucht, die Japaner zu blindem Untertanengehorsam zu erziehen. Die US-amerikanischen Besatzer hatten diese Art der Indoktrination nach der Niederlage verboten. Welche Tugenden wollte das Japan des 21. Jahrhunderts seiner Jugend nun vermitteln? »Höflichkeit« und »Mäßigung« schrieb der Lehrplan unter anderem vor, das war nicht neu. Doch was der Nachwuchs auch, und viel dringender, gebraucht hätte, war Ermutigung zu demokratischem Engagement und kritischem Widerspruch.

Viele Japaner leiden zeitlebens unter dem Trauma ihrer Schulzeit. Joe, der Sohn meines Freundes, entschied sich schließlich dafür, die Aufnahmeprüfung zur Universität zu verweigern. Für seine Eltern und Verwandten war das ein Schock. Sie konnten nicht verstehen, warum er diese entscheidende Hürde nicht nehmen wollte und warum er so die Eintrittskarte ins Berufsleben ausschlug.

Wer es an eine japanische Uni schafft, kann sich eine Zeit lang von der sogenannten Prüfungshölle ausruhen: Ihre vier Uni-Jahre verbringen japanische Studenten vor allem damit, sich noch einmal zu vergnügen, bevor der Ernst des Berufslebens beginnt. Im dritten Studienjahr beginnen die meisten allerdings auch schon, sich einen Job zu suchen. Der Eintritt in die Arbeitswelt ist streng ritualisiert: Am 1. April, wenn bei den Unternehmen das neue Geschäftsjahr beginnt, treten die Rekruten ihre Jobs an. Zu Hunderten aufgereiht in einheitlich dunklen Anzügen, oft rechts und links getrennt nach Männern und Frauen, die Haare sorgsam gescheitelt oder züchtig geknotet, lauschen sie den Ratschlägen ihrer Firmenbosse. So traditionell geht es auch heute noch oft zu bei Toyota, Sony, Mitsubishi und Co.

Zur Zeit des industriellen Aufstiegs, als die Nachkriegswirtschaft mit zweistelligen Raten wuchs, schleppte die japanische Gesellschaft auch Einzelgänger wie Joe geduldig mit. Doch seit den frühen Neunzigerjahren, seit dem Platzen der Japan-Blase, ist der Ton rauer geworden in den Firmen. Anfangs verschärfte die wirtschaftliche Krise die Konkurrenz um die Arbeitsplätze. Heute sorgt der chronische Personalmangel dafür, dass die Verbliebenen immer härter arbeiten müssen.

Dass Joe sich dem Berufsleben entziehen kann, verdankt er der Tatsache, dass seine Eltern genügend hohe Renten erhalten. Statt sich mit Gelegenheitsjobs durchzuschlagen, wie andere Hikikomori, verbringt er seine Tage damit, Bücher zu lesen, Filme zu schauen oder im Internet zu surfen. Wenn ich mich mit ihm unterhalte, staune ich, wie gut er Bescheid weiß über vieles, was auf der Welt passiert, und wie klar und durchdacht er seine Ansichten formuliert. Von ihm habe ich Dinge über die japanische Gesellschaft gelernt, die mir sonst kaum aufgefallen wären. Er schreibt wie besessen Tagebuch, wohl auch aus Mangel an Gesprächspartnern. Seine Notizen kreisen immer wieder um die Frage: Warum bin ausgerechnet ich nicht in der Lage, meine Rolle in der Gesellschaft zu spielen?

Man könnte die Frage auch andersherum stellen: Warum schiebt die japanische Gesellschaft einige ihrer intelligentesten und originellsten Menschen ab in Kinderzimmer oder sonstige Nischen? Angesichts der Vergreisung könnte man erwarten, dass Japan neue Spielräume für Kinder und Jugendliche schafft. Doch die Gesellschaft wird immer kinderfeindlicher – auch wenn das amtliche Japan oft das Gegenteil propagiert.

Aus der Sicht der Regierung scheint die Förderung des Nachwuchses vor allem eine bauliche Herausforderung zu sein, die sich mit Beton, Stahl und Glas lösen lässt. Sie hat sich vorgenommen, die Geburtenrate auf durchschnittlich 1,8 Kinder pro Japanerin anzuheben. Zu diesem Zweck fördert sie den Bau neuer Kinderhorte und -tagesstätten. Im April 2013 kündigte sie an, die Zahl der Kinder, die auf Betreuungsplätze warten, von 22 000 auf »null« zu reduzieren. Doch vier Jahre später hatte sich die Zahl der Wartenden noch erhöht – auf 26 000. Inoffiziellen Schätzungen zufolge waren fast dreimal so viele Kinder ohne betreute Unterbringung.

Doch selbst dort, wo neue Horte gebaut werden sollen, fehlt oft die Bereitschaft einer alternden und zunehmend neurotischen Gesellschaft, Kinder überhaupt zu akzeptieren. Das musste auch ein privater Investor einsehen, der in Ichikawa, einer Stadt bei Tokio, einen Hort errichten wollte. Über hundert Kinder sollten dort auf zwei Etagen betreut werden. An fast alles hatte er gedacht: ein

Schwimmbecken, Schaukeln, Rutschen, Lärmschutzwände und schalldicht verglaste Fenster. Nur den Widerstand der Anwohner hatte er völlig unterschätzt. Die meist älteren Bürger wollten den Kinderlärm, den sie hier künftig befürchteten, nicht akzeptieren. Sie setzten sich mit ihren Beschwerden schließlich durch. Der Bau wurde aufgegeben, bevor er begonnen worden war. Das alternde Japan hat zwar nichts gegen Kinder – aber bitte nicht in der eigenen Nachbarschaft.

Im Herbst 2017 verabredete ich mich wieder einmal mit Yuma, meinem Verwandten. Wir trafen uns in Koenji, dem Viertel von Tokio, in dem ich wohne und wo es eigentlich nie richtig Nacht wird. Hier reiht sich eine Kneipe an die andere; auf den Straßen um den Bahnhof herum spielen junge Musikanten, die in der Hauptstadt auf eine Karriere hoffen. Diesmal brachte Yuma einen Schulfreund mit, er hieß Murakawa. Auch er war Single, was mich erstaunte, denn er sah sportlich und attraktiv aus. Murakawa arbeitete für eine Firma, die Fernsehantennen herstellt und kürzlich von einem chinesischen Konzern übernommen worden war. Er wohnte im Apartment seiner Eltern, in dem er aufgewachsen war. Auch sein drei Jahre jüngerer Bruder lebte dort noch, er war ein Hikikomori, der fast nie sein Zimmer verließ.

Wir saßen in einer Straßenkneipe, als Tische dienten hier Bierkisten; über uns wogten rote Lampions im Wind. Nach einigen Bier fing Murakawa an, von sich zu erzählen. Mit 27 habe er mal eine Freundin gehabt, sagte er. Irgendwann habe sie ihn gefragt, ob er jemals mehr als 300 000 Yen (etwa 2300 Euro) pro Monat verdienen würde. »Ich konnte darauf nichts antworten«, sagte Murakawa, »ich habe nur geweint.« Die Beziehung ging danach bald auseinander. Und damit war vorerst auch Murakawas Traum geplatzt, zu heiraten und eine Familie zu gründen.

»Ich hätte gerne Kinder«, sagte Murakawa, »zwei Kinder.« Yuma stimmte zu, das sei eine schöne Zahl. Auch er hatte die Hoffnung noch nicht ganz aufgegeben, irgendwann Vater zu werden. Er mochte Kinder: »Ich würde mich schon freuen, wenn ab und zu ein paar Kinder in unseren Supermarkt kämen, aber in der Gegend wohnen ja fast nur Alte.« Dann dachte er kurz nach: »Irgendwo gibt es aber noch einen Kinderhort in der Nähe.« Vor einiger Zeit habe der Supermarkt eine Kiste mit Bananen dorthin geliefert. Ein Kinderhort, der Bananen bestellt. So etwas kommt in Japan nur noch sehr selten vor. Auch deshalb erinnerte sich Yuma so gut an diesen Auftrag.

Kapitel II

FUKUSHIMA: DIE VERPASSTE CHANCE

Das Trauma vom 11. März 2011

Das Rathaus von Futaba sah von Weitem immer noch beeindruckend aus, das ockergelbe Gebäude überragte den ganzen Ort. Für eine Gemeinde von nur rund 7000 Einwohnern war es bombastisch geraten. Denn Futaba war einst reich, es beherbergte einen Teil des Kernkraftwerks Fukushima Daiichi. Viele Jahre kassierte Futaba üppige Subventionen, mit denen Japan seine Reaktor-Standorte fördert. Es leistete sich ein großzügiges Gesundheitszentrum, eine Bibliothek und viele andere kommunale Einrichtungen, um die es von umliegenden Gemeinden beneidet wurde.

Alle diese Errungenschaften lagen verwaist da, als ich die Stadt im November 2016 besuchte. Der Parkplatz vor dem Rathaus von Futaba war leer, Unkraut spross aus dem Asphalt. Auf einst gepflegten Beeten wucherte Gestrüpp, zwei aufgescheuchte Wildschweine raschelten durch das Grün. In einer offenen Garage lagen die zerlegten Metallteile eines Propaganda-Banners, das einst eine Straße von Futaba überspannt hatte wie ein Triumphbogen. »Kernkraft, Entwicklung der Heimat, reiche Zukunft« lautete der Slogan. Irgendwann nach der Katastrophe hatte man das Spruchband kleinlaut abgehängt und hierhergebracht; es wirkte nur noch wie ein grausamer Scherz.

Als ich das Rathaus betrat, sah es fast aus, als hätten die Beamten sich nur mal kurz in die Mittagspause verabschiedet. Telefone standen auf den Schreibtischen, Akten waren aufgeschlagen,

Einsatzpläne hingen an den Wänden. Aber der Anschein täuschte, hier würde nie wieder jemand arbeiten.

In einem Großraumbüro entdeckte ich ein Schild mit der Aufschrift »Abteilung für Kernkraft«, das von der Decke hing. In einem Aktenschrank stapelten sich bunte Broschüren, mit denen Futaba einst um Touristen geworben hatte: Von idyllischer Natur war da die Rede und von Badefreuden am Pazifikstrand. Am Rande des Textes war penibel vermerkt, dass er mit Fördergeldern zur Ansiedlung von Kernkraftwerken finanziert worden war – wie so vieles in Futaba. Ein anderes Heftchen – auf dem Umschlag leuchtete blauer Himmel – warb für den »Energieort Futaba«, der dank der Kernkraft prosperiere. Eine Tüte mit Luftballons lag herum, sie stammte von Werbeaktionen, mit denen schon der Nachwuchs des Ortes über die Vorzüge der Kernkraft belehrt wurde.

Neben mir stand Yasuharu Hashimoto, ein Beamter von Futaba, der das verlassene Rathaus für mich aufgeschlossen hatte. Er war über vierzig, seine kurzen Haare trug er modisch gegelt. Hashimoto führte mich an seinen früheren Schreibtisch, an dem er die Tourismusprospekte einst verfasst hatte. Er war auch jetzt noch für die Öffentlichkeitsarbeit von Futaba zuständig, doch er arbeitete nicht mehr in diesem Gebäude, in dem nun gespenstische Stille herrschte. Er war eigens aus Ueda angereist, einem Ort eineinhalb Autostunden weiter südlich. Von dort, von einem provisorischen Rathaus – gleichsam aus dem Exil heraus –, betreute die Verwaltung nun die einstigen Bewohner von Futaba, die verstreut in ganz Japan lebten.

Futaba war eine Geisterstadt und ist es auch zur Zeit der Veröffentlichung dieses Buches noch. Es ist so stark radioaktiv verstrahlt, dass in den meisten Ortsteilen noch viele Jahre lang keine Menschen wohnen können. Futaba liegt in der 20 Kilometer weiten Sperrzone, die nach dem Reaktorunfall rund um das explodierte Kernkraftwerk Fukushima Daiichi gezogen wurde. In weiter entfernten Gemeinden ist die Strahlung zwar teilweise wieder so stark gesunken, dass die Regierung das Leben dort für unbedenklich erklärt hat. Doch Futaba liegt zu dicht an der Ruine. Ich durfte den Ort, der durch Straßensperren abgeriegelt ist, nur mit besonderer Genehmigung besuchen, in Begleitung von Hashimoto. Um uns herrschte unheimliche Stille, sie wurde nur ab und zu unterbrochen von Lautsprecheransagen, die durch den Ort hallten. Sie ermahnten jene, die sich hier aufhielten, Futaba rechtzeitig wieder zu verlassen.

In der Stadt schien die Zeit stillzustehen seit dem 11. März 2011. An jenem Freitag um 14.46 Uhr hatte in Nordostjapan die Erde heftig gebebt, eine knappe Stunde später rollte dann ein gewaltiger Tsunami auf die Küste zu, die schmutzig graue Flutwelle erreichte bis zu 15 Meter Höhe, an einigen Stellen schwoll sie noch höher an. Sie verschluckte Strände, Häfen, Kaimauern, Reisfelder, sie riss Menschen, Fischerboote, Autos, Häuser, Fabriken und Öltanks mit sich. Die Bilder, von Hubschraubern aufgenommen und teilweise live gesendet, weckten Assoziationen an den Weltuntergang. Sie waren so entsetzlich real, dass sie im japanischen Fernsehen seither kaum noch gezeigt werden. Zu schmerzlich ist für viele Überlebende die Erinnerung. Allein durch den Tsunami kamen rund 20 000 Menschen ums Leben. Bis heute zeugen zerstörte Städte, Dörfer und vernarbte, verödete Landschaften von »3.11«, wie die Japaner die nationale Katastrophe nennen.

Aber »3.11« steht eben auch für ein zweites Desaster, das aus dem Beben und dem Tsunami unmittelbar folgte: die Katastrophe von Fukushima Daiichi, der größte Atomunfall seit den Reaktorunglücken von Three Mile Island 1979 in den USA und Tschernobyl 1986 in der früheren Sowjetunion. Es handelte sich um ein Desaster, das nicht allein durch Naturgewalt verursacht wurde, sondern auch durch menschliches Versagen.

Der Betreiber von Fukushima Daiichi, die Tokyo Electric Power Company, abgekürzt Tepco, wähnte sich für manches vorbereitet.

Doch um eine Flutwelle von so gewaltigem Ausmaß abzuwehren, hatte Tepco keine ausreichenden Vorkehrungen getroffen: Durch die zerstörerischen Wassermassen wurde die Notstromversorgung der Anlage fast völlig lahmgelegt. Die Kühlungssysteme für die Brennstäbe in den Reaktoren und den Abklingbecken fielen nach und nach aus. Die Anlage bestand aus sechs Reaktoren, drei davon waren gerade für Wartungsarbeiten abgeschaltet – sonst hätte es eine noch schlimmere Katastrophe geben können.

Nachdem der Strom ausfiel, setzte sich jene physikalische und chemische Kettenreaktion in Gang, die zum GAU führte, einem der schwersten Unfälle, die in einem Kernkraftwerk auftreten können. Am Tag nach dem Tsunami erhöhte sich der Druck durch Wasserstoff in einem ersten Reaktorgebäude so stark, dass die äußere Hülle explodierte. Radioaktives Cäsium 137 trat in die Umwelt aus, in den folgenden Tagen flogen zwei weitere Reaktorhüllen in die Luft. Grauweiße Rauchwolken stiegen auf, das brutale Ausmaß der Zerstörung – grotesk verbogene Stahlgerippe, verstreute Betontrümmer – bekam die Welt erst später zu sehen. Anfangs ließ sich nur erahnen, was in der havarierten Anlage vor sich ging. Eine Fernsehkamera, die mehrere Kilometer entfernt auf einem Berg installiert war, übertrug blassbläulich verschwommene Aufnahmen der Explosion. Der SPIEGEL setzte eines dieser Bilder auf den Titel, die Überschrift lautete: »Fukushima 12. März 2011, 15.36 Uhr. Das Ende des Atomzeitalters«.

Damals überstürzten sich die Ereignisse, die Redaktion verschob die normalen Schlusszeiten. Den ganzen 12. März über, einem Samstag, waren wir damit beschäftigt, die Titelgeschichte zu aktualisieren. Erst später sollte sich indes bestätigen, was viele gleich fürchteten, aber die Manager von Tepco lange verschwiegen: dass es zu einer Kernschmelze in der Anlage gekommen war. Viel zu spät wurden die Bewohner rund um Fukushima Daiichi über das wahre Ausmaß der Katastrophe informiert. Um die 160 000 Menschen mussten zeitweise fliehen. Viele Familien und Nachbarschaften wurden auseinandergerissen und über ganz Japan verstreut. Viele wohnten auch Jahre danach noch in Behelfsunterkünften. Und viele werden wohl nie in ihre Heimat zurückkehren.

Fassungslos und zunehmend entsetzt verfolgte die Welt in jenen dramatischen Märztagen, mit welch primitiven Methoden Japan versuchte, das havarierte Kernkraftwerk unter Kontrolle zu bekommen. Die Hightech-Nation, die sprechende Fahrstühle und Trompete spielende Roboter herstellte, verfügte nicht einmal über Löschkräne, die hoch genug waren, um Kühlwasser in die überhitzten Reaktorruinen zu spritzen. Sie mussten erst mit ausländischer Hilfe herangeschafft werden. Und wenn eine Szene die ganze Hilflosigkeit der Obrigkeit symbolhaft demonstrierte, war es diese: Militärhubschrauber kippten Kübel mit Wasser über der überhitzten Anlage aus – als wollten sie einen Waldbrand löschen.

In Fukushima verlor Japan nicht nur den Glauben an die Sicherheit seiner Kernkraftwerke. Das Desaster zerstörte auch den Mythos der technologischen Überlegenheit, an den die Nation geglaubt hatte. Und es untergrub das Vertrauen in den Staat, der sich als erschreckend unfähig erwies, seine Bürger vor der Katastrophe und ihren Auswirkungen zu schützen.

Japan wurde seit Jahrzehnten beherrscht vom »Genpatsu Mura« – zu Deutsch: »Reaktordorf« oder »Atomdorf«. So nannte man das mächtige Interessenkartell aus Politikern, Bürokraten, Stromversorgern, Reaktorherstellern, Wissenschaftlern und Journalisten. Gemeinsam hatten sie eine unabhängige Kontrolle der Nuklearindustrie verhindert. Fukushima war ein »Jinsai«, eine »von Menschen verursachte Katastrophe«, wie ein Untersuchungsbericht des Parlaments in Tokio im Juli 2012 befand. Diese kritische Analyse stellte einen der wenigen Versuche dar, Lehren aus »3.11« zu ziehen. Sie konnte veröffentlicht werden, weil sich das »Atomdorf« nach dem GAU eine Zeit lang wegduckte. Doch schon bald meldete es sich zurück. Die Debatte über das Für und Wider der Atomkraft verstummte weitgehend, bevor sie richtig begonnen hatte.

Fukushima steht dafür, wie eine große Nation die Gelegenheit verpasste, sich von Grund auf zu reformieren. Und zwar nicht nur durch einen Atomausstieg, wie Deutschland ihn als Reaktion auf Fukushima einleitete. Sondern auch durch tief greifende Veränderungen in Politik, Verwaltung und Gesellschaft. Um zu verstehen, wie unvorstellbar für Japans Industrieplaner der Abschied von der Kernenergie war und ist, mag ein Vergleich helfen: Sie ist vielen in Japan fast so heilig, wie es der Verbrennungsmotor lange für die Automobilnation Deutschland war.

Langfristig kommt Japan allerdings nicht umhin, sein überholtes Wachstumsmodell zu reformieren, also jenes System, welches das nukleare Desaster erst ermöglichte. Welch gewaltige Aufgabe das Land vor sich hat, spürte ich, als ich das verwaiste Futaba besuchte. Es war eine Reise in eine Welt des Grauens: Rechts und links der Hauptstraße reihte sich ein zerstörter Laden an den anderen. Wegen der Radioaktivität, die in Futaba immer noch besonders hoch war, standen die Ruinen von Häusern und Geschäften oft noch so da, wie sie vom Erdbeben verwüstet worden waren. Die Kleiderreinigung war halb eingestürzt, sie ähnelte einem gestrandeten Schiff. Die Fassade der Metzgerei war tief eingedrückt, innen waren leere Glasvitrinen zu sehen. Der Eingang zum örtlichen Shinto-Schrein wurde teilweise versperrt durch umgestürzte Pfosten aus Stein. Parkplätze waren von Gestrüpp überwuchert. Autos, die von ihren Besitzern zurückgelassen worden waren, rosteten vor sich hin.

Am Bahnhof von Futaba reiste niemand mehr an oder ab. Hashimoto öffnete die Tür zur Schalterhalte, dort hing noch der Fahrplan von 2011. Bis zur Katastrophe waren hier täglich Schüler aus umliegenden Dörfern ein- und ausgestiegen. Nun lag der Bahnsteig öde da, zwischen den Gleisen spross Gras. Die Strecke soll zwar wiederhergestellt werden, doch die meisten Züge dürften noch lange an dem verstrahlten Futaba vorbeifahren.

Rund vier Jahrzehnte soll es dauern, bis das zerstörte Kernkraftwerk Fukushima Daiichi abgewrackt und der verstrahlte Schutt entsorgt ist. So sieht es die Planung der Regierung in Tokio vor. Ob das Vorhaben gelingt, ist ungewiss. Höchstwahrscheinlich wird Japan sich noch viel länger mit seiner Atomruine herumplagen müssen. Rund 7000 Arbeiter sind fast ständig im Einsatz, um die Anlage zu sichern. Wie prekär die Lage ist, zeigte sich im Mai 2016 während des Gipfels der Staats- und Regierungschefs der sieben großen Industrienationen (G7) in Japan. Damals wurden die Arbeiten in Fukushima unterbrochen, man wollte das Risiko einer Panne vermeiden, zumindest während des Gipfels, als die Welt auf Japan schaute.

Japans Regierende tun sich schwer damit, die gravierenden Folgen der Atomkatastrophe anzuerkennen. Man bekommt den Eindruck, sie wollten unbedingt beweisen, dass der Alltag auch nach einem GAU normal weitergeht. Bereits im Dezember 2011 erklärte der damalige Premier Yoshihiko Noda, man habe die »Kaltabschaltung« der havarierten Anlage erreicht. Im September 2013, anlässlich der japanischen Bewerbung für die Olympischen Spiele 2020 in Tokio, versicherte dann sein Nachfolger, Premier Shinzo Abe, Fukushima sei »unter Kontrolle«. Doch bei jedem größeren Erdbeben und bei jedem regenreichen Taifun, von dem Japan heimgesucht wird, blickt die Nation aufs Neue sorgenvoll Richtung Fukushima.

Fukushima gleicht einem Experiment mit ungewissem Ausgang. Täglich fällt dort tonnenweise verseuchtes Grundwasser an. Zwar installierte Tepco eine riesige Eismauer um die zerstörten Reaktoren, die das Erdreich in einer Art Dauerfrost halten und so den Zufluss von Grundwasser unterbinden soll. Aber restlos gelingt das nicht. Weil sich das verstrahlte Wasser durch Filteranlagen nicht völlig dekontaminieren lässt, muss es in großen Tanks zwischengelagert werden. Sie füllen sich mehr und mehr. In Futaba sah ich, wie

Bulldozer ein einstiges Grüngelände am Rande des Kernkraftwerks planierten, um Platz für immer weitere Behälter zu schaffen.

Wiederholt mussten die Krisenmanager ihre ehrgeizigen Zeitpläne für das Abwracken bereits verschieben. Mit der Bergung von Brennstäben aus den Reaktoren 1 und 2 könne man voraussichtlich erst 2023 beginnen, hieß es im September 2017. Das wäre drei Jahre später als geplant. Die größte Herausforderung stellt indes die Beseitigung der geschmolzenen Masse aus nuklearem Brennstoff sowie Metall- und Stahlteilen dar, die sich im Zuge der Kernschmelze in oder unter den Reaktorbehältern ausgebreitet hat. Um herauszufinden, wo sich die Trümmermasse genau befindet, musste Tepco zunächst ferngesteuerte, strahlenresistente Mini-Roboter entwickeln lassen. Allein das dauerte Jahre. Bei einer der ersten Erkundungen durch einen Roboter wurde die höchste radioaktive Strahlung seit dem GAU 2011 gemessen: 650 Sievert pro Stunde. Wäre ein Mensch so einer Dosis nur wenige Sekunden ausgesetzt, wäre er sofort tot.

Der Horror-Strahlungswert lässt ahnen, welche technischen Hürden zu überwinden sind, um das geschmolzene Material aus dem Reaktor zu bergen. Bis Ende März 2019 will Tepco konkret entscheiden, welche Methoden es letztlich anwenden will. Mit der eigentlichen Bergung will es voraussichtlich 2021 beginnen – ein Jahrzehnt nach dem GAU.

Unterdessen wachsen die Kosten für die Bewältigung der Katastrophe. Ende 2016 wurde bekannt, dass Tepco für die Aufräumarbeiten in und um das havarierte Kraftwerk sowie für die Entschädigung der Opfer rund 21,5 Billionen Yen aufbringen muss – das wären umgerechnet 166 Milliarden Euro, etwa doppelt so viel, wie noch drei Jahre zuvor veranschlagt worden war. Doch wie lange diese Schätzung gültig sein würde, wussten die Verantwortlichen vermutlich selbst nicht.

Was sich dagegen nicht in Yen berechnen lässt, sind die seelischen Verletzungen, die das Reaktor-Desaster bei den Menschen von Fukushima angerichtet hat. Wer sie einigermaßen begreifen will, muss sich Zeit nehmen und genau hinsehen. Denn auf den ersten Blick scheint es bisweilen, als würden die Japaner »3.11« problemlos verkraften: In den Tagen unmittelbar nach der Katastrophe staunte die Welt über die Disziplin und die Duldsamkeit der Betroffenen. Es gab keine Plünderungen, keine Unruhen, und bis heute gibt es keine nennenswerten Proteste. Die Opfer von »3.11« leiden meist still für sich.

Nach wie vor leben viele Menschen aus Fukushima in provisorischen Verhältnissen. Durch »3.11« hat sich die Vergreisung in den ländlichen Gebieten Nordostjapans, die dort bereits vor dem Desaster ausgeprägt war, beschleunigt: Die Jüngeren wanderten aus den zerstörten oder verstrahlten Gebieten ab in entfernte Städte und Dörfer, wo sie neue Jobs fanden und Schulen für ihre Kinder. Zurück blieben oft Alte und Alleinstehende. Von den Bewohnern, die aus der Umgebung des Kernkraftwerks geflohen waren, lebten im Herbst 2017 noch über ein Drittel außerhalb ihrer Heimat, oft verstreut im ganzen Land.

Einige Menschen, die durch die Fukushima-Katastrophe entwurzelt wurden, habe ich über die Jahre für den SPIEGEL getroffen, darunter eine junge Manga-Zeichnerin in Kyoto, einen Rosenzüchter in Tsukuba bei Tokio und einen Heilpraktiker, der mit Frau und Tochter ins mitteljapanische Matsumoto geflohen war. Es waren erschütternde Begegnungen. Materiell schien es den Geflohenen an nichts zu mangeln, sie waren gut gekleidet, in ihren neuen Unterkünften leben sie vergleichsweise komfortabel. Doch sie alle hatten das Wichtigste verloren. Etwa ihr seelisches Gleichgewicht – so im Falle der Manga-Zeichnerin, die sich selbst im fernen Kyoto noch panisch vor Radioaktivität ängstigte und daher am liebsten keine Pakete aus ihrer Heimat in Empfang nehmen wollte. Andere verloren ihren Lebenszweck – so der Rosenzüchter, der seinen Familienbetrieb im verstrahlten Futaba zurücklassen musste. Oder sie verloren ihre Unbeschwertheit – wie die Tochter des Heilpraktikers, die per Smartphone ständig mit ihren ehemaligen Mitschülern in Fukushima chattete, aber an ihrem neuen Wohnort kaum Kontakt zu Gleichaltrigen fand.

Je hartnäckiger das übrige Japan sich darum bemühte, wieder zum Alltag zurückzukehren, desto mehr gerieten die Heimatlosen in Vergessenheit. Zahlreiche Opfer starben in Verbitterung, einige nahmen sich das Leben, wie Hamako Watanabe, eine Bauersfrau, die wegen des Reaktorunglücks Haus und Hof verlassen musste. Im Sommer 2011, als sie für wenige Stunden in ihre verstrahlte Heimat zurückkehren durfte, ging sie in ihren geliebten Blumengarten, übergoss sich mit Benzin und zündete sich an. Sie war 58 Jahre alt. Später erstritt ihr Ehemann vor Gericht eine Entschädigung von rund 350 000 Euro von Tepco. Doch sein Leben war zerstört.

Die Regierung in Tokio drängte darauf, dass Fukushima zur Normalität zurückkehren sollte, so rasch wie möglich. Die Eile hing sicher auch damit zusammen, dass die Kernkraftwerke wieder in Betrieb gehen sollten, die nach dem GAU im ganzen Land abgeschaltet worden waren. Da störte die Erinnerung an Fukushima und die Opfer der Katastrophe nur. Heimische Medien rückten kritische Berichte über das Desaster zunehmend in den Hintergrund. Umso mehr priesen sie jene Bewohner, die als Erste wieder in die Sperrzone zurückkehrten.

Zu den Hoffnungsträgern zählte Hisao Tsuboi, ein Bauer aus Miyakoji. Er lebte in einem Bezirk der Gemeinde Tamura, der 18 Kilometer von der Reaktorruine entfernt war und somit am Rand der Sperrzone lag. Die Strahlung in Miyakoji war bereits deutlich gesunken. Und daher hatte die Regierung das Gebiet im Frühjahr 2014 als ersten Bezirk wieder für Rückkehrer freigegeben. Kurz danach besuchte ich Tsuboi auf seinem Hof. An seinem Hals baumelte ein Messgerät, mit dem er die radioaktive Strahlung überprüfte. Die Werte waren tatsächlich niedrig, denn der verseuchte Boden um sein Haus war abgetragen worden. Die verstrahlte Erde und das Gestrüpp hatte man in schwarzen Kunststoffsäcken verstaut, die nun an den Straßenrändern lagerten. Doch unweit des Hofes begannen Hügel und Berge, an denen sich nach dem GAU die radioaktiv verseuchten Wolken abgeregnet hatten. »Dort ist die Strahlung nach wie vor hoch«, sagte Tusboi.

Mit seinem winzigen Traktor fuhr der Bauer über ein frisch gewässertes Reisfeld und pflanzte automatisch Setzlinge ein. Er registrierte auch hier geringe Radioaktivität. Doch bei jedem Regen floss erneut verstrahltes Wasser von den Bergen ins Tal – und damit auf die Reisfelder. Der Boden war von Cäsium verseucht; um es zu binden, hatte Tsuboi Kaliumchlorid über das Feld verstreut. Die Methode funktionierte. »Mein Reis ist in Tests als unbedenklich für den Verzehr erklärt worden«, sagte Tsuboi. Gleichwohl blickte er skeptisch auf das frisch bestellte Feld. »Wer will schon Reis aus Fukushima essen?« Und doch machte Tsuboi weiter, er hatte sein Leben lang nichts anderes getan, als Reis anzubauen. Dies war seine Heimat, ob sie verstrahlt war oder nicht.

Was den Bauern traurig machte: Seine Kinder und Enkel, mit denen er vor »3.11« hier gelebt hatte, wollten aus Furcht vor der Strahlung nicht zurückkehren. Sie wohnten in einer Stadt außerhalb der Sperrzone, dort hatten sie sich längst ein neues Leben aufgebaut.

Nach und nach gab die Regierung weitere Teile der Sperrzone wieder für Rückkehrer frei. Im Frühjahr 2018 galten bereits neun Städte und Gemeinden offiziell als wieder bewohnbar. Doch überall hatte sich der Trend zur Vergreisung drastisch verstärkt: Über 44 Prozent der Einwohner waren 65 Jahre oder älter, errechnete die Zeitung »Tokyo Shimbun«. Bei den Rückkehrern handelte es sich oft um die Schwächsten, die kaum eine andere Wahl hatten. Denn nach und nach kürzte die Regierung ihnen die Mietzuschüsse für die privaten Ausweichquartiere, die sie außerhalb der Sperrzone bezogen hatten. Bis Ende März 2019 wollte die Präfektur Fukushima keine kostenlosen Notunterkünfte mehr zur Verfügung stellen.

Auch Iitate, ein Dorf nordwestlich vom Kernkraftwerk, das besonders hoch verstrahlt worden war, wurde im April 2017 wieder für bewohnbar erklärt. Heimische Medien berichteten, wie tapfer der Ort der Katastrophe trotze. Künftig solle er sich zu einem Modell für ökologisches Wirtschaften wandeln, hieß es. Im Zentrum hatte man eine Solarfarm errichtet. Sie sollte erneuerbare Energie erzeugen und die lokale Wirtschaft ankurbeln. Doch von einst 5850 Einwohnern waren erst 618 zurückgekehrt, die meisten von ihnen waren über 65 Jahre alt. Sie lebten in einem Ort, der großteils wie ausgestorben wirkte. Viele Häuser standen leer, Geschäfte blieben weiter geschlossen, Reisfelder unbestellt.

Die dörfliche Harmonie, die in Iitate vor der Reaktorkatastrophe geherrscht hatte, war gestört. Für Streit sorgte vor allem die örtliche Schule, die im April 2018 in einem umgebauten Gebäude neu eröffnet wurde. Nach dem Reaktorunfall waren die Kinder aus dem verstrahlten Iitate in einer Ausweichschule außerhalb der Sperrzone unterrichtet worden. Doch die Obrigkeit drängte darauf, dass sie nach Iitate zurückkehrten. Da die meisten Familien sich längst außerhalb der Sperrzone niedergelassen hatten, entstand eine sonderbare Situation: Jene Schüler, die an die Schule in Iitate zurückkehrten, mussten täglich mit Bussen dorthin pendeln. Auf diese Regelung ließ sich indes nur ein Teil der Eltern ein, die meisten schickten ihre Kinder auf auswärtige Schulen.

Einer, der die amtliche Rückkehrstrategie kritisch sah, war Kenta Sato, der Juniorchef einer Schweißerei in Iitate. Er hatte eine schlanke Figur und trug gerne enge Jeans und spitze Lackschuhe. Mit seiner Frau und seiner kleinen Tochter wohnte er in der Präfektur-Hauptstadt Fukushima; dorthin war er nach der Reaktorkatastrophe geflohen. Sato dachte nicht daran, dauerhaft nach Iitate zurückzukehren. Stattdessen pendelte er zu dem Betrieb in Iitate, wo nur noch sein Vater die Stellung hielt. Zweimal begleitete ich Sato auf seinen Fahrten. Das erste Mal, im März 2012, sahen wir weit und breit keine Menschen auf den Straßen. Häuser und Geschäfte lagen verlassen da, nur im Altenpflegeheim brannte einsam Licht: Die Greise hatte man in der Sperrzone zurückgelassen, ihnen wollte niemand mehr einen Ortswechsel zumuten.

Hier und da waren Reinigungstrupps damit beschäftigt, verstrahlte Büsche abzuholzen, Erde abzutragen und sie in schwarze Säcke zu füllen. Die Männer trugen weiße Schutzanzüge und Mundschutz. Mit Hochdruckreinigern spritzten sie Dächer und Häuserwände ab. Sato schüttelte den Kopf: »Das sickert alles nur in den nächsten Fluss«, sagte er, »und beim nächsten Regen fließt dann erneut verseuchtes Wasser von den Hügeln.« Was die Arbeiter da machten, erinnerte mich an die rituellen Reinigungen, mit denen Priester der heimischen Shinto-Religion böse Geister vertreiben. Eine nachhaltige Lösung bot die aufwendige Dekontaminierung jedenfalls nicht. Denn die Region um das Kernkraftwerk Fukushima Daiichi besteht etwa zu 70 Prozent aus bewaldeten Bergen, und die waren eben oft besonders hoch verstrahlt.

Wie groß die Gesundheitsrisiken einer Rückkehr waren, ließ sich für geflohene Bewohner schwer abschätzen. Auch in Iitate wurde die Erde nur in einem Umkreis von 20 Metern um die Häuser abgetragen, dahinter begannen meist die bewachsenen Hänge. Allenthalben lauerten sogenannte Hotspots, wo die Strahlung extrem hoch war. Es handelte sich oft um Plätze, an denen Kinder besonders gerne spielen. Sato sagte: »Wie sollen wir hier unbeschwert leben, wenn wir unsere Kinder ständig beaufsichtigen müssen?«

Je mehr Zeit seit der Katastrophe verging, desto tiefer klafften die Risse innerhalb der einstigen Dorfgemeinschaft: Die einen hatten sich außerhalb der Sperrzone längst neue Häuser oder Apartments gekauft, teilweise auch mit Entschädigungen, die sie von Tepco erhalten hatten. Andere wohnten weiter in Notunterkünften, auch weil sie nicht wussten, wo sie auf Dauer hinsollten. Neid und Missgunst vergifteten die Beziehungen zwischen einstigen Nachbarn.

Sato beschrieb die Stimmung so: »Sobald sich jemand eine neue Gardine vor das Fenster hängt, tuscheln die Nachbarn und sagen: ›Die haben sie sich bestimmt mit ihrer Entschädigung gekauft.‹«

Letztlich mussten die Bewohner selbst darüber befinden, jeder für sich, ob sie das gesundheitliche Risiko einer Rückkehr auf sich nehmen wollten oder nicht. So sah es jedenfalls Tetsuji Imanaka, ein renommierter Strahlenforscher der Universität Kyoto, der in Iitate regelmäßig Messungen vornahm. Er empfing mich 2015 in seinem Institut in Osaka. Damals war die Strahlung in Iitate bereits auf ein Zehntel der Werte gesunken, die Imanaka kurz nach dem Reaktorunfall gemessen hatte. Er rechnete vor, wie die Strahlung aufgrund der Halbwertszeit des Cäsiums immer weiter fallen würde. Das klang beruhigend. Aber dann sagte Imanaka: »Meinen eigenen Enkel würde ich nicht in Iitate wohnen lassen.«

In Fukushima lebten vor allem die Eltern von Kindern und Jugendlichen in Sorge. Seit der Reaktorkatastrophe führten die Behörden der Präfektur für Jugendliche im Alter bis 18 Jahren regelmäßige Untersuchungen zur Früherkennung von Schilddrüsenkrebs durch. Bis Ende 2017 wurde die Erkrankung in 160 Fällen diagnostiziert. Doch die Mediziner waren uneins darüber, ob die Reaktorkatastrophe dafür verantwortlich war. Oder ob die Zahl nur deshalb relativ hoch erschien, weil durch die Untersuchungen Fälle aufgedeckt worden waren, die man normalerweise nicht bemerkt hätte. Die Patienten, bei denen Schilddrüsenkrebs diagnostiziert worden war, schwiegen meist über ihr Schicksal, auch weil sie fürchteten, keine Freunde oder Heiratspartner zu finden.

Die Sorge war berechtigt: Im übrigen Japan wurden Fukushima-Flüchtlinge immer wieder diskriminiert. Es kam vor, dass Kinder an ihren neuen Schulen mit bösen Spitznamen wie »Bazillus« belegt wurden. Das Mobbing spiegelte das Versagen der Erwachsenen – Lehrer, Politiker, Journalisten – wider: Statt offen über Fukushima und die Folgen zu debattieren, verdrängten sie die Katastrophe. Vorurteile breiteten sich aus, ähnlich wie die, unter denen einst auch die Überlebenden der Atombombenabwürfe von Hiroshima und Nagasaki gelitten hatten.

Radioaktive Strahlung ist nicht sichtbar. Aber in Iitate und der übrigen Sperrzone war sie auf indirekte Weise stets präsent: Allenthalben verschandelten schwarze Kunststoffsäcke mit verstrahlten Abfällen die Landschaft. Als Sato mich 2016 erneut nach Iitate mitnahm, hatten sich viele der einst malerischen Täler in provisorische Deponien für verstrahlten Müll verwandelt. Auf Terrassenfeldern, auf denen Reis und Gemüse angebaut worden war, türmten sich Säcke um Säcke auf. Bis Ende 2016 hatte sich, je nach Zählweise, zwischen 16 und 22 Millionen Kubikmeter radioaktiv verseuchter Müll in der Sperrzone angesammelt.

Als ich mit Sato von Iitate wieder zurück in die Stadt Fukushima fuhr, sprach er länger kein Wort. Plötzlich atmete er tief durch und sagte: »Jedes Mal, wenn ich Iitate verlasse, bin ich erleichtert.« Er liebte Iitate, an jeder Ecke stieß er auf Erinnerungen aus Kindheit und Jugend. Aber er fühlte sich hier nicht mehr zu Hause.

Die Stadt Fukushima hat rund 300 000 Einwohner, hier leben viele Flüchtlinge aus der Sperrzone. Zwar wurde die Stadt durch den Atomunfall ebenfalls verstrahlt, doch weniger stark als die nähere Umgebung des Kernkraftwerks. Man könnte vermuten, dass die Reaktorflüchtlinge sich hier schnell eingewöhnt hätten, zumal sie ja weiter in derselben Präfektur wohnten. Doch viele fühlten sich hier auch nach Jahren noch fremd.

So erging es auch Takako Izumida, einer Kalligrafie-Lehrerin. Ich lernte sie im Herbst 2016 auf einer Veranstaltung für ehemalige Bewohner von Futaba, dem nun gesperrten Ort der Kernkraftwerksruine, kennen. Izumida war 57 Jahre alt, dezent gekleidet und strahlte eine Eleganz aus, die typisch japanisch wirkte. Ich sah zunächst keinen Grund, sie zu bedauern: Sie lebte mit ihrem Mann Tatsuo, einem Lehrer, und ihrer alten Mutter in einem gepflegten Eigenheim; sie hatten es sich bald nach »3.11« in der Stadt Fukushima gebaut. Als ich sie dort besuchte, saßen wir in ihrem Wohnzimmer mit Blick auf einen kleinen Garten. Izumida servierte grünen Tee und Reisgebäck. Die Familie hatte keine finanziellen Sorgen, die drei Kinder waren bereits erwachsen.

Doch glücklich war Izumida nicht. Sie holte ein Fotoalbum hervor und zeigte Bilder von dem traditionellen japanischen Anwesen, das sie in Futaba hatte zurücklassen müssen. Ihre Vorfahren, ein Clan von Ärzten und Lehrern, hatten seit über zwei Jahrhunderten dort gelebt. Durch das Beben waren die Gebäude zwar beschädigt worden. Aber vom Tsunami waren sie verschont geblieben, denn das Grundstück lag hinter einem Hügel, der die Flutwelle aufhielt. In Futaba hatten Izumida und ihr Mann – er war 60 – den nahenden Ruhestand verbringen wollen, er hatte sich bereits eine Hobby-Schreinerei eingerichtet. Doch nun lag ihr Zuhause in der Sperrzone, an eine baldige Rückkehr war nicht zu denken. Izumida sagte: »Ich bin die Erste, bei der die Tradition unserer Ahnen abreißt.«

Während ich ihr zuhörte, musste ich an meine eigene Mutter denken, die als Kind am Ende des Zweiten Weltkriegs aus Ostpreußen geflohen war; später erzählte sie dann oft von ihrer verlorenen Heimat, von den weiten Ostseestränden, die sie so vermisste. Izumida klang ähnlich, als sie über die Wellen des Pazifiks sprach und über den frischen Wind, der ihr hier in der Stadt fehle. Auch sie fühlte sich entwurzelt, wie eine Vertriebene in ihrem eigenen Land.

Einige Tage später, an einem Samstag, nahm das Ehepaar Izumida mich mit in seine verstrahlte Heimat. Bevor wir losfuhren, deckten wir uns in einem Supermarkt mit Proviant ein, mit Reiskuchen, Keksen und Getränken. Denn in dem Teil von Futaba, in dem das Haus der Izumidas lag, gab es weder Läden, fließend Wasser noch Strom.

Als Tatsuo, der Ehemann, seinen silberfarbenen Honda startete, hätte man uns für normale Wochenendausflügler halten könnten.

Doch die Stimmung im Auto war angespannt. Um nach Futaba zu gelangen, mussten wir weite Umwege nehmen. Wir fuhren durch Gebiete, die teilweise wieder zur Besiedlung freigegeben worden waren, doch viele Häuser standen nach wie vor leer, Geschäfte waren geschlossen, Tankstellen verwaist, Felder verwildert. Immer wieder musste Tatsuo den Wagen anhalten: Vermummte Arbeiter waren an den Straßenrändern damit beschäftigt, verseuchte Erde und Sträucher zu entsorgen. Auf einer Straße nahe Futaba fingen unsere Geigerzähler plötzlich an zu piepsen, die Strahlung war besonders hoch.

Das Anwesen der Izumidas lag in einem Bereich von Futaba, der relativ gering verstrahlt war. Hier durfte man zwar nicht wohnen, aber der Ort war frei zugänglich. Tatsuo öffnete das japanische Holztor. Links dahinter lag ein traditioneller Speicher aus Lehm und Holz, seine Fundamente waren vom Erdbeben zerstört worden, aber die übrigen Gebäude waren tatsächlich kaum beschädigt. Wir kletterten einen angrenzenden Hügel hinauf, der Geigerzähler zeigte hier sogleich höhere Strahlenwerte an. In der Ferne ragten die Spitzen der Reaktorruine von Fukushima Daiichi empor, davor breitete sich der Pazifik aus. Bis zum Atomdesaster hatte die Gegend überwiegend aus Reisfeldern bestanden, sie waren nun von Schilfgras überwachsen, das silbrig in der Sonne glänzte.

Weit und breit hörten wir kein Geräusch, nur den Wind. Es war idyllisch hier, aber auch unheimlich. Die meisten Häuser der Nachbarschaft waren vom Tsunami zerstört worden, zahlreiche Bewohner waren dabei umgekommen. In den Ruinen zerstreut lagen Möbeltrümmer, Geschirr und Habseligkeiten.

»Das Kernkraftwerk habe ich früher kaum wahrgenommen«, sagte Takako Izumida. »Viel wichtiger war mir die Natur von Futaba, die frische Luft. Selbst im Sommer brauchten wir hier keine Klimaanlage.« In der Stadt sei es dagegen oft unerträglich heiß und schwül.

Lange durften wir nicht bleiben, der Aufenthalt war auch in diesem Bezirk nur tagsüber erlaubt. Zum Abschied inspizierte Takako noch einmal ihren geliebten Rosengarten. Wildschweine hatten ihn teilweise zertrampelt, die Tiere hatten große Teile der Sperrzone von den geflohenen Bewohnern erobert. Schweigend betrachtete Takako die Pflanzen. Sie sah aus, als würde sie am liebsten gleich damit beginnen, Unkraut zu jäten und alles wieder in Ordnung zu bringen. Doch dann wandte sie sich ab, ging zurück zum Auto und stieg ein. Der Ausflug in die Heimat war vorbei.

Der nukleare Neustart

In den Tagen, als die Reaktorkatastrophe sich zuspitzte, wirkte Japan wie gelähmt. Damals, im März 2011, schien es, als könne nichts mehr bleiben, wie es war, das Versagen von Politikern, Beamten und Konzernbossen war zu offensichtlich. Fukushima war eine nationale Katastrophe, aber sie bot Japan auch eine historische Gelegenheit, sich von Grund auf zu erneuern – politisch, wirtschaftlich, technologisch. Denn in Fukushima war nicht nur ein Kernkraftwerk havariert. Von Grund auf gescheitert war auch das System, nach dem Japan verwaltet wurde.

Doch die Chance des Neuanfangs wurde vertan. Gewiss, nach dem Atomunglück wurde viel geredet, wurden viele kritische Berichte verfasst, es gab Gerichtsverfahren. In einigen davon erstritten evakuierte Bewohner Entschädigungen vom japanischen Staat und von Tepco. Doch die Beträge, die den Opfern zugesprochen wurden, boten bei Weitem keinen Ersatz für das, was sie verloren hatten, ideell und materiell. Und auch über sieben Jahre nach dem Unglück war keiner der damals zuständigen Bosse von Tepco strafrechtlich zur Verantwortung gezogen worden. Das »Atomdorf« berief sich darauf, dass das Erdbeben und der Tsunami »unvorhersehbar« gewesen seien. Kritiker hielten dagegen, dass bei Tepco bereits nach dem Tsunami im Indischen Ozean 2004 über zusätzliche Schutzmaßnahmen für Fukushima Daiichi nachgedacht worden sei. Auch sei davor gewarnt worden, dass sich bei einem Erdbeben Wasserstoffexplosionen in Reaktorgebäuden ereignen könnten – wie es dann 2011 auch geschah. Gleichwohl habe Tepco es unterlassen, ausreichende Schutzvorkehrungen zu treffen.

Anders als Deutschland, wo Bundeskanzlerin Angela Merkel auf Fukushima mit dem Atomausstieg reagierte, hielt Japan an der Kernenergie fest. Das »Atomdorf« blieb mächtig, es hatte sich wie ein Krake über das Land gelegt. Unzählige Personen, Institutionen und Unternehmen hingen von der Kernkraft ab: die Bürgermeister, deren Gemeinden von den Subventionen für Reaktorstandorte lebten; die Stromversorger, die an der Kernkraft verdienten; die Hersteller von Reaktortechnologie, wie Toshiba oder Hitachi, und die Baukonzerne, die neue Atomanlagen bauten und alte instand hielten.

Trotzdem: Eine kurze Zeit lang war Japan das einzige führende Industrieland, das völlig ohne Kernkraft auskam. Bis zum GAU hatte es mit über 50 Reaktoren fast ein Drittel seines Strombedarfs gedeckt, bis 2030 hatte die Regierung 14 weitere Anlagen bauen wollen. Doch unter dem Schock von Fukushima fuhr Japan nach und nach alle noch betriebsfähigen Reaktoren herunter – einige waren damals ohnehin bereits wegen Wartungsarbeitungen außer Betrieb. Vor einem Neustart wollte man zunächst die Sicherheit der Anlagen überprüfen.

Und plötzlich zeigte sich, dass Japan auch ohne Kernkraft erstaunlich gut funktionierte. Selbst in den heißen, schwülen japanischen Sommern, in denen die Klimaanlagen in Privatwohnungen und Büros auf Hochtouren laufen, ging der Alltag weiter, wenn auch unter Beeinträchtigungen. Als Ersatz für die Atomreaktoren fuhren die Stromversorger ältere herkömmliche Kraftwerke wieder hoch, in denen Kohle oder Gas verfeuert wird. Auch Fabriken, beispielsweise Stahlwerke, speisten aus ihren Generatoren überschüssigen Strom ins Netz ein. Dass es nicht zu Stromausfällen kam, vor denen die

Branche immer wieder gewarnt hatte, war der unnachahmlichen Disziplin der Japaner zu verdanken: Fabriken verlegten ihre Produktion auf Nächte und Wochenenden. In Büros wetteiferten Beschäftigte darum, die Klimaanlagen zu drosseln oder die Beleuchtung zu dimmen.

Fast schien es, als könne sich die Nation an ein Leben ohne Kernkraft gewöhnen. Diese Aussicht aber alarmierte die Stromversorger. Sie machten immer höhere Verluste. Und zwar nicht nur Tepco, der Betreiber von Fukushima, der unter den finanziellen Lasten des Atomdesasters zusammenzubrechen drohte und daher de facto verstaatlicht worden war. Auch andere Stromkonzerne litten: Ihre stillgelegten Reaktoren verursachten hohe Kosten für die laufende Instandhaltung und für zusätzliche Sicherheitsmaßnahmen. Gleichzeitig mussten sie teuer Öl und Gas importieren, um mit ihren herkömmlichen Kraftwerken Strom zu erzeugen. Durch die erhöhten Rohstoffimporte rutschte Japans Leistungsbilanz zeitweise ins Minus.

Schon knapp ein Jahr nach »3.11« leitete die Regierung den Neustart der Kernkraftwerke in die Wege. Allerdings hatte sie eine wichtige Konsequenz aus Fukushima gezogen und die Nuklearaufsicht aus dem atomfreundlichen Ministerium für Wirtschaft, Handel und Industrie ausgelagert. Die neue Nukleare Aufsichtsbehörde, abgekürzt NRA, war formal unabhängig. Im Juli 2013 traten überdies verschärfte Sicherheitsbestimmungen in Kraft. Auf deren Grundlage überprüfte die NRA fortan, ob Reaktoren ausreichend gegen Erdbeben, Tsunamis und andere Naturkatastrophen geschützt waren. Japans Vorschriften seien die »strengsten der Welt«, behauptete der NRA-Chef Shunichi Tanaka. Der mausgraue Technokrat, der ein Berufsleben in der Nuklearforschung verbracht hatte, leitete die NRA bis 2017. Über Kernkraftwerke sagte er: »Wir urteilen nur darüber, ob sie die Sicherheitskriterien erfüllen oder nicht. Dass sie absolut sicher sind, können wir nicht sagen.«

Diese Aussage war zumindest ehrlich, sie unterschied sich von der Atompropaganda, mit der die Japaner über Jahrzehnte indoktriniert worden waren. Tanaka, so schien es, hielt sich penibel an die Vorschriften. Über die politischen, gesellschaftlichen und ethischen Konsequenzen aus Fukushima zu befinden, war nicht die Aufgabe des ranghöchsten Atomaufsehers. Das galt auch für die grundsätzliche Frage, ob ein Land der Vulkane und der Erdbeben wie Japan sich überhaupt als Standort für Atomkraftwerke eignet. Für solch eine Debatte wären die Politiker zuständig gewesen, aber die wichen der Diskussion meist aus.

Einer, den die Katastrophe gezeichnet und verändert hatte, war hingegen Naoto Kan, der Premier, der zum Zeitpunkt von »3.11« regierte. Nach dem Desaster kündigte er an, Japan schrittweise in eine »Gesellschaft ohne Atomkraftwerke« verwandeln zu wollen. Der studierte Physiker, der bis zu Fukushima ein Anhänger der Kernkraft gewesen war, zog damit die Konsequenz aus der existenziellen Krise, durch die er Japan hatte manövrieren müssen. Im Jahr 2015 befragte ich Kan über seine damaligen Erfahrungen – inzwischen war er einfacher Abgeordneter und empfing mich in einem schlichten Büro gegenüber dem Parlament. »Wir sind nur um ein Haar einer noch viel schlimmeren Katastrophe entgangen«, sagte er. Die Sicherheit der Japaner sei während des Reaktorunfalls viel stärker bedroht gewesen, als die Öffentlichkeit damals geahnt habe. Zeitweise habe er gar erwogen, die Hauptstadt Tokio evakuieren zu lassen: »Die Frage war, ob Japan untergeht.«

In Deutschland und anderen europäischen Ländern war Kan mittlerweile ein gefragter Redner, ein Kronzeuge gegen die Kernkraft. Im Frühjahr 2016 erlebte ich, wie er auf der Hamburger Vortragsveranstaltung »Lesen ohne Atomstrom« fast wie ein Popstar gefeiert wurde. In Japan spielte der Ex-Premier hingegen kaum eine Rolle mehr. Sein Name war ein anderes Wort für Politikversagen, viele Landsleute gaben ihm die Schuld für das oft chaotische

Krisenmanagement von »3.11«. Tatsache ist: Kan hatte es nicht geschafft, die Bürokratie auf seine Seite zu bringen, weder auf dem Höhepunkt der Krise noch danach. Mit seinem Führungsstil, der für japanische Verhältnisse ruppig sein kann, machte er sich viele Feinde. Seine Beamten behinderten ihn, wo sie konnten, auch durch Nichtstun. Knapp ein halbes Jahr nach dem Desaster sah sich der isolierte Kan gezwungen zurückzutreten.

Selbst seine eigene Partei, die damals noch regierenden Demokraten, konnte Kan nicht hinter sich bringen und von der Energiewende überzeugen. Als Reaktion auf Fukushima strebte sie zwar einen Zustand von »null Reaktoren« bis zum Ende der 2030er-Jahre an. Doch dabei handelte es sich nur um eine vage Zielmarke, auch weil die Demokraten Rücksicht auf die Gewerkschaft der Stromarbeiter nahmen – ein wichtiger Unterstützer der Partei.

Im Juni 2012 ordnete Kans Nachfolger, Premier Noda, an, die ersten beiden Reaktoren seit Fukushima wieder hochzufahren. Sie gehörten zum Kernkraftwerk Oi am Japanischen Meer. Doch kaum mehr als ein Jahr später, im September 2013, wurden sie schon wieder heruntergefahren – für routinemäßige Wartungarbeiten. Und wieder war Japan ohne Atomstrom. Was in Japan fehlte, war ein konstruktiver Dialog über die Lehren aus Fukushima. Auf der einen Seite gab es das »Atomdorf«, auf der anderen gab es die Atomgegner und die Opfer von Fukushima. Dazwischen gab es fast nichts. Anfangs strömten Tausende zu den Anti-Atom-Demonstrationen, die freitagabends vor dem Amt des Premiers in Tokio stattfanden, doch dann erlahmten die Proteste.

Umfragen zufolge lehnte die Mehrheit der Japaner einen Neustart der stillgelegten Kernkraftwerke ab. Gegen diese Stimmung vermochte das »Atomdorf« zwar einzelne Reaktoren wieder hochzufahren, doch es konnte kaum neue Anlagen planen. Das aber wäre nötig gewesen, um der Atomkraft eine langfristige wirtschaftliche Perspektive zu sichern: Viele Reaktoren haben ihre offizielle Laufzeit, die nach dem Fukushima-Desaster auf vierzig Jahre begrenzt wurde, fast erreicht. Zwar dürfen die Laufzeiten in Ausnahmefällen um zwanzig Jahre verlängert werden, wovon die Regierung auch Gebrauch macht, aber auf Dauer kann dies keine Lösung sein.

Die Aussichten auf eine energiepolitische Wende verdüsterten sich, als Premier Shinzo Abe im Dezember 2012 mit seiner konservativen Liberaldemokratischen Partei, der LDP, die Wahl zum Unterhaus gewann und die Demokraten von der Macht vertrieb. Im Wahlkampf hatte er versprochen, »Japan wiederherzustellen«. Der Slogan verfing bei den Wählern, die unter dem Trauma von Fukushima litten. Sie sehnten sich nach einem Neuanfang.

In der Energiepolitik vollzog die neue Regierung allerdings eine Wende rückwärts; sie machte sich vor allem für die Atomkraft stark. Im Sommer 2018, über sieben Jahre nach Fukushima, legte sie zwar einen Rahmenplan vor, der erneuerbaren Energien bis 2030 erstmals die Rolle einer »Hauptstromquelle« in Aussicht stellte. Ihr Anteil sollte dann bei 22 bis 24 Prozent am Energiemix liegen. Wie wenig ehrgeizig, ja geradezu lustlos dieser Plan war, zeigt der Vergleich mit Deutschland: Dort trugen alternative Energien bereits 2017 rund 36 Prozent zum Stromverbrauch bei. Gleichzeitig wollte die Regierung Abe der Kernkraft einen Anteil von 20 bis 22 Prozent an der Stromversorgung vorbehalten. Das war zwar etwas weniger als vor dem GAU 2011, aber allein um diese Zielmarge zu erreichen, müsste Japan bis 2030 rund 30 Reaktoren laufen lassen – über dreimal so viele, als bis Juli 2018 wieder in Betrieb genommen worden waren.

Auf Staatsbesuchen in der Türkei, in Vietnam oder Indien betätigte sich der Premier als ranghöchster Handelsreisender für den Export heimischer Reaktortechnologie. Da war es nur folgerichtig, wenn die Regierung darauf drängte, dass auch abgeschaltete Atomkraftwerke im eigenen Land wieder in Betrieb gingen. Die Atomaufsicht NRA unter ihrem Chef Tanaka stellte nach und nach Betriebsgenehmigungen für Reaktoren aus. Allerdings kam es immer wieder zu Verzögerungen. Mal erließen Gerichte einstweilige Verfügungen, mal verweigerten lokale Politiker ihre Zustimmung. Ein symbolischer Durchbruch gelang dem »Atomdorf« schließlich im August und September 2015 mit dem Neustart von zwei Reaktoren des Kernkraftwerks Sendai auf der südlichen Hauptinsel Kyushu.

Um die Lage vor Ort zu erkunden, reiste ich nach Kyushu. An einem Samstag stieg ich am Bahnhof von Satsuma-Sendai aus, der nächstgrößeren Stadt. Der Terminal kam mir gewaltig vor für die Stadt, die nur 96 000 Einwohner zählte und rapide vergreiste. In den vergangenen sechs Jahrzehnten war sie um rund 50 000 Menschen geschrumpft, aber ähnlich wie Futaba war auch Satsuma-Sendai künstlich gepäppelt worden mit Subventionen, die Reaktorstandorten gewährt werden. Auch das Rathaus fiel durch seine Größe auf. In der Nähe gab es ein Kulturhaus sowie ein Informationszentrum für die vermeintlichen Segnungen der Kernenergie. Durch fast menschenleere Straßen gelangte ich in die Einkaufszone. Hier reihte sich Geschäft an Geschäft, viele hatten ihre Rollläden heruntergelassen, offenbar für immer. Die verbliebenen Händler hofften auf den atomaren Neustart. »Ohne das Kernkraftwerk müssten wir bald dichtmachen«, sagte eine alte Ladenbesitzerin, die in ihrem Bekleidungsgeschäft auf Kunden wartete.

Am nächsten Morgen fuhr ich zu einer Demonstration von Atomkraftgegnern. Ich stieg in einen Lokalzug, der aus einem einzigen Waggon bestand. Außer mir saß noch ein junges Paar darin. Einige Stationen weiter stieg ich aus, kein Mensch war zu sehen weit und breit. Per Handy bestellte ich ein Taxi, das mich zur Demonstration fuhr. Der Parkplatz, wo der Protestzug starten sollte, lag zwischen Reisfeldern. Als ich ausstieg, kam es mir einen Moment lang vor, als hätte ich mich in der Veranstaltung geirrt. Ich sah fast nur ältere Menschen. Sie trugen Anoraks und Schlapphüte. Sie sahen aus wie Ausflügler, die sich zu einer Wanderung verabredet hatten. Aber sie trugen Banner mit Slogans wie »Sayonara Genpatsu!« – »Auf Wiedersehen, Reaktor!«. Hier war ich also doch richtig.

Als ich mich als deutscher Journalist vorstellte, umringten mich die Demonstranten fast wie einen Heilsbringer. »Ihr Deutschen habt wegen Fukushima den Atomausstieg eingeleitet, warum kriegen wir Japaner das nicht hin?«, fragte mich ein Rentner. Er hieß Yoshinori Arima und war mit seiner Frau Kazuko aus einer Nachbargemeinde zu der Demonstration gekommen. Die beiden hofften, den Neustart von Sendai verhindern zu können. »Wir tun das für unsere Enkel«, sagte Kazuko. Um sich gegen die Sonne zu schützen, hatte sie einen weißen Regenschirm aufgepannt. Darauf hatte sie mit schwarzem Filzstift geschrieben: »Verhindert den Neustart!« In ihren zierlichen Händen hielt sie ein Schild: »Stoppt die Wiederinbetriebnahme des Kernkraftwerks!«

Dann setzte sich der kleine Protestzug in Bewegung. Knapp eine Stunde liefen wir hinter einem Auto her, auf dem übergroße Lautsprecher befestigt waren. »Verhindert den Neustart! Schützt unsere Kinder!«, skandierte eine ältere Frau, die vorne im Wagen saß und so resolut klang wie eine Lehrerin. Als wir eine Siedlung passierten, unterbrach sie schlagartig ihre Durchsagen, und auch die übrigen Demonstranten verstummten. Wir waren schließlich in Japan, wo auch der Protest höflich und gesittet abzulaufen hat. Die Atomgegner wollten die Einheimischen nicht belästigen oder gegen sich aufbringen.

Es war Regenzeit, aber die Sonne brach immer wieder aus den Wolken hervor und brannte gnadenlos; die Luft war feucht und heiß. Je näher wir dem Kernkraftwerk kamen, desto steiler stieg die Straße an. Ich sorgte mich, ob die alten Menschen die Strapazen verkraften würden. Doch sie marschierten unermüdlich weiter. Am Tor des Kernkraftwerks wurden sie von Polizisten empfangen, es war ein martialisches Aufgebot. Die Staatsmacht hatte sich hinter Gittern und Straßensperren verschanzt, als gälte es, einen Terrorangriff abzuwehren. Dabei war das Kernkraftwerk ohnehin durch hohe Zäune und Stacheldraht gesichert.

Die Demonstranten hockten sich diszipliniert an den Straßenrand und hielten ihre Spruchbänder hoch. Einer packte eine Gitarre aus und stimmte ein Protestlied an. Es war eine Szene von berührender Friedfertigkeit, aber auch Hilflosigkeit. Einige der Alten hatten einst die Kernkraft befürwortet; Katsuji Iwashita, ein früherer Ingenieur, hatte gar in der Anlage Sendai gearbeitet. Er berichtete mir, wie er vor Jahrzehnten dabei mitgeholfen habe, den Kondensator für die Turbinenanlage des Kraftwerks zu installieren. Die Technik der Anlage hielt er mittlerweile für völlig veraltet. Er sagte: »Wenn man den Reaktor wieder in Betrieb nimmt, ist das, als zwänge man einen Greis, 120 Kilometer zu Fuß zu laufen.«

Nach der Demonstration besuchte ich den Informationspavillon des Kernkraftwerks. Während der Protestveranstaltung vor der Anlage hatte man ihn geschlossen – aus Sicherheitsgründen, wie die Wächter mitteilten. Aber auch nachdem die alten Leute längst abgezogen waren, musste ich noch lange warten, bis der Pavillon wieder öffnete. Ich war der einzige Besucher. Uniformierte Hostessen begrüßten mich mit Verbeugungen. Sie überreichten mir Kugelschreiber und Informationsbroschüren, das Werbematerial von Kyushu Electric, dem Betreiber der Anlage. Die Ausstellung informierte anhand von Schautafeln und Videos darüber, wie Atomkraft funktioniert. Ausdrücklich wurde auf die zusätzlichen Sicherheitsmaßnahmen hingewiesen, die man hier in Sendai als Reaktion auf das Unglück von Fukushima getroffen habe. Anders als die Pannen-Reaktoren von Fukushima Daiichi werde Sendai auch nach einem Erdbeben oder einem Tsunami reibungslos weiterlaufen. Um die Stromzufuhr zu gewährleisten, habe man Dieselgeneratoren auf Lastwagen montiert. Auch Bulldozer stünden bereit, um nach einem Erdbeben Trümmer wegzuräumen und Zufahrtswege frei zu machen für Einsatzfahrzeuge.

Doch viele Einheimische misstrauten den Zusagen des Betreibers. Namhafte Seismologen hielten den Standort Sendai für zu riskant für ein Kernkraftwerk, denn er befindet sich an der Bucht von Kagoshima, die aus einem riesigen Krater besteht. An dessen Rand liegt Sakurajima, einer der aktivsten Vulkane Japans. Immer wieder wackelt die Erde in der Region. Bei einem schweren Erdbeben im nahen Kumamoto im April 2016 kamen weit über hundert Menschen um. Das Atomkraftwerk Sendai lief damals weiter: Nichts Außergewöhnliches sei festgestellt worden, teilte der Betreiber mit.

Die Regierung in Tokio hielt eisern an der Kernkraft fest. Die Planer strebten danach, den nationalen »Traum« von einem nuklearen Brennstoffkreislauf zu realisieren: Der verbrauchte Brennstoff, der in heimischen Kernkraftwerken anfiel, sollte im eigenen Land wiederaufbereitet werden statt weiterhin in Frankreich oder Großbritannien. Japan sollte unabhängig von Energieimporten werden. Doch der nukleare Kreislauf hatte sich längst als Illusion erwiesen. Um ihn gleichsam zu schließen, baut Japan seit 1993 an einer Wiederaufbereitungsanlage in Rokkasho Mura auf der Nordspitze der Hauptinsel Honshu. Doch die reguläre Inbetriebnahme musste immer wieder verschoben werden, auch weil zusätzliche Sicherheitsmaßnahmen erforderlich wurden.

Ein weiteres Prestigeprojekt des nuklearen Kreislaufs ist bereits gescheitert: der Schnelle Brüter Monju. Er wurde benannt nach einem buddhistischen Gott der Weisheit, der einen Löwen bändigt und ihn reitet. Monju befindet sich bei Shiraki, einem Fischerdorf am Japanischen Meer. Als der Schnelle Brüter 1995 in Betrieb ging, hatten Länder wie Deutschland diese Technologie längst aufgegeben, weil sie als zu teuer galt und als zu riskant. Doch Japans Planer priesen Monju als »Traum-Reaktor« für ihr rohstoffarmes Land. Monju wurde mit Uran-Plutonium-Mischoxid (MOX) betrieben. Auf diese Weise sollte der Reaktor nicht nur Plutonium verwerten, das bei der Wiederaufbereitung von Uranbrennstoff aus herkömmlichen Kernkraftwerken anfällt. Er sollte auch neues Plutonium gleichsam ausbrüten und in Strom verwandeln.

So weit die Theorie. Schon vier Monate nachdem Monju in Betrieb ging, ereignete sich in der Anlage ein Störfall. Es war der erste von mehreren schweren Nuklearunfällen, über die ich für den SPIEGEL aus Japan berichtete. Ich reiste nach Shiraki. Auf der Hinfahrt nahm ich einen Umweg, mit dem Auto fuhr ich die Küste entlang. In einst malerische Buchten mit goldgelben Sandstränden hatte man auffallend viele Kernkraftwerke gebaut. Denn hier, fernab der städtischen Ballungsräume Osaka und Kyoto, wohnten nur wenige Menschen. Widerstand gegen das »Atomdorf« war kaum zu erwarten. Die Reaktoranlagen trugen Namen wie Oi, Mihama oder Tsuruga, es waren so viele – rund ein Viertel aller Reaktoren Japans befand sich hier –, dass die Gegend im Volksmund »Reaktor Ginza« hieß, nach dem weltberühmten Einkaufsviertel, der Tokioter Ginza.

Monju, der Schnelle Brüter, lag am Meer. Um Platz für das Kraftwerk zu schaffen, hatte man Teile eines Berges abgetragen. Ich war nicht angemeldet, trotzdem empfing mich der Leiter der Anlage; er staunte, dass ein Ausländer hierhergekommen war. Man habe alles unter Kontrolle, versicherte er. Eine andere Auskunft hatte ich auch nicht erwartet.

Anschließend erkundete ich Shiraki, das benachbarte Fischerdorf. Junge Menschen waren hier längst abgewandert, und die Alten, die ich traf, freuten sich meist über den Schnellen Brüter. Ihre Häuser waren im Zuge von Fördermaßnahmen an die Abwasserkanalisation angeschlossen worden. »Früher haben wir mit unseren Fäkalien die Rettichbeete gedüngt«, berichtete eine Greisin, die ihren Rollator vor sich herschob. Eine kleine Brücke, die zum lokalen Shinto-Schrein führte, war erneuert worden. Jeden Monat stifte die Betreibergesellschaft von Monju dem Heiligtum zwei Flaschen Reiswein, hieß es. Auch lasse sie hier für die Sicherheit der Anlage beten.

Die Gebete waren nicht erhört worden. Aus defekten Rohren

des Kühlsystems von Monju waren mehrere Tonnen Natrium entwichen. Und damit wurden auch die hohen Risiken dieser Technologie offensichtlich: Schnelle Brüter verwenden als Kühlmittel kein Wasser, wie in herkömmlichen Kernreaktoren, sondern eben hochexplosives Natrium. Im SPIEGEL schrieb ich damals: »Monju versinkt in einen langen Winterschlaf.« Ich konnte nicht ahnen, dass die Zwangspause nach dem Störfall rund 14 Jahre dauern würde: Erst im Mai 2010 nahm die Anlage den Testbetrieb wieder auf. Doch immer wieder kam es zu schweren Pannen, fahrlässigen Versäumnissen, skandalösen Vertuschungen. Im Jahr 2012 wurde bekannt, dass die Betreiber von Monju es in fast 10 000 Fällen versäumt hatten, erforderliche Sicherheitsinspektionen vorzunehmen. 2015 entzog die Atomaufsicht die Betriebsgenehmigung für Monju. Sie forderte das zuständige Ministerium für Erziehung und Wissenschaft auf, einen neuen Betreiber zu suchen – aber der fand sich nicht. Ende 2016 beschloss die Regierung, Monju aufzugeben und abzuwracken.

Nur 250 Tage war die Anlage insgesamt in Betrieb gewesen; sie hatte Kosten von über einer Billion Yen (knapp acht Milliarden Euro) verursacht. Für Abwracken und Entsorgung wurden weitere Kosten von 375 Milliarden Yen (knapp drei Milliarden Euro) und eine Dauer von drei Jahrzehnten veranschlagt. Ähnlich wie bei Fukushima Daiichi wollte auch im Fall Monju niemand für das Fiasko verantwortlich sein. Vielmehr hielt die Regierung an ihrem Ziel fest, einen nuklearen Brennstoffkreislauf aufzubauen. Als Ersatz für den Pannen-Brüter peilte sie nun die Entwicklung eines sogenannten Schnellreaktors an. Anders als Monju sollte eine solche Anlage zwar kein neues Plutonium erzeugen, aber sie sollte ebenfalls mit verbrauchtem nuklearen Brennstoff betrieben werden.

Die Frage liegt nahe, warum Japan so hartnäckig an dem nuklearen Kreislauf festhält, obwohl die technischen Hürden so hoch sind und immer weniger Experten mit dessen Realisierung rechnen. Ein Grund dafür liegt in einer ausgeprägten Kultur der kollektiven Tatsachenverleugnung. Um der Harmonie willen scheuen Japaner sich, klar zu benennen, was längst offensichtlich ist. Sie ziehen es vor, Dinge im Vagen zu belassen; und ihre Sprache bietet ihnen eine Fülle von Formulierungen des Ungefähren und der Zweideutigkeit.

Gleichzeitig gibt es auch außen- und sicherheitspolitische Gründe dafür, dass Japan einen Atomausstieg nicht so einfach erklären könnte, selbst wenn es dies wollte. Das Land unterhält ein Kernenergieabkommen mit den USA, und diese Vereinbarung ermöglicht es Japan als einziger Nicht-Nuklearmacht, Plutonium zu lagern. Ende 2016 hatte es bereits rund 47 Tonnen Plutonium angehäuft, das aus dem Betrieb seiner Kernkraftwerke angefallen war. Genug Material, um einige Tausend Nagasaki-Bomben zu bauen. So viel Plutonium zu horten ist politisch heikel. Zwar lässt sich Plutonium aus dem Betrieb von Kernkraftwerken nicht ohne Weiteres zum Bau von Nuklearwaffen verwenden. Doch die technischen Hürden ließen sich für eine Hightech-Nation wie Japan durchaus überwinden. Bis heute zieht das Land international immer wieder den Verdacht auf sich, dass es auch deshalb stur an der Kernkraft festhält, weil es sich die Option auf eigene Nuklearwaffen offenhalten will. Ebendeshalb ist es für Japan so wichtig, auf den angestrebten nuklearen Kreislauf verweisen zu können – und damit auf die theoretische Möglichkeit, seine Plutoniumvorräte auf friedliche Weise reduzieren zu können.

Störfälle wie bei Monju hätten in vielen anderen Ländern Proteste hervorgerufen. Japans Atomgegner aber schafften es nicht, sich zu einer nationalen Bewegung zu formieren. Lokale Rebellen kämpften oft für sich allein, und bisweilen lebten sie äußerst ungemütlich. Einer von ihnen war Takaaki Sasaguchi, der Bürgermeister von Maki, einem Ort nördlich der Stadt Niigata. Als ich ihn an einem kalten Tag Ende 1999 besuchte, versuchte er gerade, sein Amtszimmer notdürftig mit einem winzigen Gasofen zu wärmen. Die Heizungsanlage des Rathauses war defekt. Sasaguchi sagte: »Meine Gegner im Gemeinderat verweigerten mir das Geld für die Reparatur.« Auf diese Weise würden sie sich dafür rächen, dass er drei Jahre zuvor als erstes Gemeindeoberhaupt Japans einen Bürgerentscheid gegen ein geplantes Kernkraftwerk durchgesetzt und gewonnen hatte. Das Votum war zwar nicht bindend, aber mit einem Trick gelang es dem Bürgermeister trotzdem, das Reaktorprojekt zu verhindern: Er hatte gemeindeeigene Grundstücke, auf denen das Kernkraftwerk gebaut werden sollte, an Gleichgesinnte verkauft. Um den Bau der Anlage zu realisieren, hätte die Betreiberfirma komplizierte Rechtsstreitigkeiten mit einzelnen Besitzern führen müssen; das war ihr zu aufwendig, der Reaktor wurde nicht gebaut.

Der Bürgermeister fühlte sich in seinem Widerstand bestätigt durch einen Atomunfall, der sich wenige Wochen zuvor, am 20. September 1999, ereignet hatte. Es handelte sich um Japans bis dahin schwersten Nuklearunfall. In der Uranverarbeitungsanlage Tokaimura nordöstlich von Tokio hatten Arbeiter per Hand Uran in einen Behälter gefüllt und dadurch eine kritische Reaktion ausgelöst. Weit über 400 Arbeiter, Helfer und Anwohner wurden mit Gamma- und Neutronenstrahlen verstrahlt. Über 300 000 Einwohner durften ihre Wohnungen zeitweise nicht verlassen. Das Fernsehen sendete Bilder wie aus einem Science-Fiction-Film. Ähnlich wie später in Fukushima riegelten vermummte Gestalten in weißer Schutzkleidung ganze Bezirke ab.

Damals lebte ich mit meiner Familie in Yokohama. Eine Nacht lang überlegten wir ernsthaft, ob wir den Superschnellzug Shinkansen besteigen und Richtung Süden fliehen sollten. Tokaimura lag nur rund drei Autostunden entfernt; die Gefahr, dass eine radioaktive Wolke in unsere Richtung wehen könne, schien real. Unsere japanischen Nachbarn lebten ihren Alltag indes weiter, als sei nichts geschehen. Am Ende blieben auch wir, und zum Glück passierte weiter nichts.

In Tokaimura bangten die Menschen dagegen weiter. Und über Monate verfolgte Japan den qualvollen Todeskampf von zwei

Arbeitern der Uranverarbeitungsanlage, sie hießen Hisashi Ouchi und Masato Shinohara. Die beiden waren extrem hoch verstrahlt worden. Am schlimmsten litt Ouchi. Innerhalb weniger Minuten hatte er etwa 8000 Mal so viel Strahlung abbekommen wie Menschen sonst in einem Jahr. Zwei Jahre danach interviewte ich den Leiter des Ärzteteams, das sich um die beiden Arbeiter gekümmert hatte. Kazuhiko Maekawa war 60 Jahre alt und leitete nun ein Institut für nukleare Sicherheit in Tokio. Maekawa war ein erfahrener Unfallmediziner, aber so einen hoffnungslosen Fall wie den verstrahlten Arbeiter Ouchi hatte er noch nie gesehen. »Wir haben alles probiert«, berichtete er. »Es war ein Kampf, den wir unmöglich gewinnen konnten.« Als er die Körperzellen des Schwerverletzten unter dem Mikroskop untersuchte, habe er seinen Augen nicht getraut. Die Chromosomen, die sich bei gesunden Menschen sonst lehrbuchartig nummerieren lassen, waren völlig durcheinandergeraten. Sie sahen aus, als habe man sie zerhackt und dann wieder miteinander verschmolzen.

Japan und die Atomkraft – eine Hassliebe

Nippons nukleare Katastrophen, das ist auch eine Geschichte des kollektiven Verdrängens. Verständnislos blickte die Welt nach dem Desaster von Fukushima nach Japan: Warum hatte sich ausgerechnet die Nation von Hiroshima und Nagasaki so rückhaltlos der Kernkraft verschrieben? Und warum weigerte sie sich sogar jetzt noch, auszusteigen aus dieser umstrittenen Technologie?

Auf internationaler Bühne verweist Japan oft darauf, die »einzige Nation« zu sein, die zum Ziel nuklearer Angriffe wurde. Zu Recht. Viele Historiker sehen in den Bombenabwürfen auf Hiroshima am 6. August und Nagasaki am 9. August 1945 ein grausames Experiment ohne strategischen Sinn. Denn in den letzten Kriegstagen war die Inselnation bereits weitgehend von ihren Herrschaftsgebieten im übrigen Asien abgeschnitten. Japans Niederlage war praktisch besiegelt, auch ohne Atombombe. Die vielen Toten, die Zerstörung und das Leid, die der Einsatz dieser neuartigen Massenvernichtungswaffe über die beiden japanischen Städte brachte, erklärt auch, dass viele Japaner ihr Land bis heute eher als Opfer des Zweiten Weltkriegs sehen denn als Mitverursacher.

Die Überlebenden von Hiroshima und Nagasaki und ihr Schicksal gerieten nach 1945 allerdings schnell in Vergessenheit: Unter der amerikanischen Besatzung wurden viele von ihnen als Testpatienten benutzt, penibel wurden ihre medizinischen Daten erhoben und ausgewertet. Eine öffentliche Diskussion über das nukleare Inferno und seine Folgen wurde von der US-Zensur jedoch weitgehend unterdrückt. Hinzu kam, dass die Japaner vor allem mit dem Wiederaufbau ihres zerstörten Landes beschäftigt waren.

Hiroshima und Nagasaki verkamen zu bloßen Metaphern. Die Gedenkfeiern, die jedes Jahr im August in Hiroshima und Nagasaki abgehalten werden, gerieten zu Ritualen. Im Jahr 2014 hielt der damalige Premier Abe in Hiroshima eine monotone Ansprache, die fast wortwörtlich der Fassung glich, die er im Vorjahr vorgetragen hatte. Ausgerechnet ein Amerikaner verschaffte Hiroshima dann wieder die Aufmerksamkeit, die der Stadt gebührt: Im Mai 2016 besuchte Barack Obama als erster amtierender US-Präsident den Friedensgedenkpark von Hiroshima und hielt dort eine Rede, welche die Bezeichnung historisch verdient. Er entschuldigte sich zwar nicht für das nukleare Verbrechen. Aber in einer eindrucksvollen menschlichen Geste umarmte er Vertreter der »Hibakusha«, wie die Strahlenopfer in Japan genannt werden.

Von der eigenen Regierung fühlten sich die Überlebenden von Hiroshima und Nagasaki dagegen oft im Stich gelassen. Dem UN-Vertrag zum Verbot von Atomwaffen, der im September 2017 von über 120 Staaten unterzeichnet wurde, trat Japan nicht bei. Das galt zwar auch für Deutschland und fast alle Nato-Staaten, aber im Falle Japans warf die Nicht-Unterzeichnung ein besonders grelles Licht auf die vertrackte Lage des Landes: Militärisch befand es sich unter dem atomaren Schutzschirm der USA, moralisch aber verwies es häufig auf Hiroshima und Nagasaki. Die Hibakusha hätten sich von ihrem Land auf jeden Fall eine Führungsrolle erhofft – für eine Welt ohne Atomwaffen.

Die Hibakusha lebten lange im Schatten der Gesellschaft. Als Heiratspartner wurden sie gemieden. »Die Diskriminierung spielte stets eine Rolle in unserem Leben«, berichtete Bun Hashizume, eine Überlebende, mit der ich mich 2015 in Hiroshima verabredet hatte, aus Anlass des 70. Jahrestages des Infernos. Sie war 14, als die Bombe auf ihre Stadt abgeworfen wurde, damals half sie in der Postverwaltung der Stadt aus. In erschütternden Details beschrieb sie die Folgen der atomaren Explosion, sie berichtete von Menschen, deren Gesichter dunkelrot verbrannt waren und denen die Haut in Fetzen vom Körper hing. »Es kam mir vor, als sei die Sonne vom Himmel gefallen«, sagte sie. Nach dem Krieg zog Hashizume nach Tokio, heiratete und bekam Kinder. Sie litt unter zahlreichen Krankheiten, unter anderem Krebs, die sie auf die Atombombe zurückführte. Und sie litt unter dem mangelnden Verständnis ihrer Umwelt. Sie sagte: »Mein Mann sorgte sich, dass unsere Kinder als Abkömmlinge einer Hibakusha angesehen werden würden.«

Nach Kriegsende dauerte es fast ein Jahrzehnt, bis Hiroshima und Nagasaki wieder stärker ins Bewusstsein der Nation rückten. Doch dann testeten die USA am 1. März 1954 die Wasserstoffbombe »Bravo« auf dem Bikini-Atoll im Pazifik. Von der weißlichen »Todesasche«, die im weiten Umkreis herabregnete, wurde auch die 23-köpfige Besatzung des japanischen Fischtrawlers »Daigo Fukuryumaru« – »Glücklicher Drache Nummer Fünf« – getroffen. Die Männer hatten nichts geahnt von dem Test, sie hielten sich zufällig in der Gegend auf, um Thunfisch zu fangen. Der Funker des Schiffes starb ein halbes Jahr später an den Folgen der radioaktiven Verstrahlung.

Matashichi Oishi, ein anderer Fischer, überlebte den Test, er empfing mich 2015 in seiner Wohnung in Tokio. Er war über 80, litt unter den Folgen eines Schlaganfalls und sprach etwas undeutlich. Aber er erinnerte sich klar und deutlich an den Tag, als die Asche auf ihn und seine Mannschaftskollegen herabregnete. Er hatte als Gefriergeselle auf dem Schiff gearbeitet. Nachdem die Fischer ihren verstrahlten Fang in Yaezu, ihrem Heimathafen südwestlich von Tokio, angelandet hatten, war die Aufregung groß gewesen: Die Folgen der Verstrahlung waren den Fischern deutlich anzusehen, ihre Haut war aufgeplatzt und verbrannt, auch bei Oishi. Seine Augen juckten; an Handgelenken, Knöcheln und an der Hüfte hatten sich Blasen gebildet. Später fielen ihm büschelweise die Haare aus.

Die Fischer hatten nach dem Bombentest auf ihrem Boot weitergearbeitet. »Wir hatten von Hiroshima gehört«, berichtete Oishi. »Aber wir wussten nichts von den Gefahren radioaktiver Strahlung.« Panik brach aus, als die Behörden später hohe Strahlenwerte im Fischfang feststellten. Plötzlich begann in Japan die Nukleardebatte, die nach Hiroshima und Nagasaki so lange verdrängt worden war. Hausfrauen im ganzen Land verzichteten darauf, Fisch zu kaufen. Was die Japaner überdies empörte, war die Tatsache, dass es schon wieder ihre Landsleute waren, die – wenn auch nicht gezielt – einem nuklearen Experiment der USA ausgesetzt worden waren. In Tokio verabschiedete das Parlament des Stadtbezirks Suginami einen Appell für ein Verbot der Wasserstoffbombe. Bis zum August 1955 unterschrieben ihn 30 Millionen Japaner. In Hiroshima und Nagasaki fanden internationale Protestveranstaltungen gegen die Wasserstoffbombe statt. »No more Hiroshima« lautete die Parole; sie wurde weltweit zu einem Kampfruf der Anti-Atom-Bewegung.

Das Schicksal der verstrahlten Fischer geriet indes bald wieder in Vergessenheit. Oishi tauchte in der Anonymität von Tokio unter und eröffnete eine Textilreinigung. Als er seine spätere Frau kennenlernte, verschwieg er ihr zunächst, was ihm widerfahren war. Er sah keine andere Wahl. »Unsere Existenz wurde von der Regierung und den Medien bewusst totgeschwiegen«, sagte er. »Wir wurden gemieden wie die Aussätzigen.« Erst später wagte sich Oishi an die Öffentlichkeit, hielt Vorträge und schrieb Bücher über das schwere Los des »Glücklichen Drachen Nummer Fünf«.

Japans Obrigkeit hatte kein Interesse daran, die »nukleare Allergie« der Landsleute zu schüren. Im Zuge des wirtschaftlichen Wiederaufstiegs seit den Fünfzigerjahren entwickelte sie vielmehr den Ehrgeiz, eine eigene Atomindustrie aufzubauen. Dafür war es erforderlich, die Erzählung vom Atom ins Positive zu wenden. »Böse Bombe, gute Energie« – so etwa lautete der Tenor der kollektiven Gehirnwäsche, der die Japaner dann unterzogen wurden.

Bereits 1954 verabschiedete das Parlament in Tokio den ersten Etat für die Entwicklung der Kernenergie. Die Initiative dafür kam von einem konservativen jungen Abgeordneten. Er hieß Yasuhiro Nakasone und regierte Japan von 1982 bis 1987 als Premier. Als junger Marineoffizier hatte er den Atompilz über Hiroshima gesehen. »In dem Augenblick spürte ich, dass das nächste Zeitalter das nukleare Zeitalter sein werde«, schrieb er in den Sechzigerjahren. Sein wichtigster Mitstreiter war der Medienunternehmer Matsutaro Shoriki, der später Chef der Atomaufsicht wurde. Im Zuge der wirtschaftlichen Aufholjagd mit den USA wollten beide Männer ihr Land von Rohstoffimporten möglichst unabhängig machen. Sie wollten, dass Japan notfalls selbst jene Waffe bauen könne, mit der es von den USA besiegt worden war.

Die Situation war günstig für die Verfechter der Atomenergie. Die USA waren im Zuge des Kalten Krieges bereit, dem mittlerweile verbündeten Japan die friedliche Nutzung der Kernenergie zu erlauben. Präsident Dwight D. Eisenhower hatte 1953 vor den Vereinten Nationen die Parole »Atoms for Peace« – »Atome für den Frieden« –

ausgegeben. Eine wichtige Rolle in dem Propaganda-Projekt spielte der demokratische Kongressabgeordnete Sidney Yates. Um die Japaner von ihrer »atomaren Hysterie« zu heilen, plädierte er dafür, das erste japanische Kernkraftwerk in Hiroshima zu bauen.

Aus heutiger Sicht mutet der Vorschlag geradezu zynisch an, er wurde nie realisiert. Immerhin aber tourte 1955 eine Ausstellung für die friedliche Nutzung der Kernenergie durch Japan, finanziert vom US-Geheimdienst CIA. Später setzte die japanische Atomwirtschaft die Umerziehung mit gewaltiger Propaganda fort. Zu diesem Zweck erfand sie Maskottchen wie »Pluto«, eine Trickfilmfigur, die schon die jüngsten Japaner über die vermeintlichen Segnungen der Kernkraft belehrte.

Japans erstes Atomkraftwerk ging 1966 in Tokaimura in Betrieb. Die Regierung betonte den friedlichen Charakter des Atomprogramms. Premier Eisaku Sato verkündete 1969 die drei sogenannten nicht nuklearen Grundsätze: Japan verpflichtete sich demnach, Nuklearwaffen weder zu produzieren noch zu benutzen noch ins Land zu lassen. Doch noch im selben Jahr schloss es ein Geheimabkommen mit der Regierung von US-Präsident Richard Nixon, dessen Inhalt erst 1994 bekannt wurde. Es billigte der amerikanischen Schutzmacht zu, Kernwaffen nach Japan zu bringen und dort zu lagern.

Im Jahr 1970 trat Japan dem Atomwaffensperrvertrag bei. Indes nährten heimische Politiker immer wieder den Verdacht, dass ihr Land auch deshalb so stark auf die Kernkraft setzte, weil es sich die Option auf nukleare Bewaffnung offenhalten wollte. Shinzo Abe, der spätere Premier, äußerte 2002 in einem Zeitschriftenaufsatz, ein möglicher Besitz der Atombombe wäre kein Problem für Japan.

Solange Japan sich auf den atomaren Schutzschirm der USA verlassen kann, stellt sich die Frage eigener Nuklearwaffen nur theoretisch. Doch der Konflikt um Nordkorea und dessen Atomprogramm hat die Debatte in Japan – wie im benachbarten Südkorea – erneut angefacht. Hinzu kommen Zweifel an der Verlässlichkeit des Bündnispartners USA. Im US-Wahlkampf 2016 sprach der spätere Präsident Donald Trump offen von der Möglichkeit, dass Japan und Südkorea sich eines Tages nuklear bewaffnen müssten, falls die USA ihre Verbündeten nicht länger gegen Nordkorea und China verteidigen könnten.

Allerdings wäre es für eine japanische Regierung schwierig, die eigene Bevölkerung von der nuklearen Aufrüstung zu überzeugen. Die Mehrheit der Japaner ist pazifistisch gesonnen. Das nukleare Trauma sitzt tief, selbst zu Zeiten des Kernkraftbooms blieb es präsent. Einer, der die Ängste schon früh artikulierte, war der Regisseur Akira Kurosawa, der Altmeister des japanischen Kinos, der von 1910 bis 1998 lebte. Sein Film »Bilanz eines Lebens« von 1955 handelt von einem älteren Mann, dem Besitzer einer kleinen Gießerei. Aus Furcht vor einer Atomkatastrophe will er seinen Betrieb verkaufen und mit seiner Familie nach Brasilien auswandern. Die aber hat dafür kein Verständnis, sie will den Alten per Gerichtsbeschluss für geisteskrank erklären lassen und lässt ihn in die Psychiatrie einweisen. Der Film endet mit einem Dialog zwischen einem richterlichen Beirat, der den Unternehmer im Krankenhaus besucht, und dem zuständigen Arzt. Der Arzt fragt: »Sind wir die Verrückten, die wir in so einer Zeit bei Verstand bleiben können? Oder ist der Patient verrückt?«

Wie ein cineastischer Vorgriff auf die Katastrophe von Fukushima wirkt aus heutiger Sicht auch Kurosawas Film »Träume« von 1990. Er besteht aus mehreren Episoden, eine davon heißt »Fujiyama in Rot«. Kurosawa lässt darin den heiligen Berg Fuji explodieren. Hinter dem glühenden Vulkan fliegt ein Reaktor nach dem anderen in die Luft. In Panik fliehen die Menschen vor der radioaktiven Verseuchung an die Pazifikküste, dort bleibt ihnen nur noch der verzweifelte Sprung ins Meer.

Die verschleppte Energiewende

Unmittelbar nach der Katastrophe von Fukushima, als fast alle Reaktoren des Landes abgeschaltet waren, erinnerten sich viele ältere Japaner an die Ölkrisen Anfang der Siebzigerjahre. Auch damals stand die von Rohstoffimporten abhängige Industrienation vor der Herausforderung, Energie zu sparen. Das gelang den Japanern, indem sie vorhandene Energieträger wie Öl und Kohle effizienter nutzten. Gleichzeitig erforschten sie alternative Energien wie Sonne, Wind und Wellen. Eine Zeit lang waren sie dabei weltweit führend.

Nach Fukushima witterten japanische Forscher erneut die Chance, die heimische Industrie zu modernisieren. Zu den Vordenkern gehörte Atsushi Tsutsumi, ein Professor für Industrietechnik. Ein Jahr nach der Reaktorkatastrophe besuchte ich ihn in seinem Institut an der Universität Tokio. »Wir brauchen nicht mehr Energie«, erklärte er, »wir müssen die vorhandene Energie nur besser nutzen.« Der Professor breitete Diagramme aus, um eine neue Technologie zu erläutern, die er entwickelt hatte. Mit ihrer Hilfe lasse sich Hitze, die bei der Herstellung von Ethanol anfalle, vollständig auffangen und neu verwenden. Die Erfindung folgte letztlich der Philosophie des »Kaizen«, der ständigen Verbesserung der Produktionsabläufe, die ursprünglich von Autobauer Toyota entwickelt worden war. Gleichwohl war Tsutsumi nicht optimistisch: Damit die Industrie energiesparende Formen der Produktion entwickeln könne, sei sie auf ehrgeizige Zielvorgaben der Regierung angewiesen sowie auf finanzielle Anreize. Er sagte: »Japan braucht eine Vision.«

Auf die konnten Nippons Tüftler lange warten. Zu den Frustrierten gehörte auch Yasuyuki Ikegami, ein Spezialist für Meeresenergie. Er führte mich durch sein Forschungszentrum in Saga, im Südwesten des Landes. Kurz nach dem Desaster von Fukushima war er plötzlich ein gefragter Mann. Denn die Inselnation besann sich darauf, dass sie über eines der größten Seegebiete der Welt verfügte.

»Die nötigen Technologien, um Strom aus der Kraft von Wellen und Gezeiten zu gewinnen, sind vorhanden«, sagte Ikegami, »wir müssten sie nur mobilisieren.« Doch es fehlte an maritimen Testflächen. Allenthalben leisteten örtliche Fischer Widerstand gegen die Errichtung von Prototypen für die neuartigen Kraftwerke.

Aber es gab auch ermutigende Anfänge: Vor Kuchinoshima, einer Insel im Südwesten Japans, experimentierte Japan 2017 mit der Gezeitentechnologie. Theoretisch könne das Land durch Nutzung von Strömungen und Gezeiten etwa so viel Strom erzeugen wie aus rund 230 Atomreaktoren, hieß es in japanischen Medien. Nur: Die Technologie wurde längst nicht mit dem gleichen politischen Nachdruck vorangetrieben wie der Neustart der Kernkraftwerke.

Auch die Nutzung von Sonne, Wind und Geothermie stieß auf Hindernisse, obwohl Japan auch bei diesen Technologien einst führend gewesen war. Ein Boom beim Bau von Solarstromanlagen, der nach der Fukushima-Krise ausgebrochen war, währte nur kurz: Allein 2013 baute Japan neue Solaranlagen mit einer Leistung von 6,9 Gigawatt, etwa doppelt so viele wie damals in Deutschland. Nach deutschem Vorbild förderte die Regierung erneuerbare Energien mit einem Stromeinspeisungsgesetz, das Erzeugern langfristig feste Abnahmepreise garantieren sollte. Das Gesetz war ein Vermächtnis von Ex-Premier Kan, dem ungeliebten Krisenmanager von »3.11«. Er hatte es zur Bedingung dafür gemacht, dass er von seinem Amt zurücktrat. Es handelte sich um die wichtigste Weichenstellung für eine Neuausrichtung der Energiepolitik.

Die Förderung des Solarstroms lockte auch Investoren aus Deutschland an. In einem Hotel im Tokioter Regierungsviertel traf ich 2014 Peter Gerstmann, den Chef von Photovolt Development Partners, einem Entwickler von Solarprojekten aus Berlin. Sein Rat war bei den Japanern gefragt. »In Deutschland sind wir ihnen um zehn Jahre voraus«, sagte er. Er erläuterte sein ehrgeizigstes Japan-Projekt: Auf Ukujima, einer Insel, die zur südwestlichen Präfektur

Nagasaki gehört, plante er ein gigantisches Sonnenkraftwerk, das über ein 60 Kilometer langes Seekabel mit dem Stromnetz verbunden werden sollte. Die Solarmodule sollten ein Viertel der Insel bedecken. Das Projekt wurde von den lokalen Behörden unterstützt. Sie hofften auf eine Belebung ihrer strukturschwachen, überalterten Insel. Deren Bevölkerung war von einst über zehntausend Menschen auf ein Fünftel geschrumpft.

Als ich mich im Frühjahr 2018 bei Gerstmann erneut nach dem Projekt erkundigte, war der Solarboom längst wieder vorbei. Allein 2016 waren in Japan 65 Unternehmen aus dem Fotovoltaik-Bereich pleitegegangen, meldete die Datenbank Tokyo Shoko Research. Die Regierung hatte die Einspeisungspreise nach und nach gedrosselt. Auf diese Weise wollte sie zum einen verhindern, dass der Boom unkontrolliert platzte, wie zuvor in Deutschland. Viele Anbieter litten überdies darunter, dass eingesessene Stromversorger sich weigerten, den alternativen Strom in ihre Netze einzuspeisen, und diese abschalteten. Die Versorger beriefen sich auf eine Ausnahmeregelung, welche ihre Netze vor Überlastung schützen sollte. Tatsächlich aber kam heraus, dass sie – je nach Region – erhebliche Kapazitäten frei hielten, gerade auch für den Atomstrom, obwohl der zu dieser Zeit noch kaum wieder floss. Erst reichlich spät drängte die zuständige Regulierungsbehörde die Strom-Monopolisten, ihre Netze zu öffnen. Immerhin: Für das von Gerstmann angestoßene Solarprojekt auf der Insel Ukujima sah es nach wie vor gut aus; mit dem Bau sollte Ende 2018 begonnen werden.

Als Nächstes geriet die Windenergie ins Visier der Investoren. Auch in diesem Bereich hinkte Japan hinter Ländern wie Deutschland hinterher. Ende März 2017 trug die Windenergie nur 0,5 Prozent zur heimischen Stromerzeugung bei. Der Bau von Windrädern kam nicht schnell genug voran. Im bergigen Japan mangelt es an geeigneten Flächen. Anders als in Deutschland, wo Windräder auch im Wattenmeer installiert werden, fällt der Boden an Japans Küsten oft steil ab. Vor der Küste von Fukushima experimentierten Hersteller daher mit Windrädern, die auf schwimmenden Stahlplattformen befestigt waren.

Noch zögerlicher ging die Erschließung der Geothermie voran. Zwar verfügt das Land der Vulkane und der heißen Quellen über die größten Geothermie-Reserven nach den USA und Indonesien. Auf insgesamt 33 Gigawatt wird das potenziell nutzbare Vorkommen geschätzt – genug, um ein Siebtel des heimischen Strombedarfs zu decken. Auch technisch wäre Japan in der Lage, die Energie aus der Tiefe zu fördern: Anlagenbauer wie Mitsubishi Heavy Industries beherrschen über die Hälfte des globalen Marktes für Geothermie-Turbinen. Doch im eigenen Land wird das riesige Energiepotenzial kaum genutzt. 2013 lieferte es nur 0,25 Prozent des gesamten Stroms. Die Erdwärme-Vorkommen liegen häufig in geschützten Nationalparks. Oder in Kurorten, wo Touristen in den heißen Quellen, den »Onsen«, baden. Zwar lockerte die Regierung die Beschränkungen für Geothermie-Anlagen ein Jahr nach dem Fukushima-Unfall. Doch viele Gemeinden sträubten sich weiter gegen die Projekte, sie fürchteten, dass ihre heißen Quellen versiegen würden – und damit auch die Einnahmen aus dem Tourismus.

Ein Müllplatz für Fukushima

Japan bleibt der Atomenergie auf tragische Weise verhaftet. Selbst wenn in dem Land eines Tages keine Reaktoren mehr in Betrieb sein sollten, wird es noch lange dauern, die Folgen von Fukushima zu bewältigen. Das gilt vor allem für die einstigen Bewohner von Futaba, dem verstrahlten Ort, in den die Ruine von Fukushima Daiichi hineinragt. Sie werden weiter unter dem Verlust ihrer Heimat leiden – obwohl sie sich außerhalb der Sperrzone oft eine neue Existenz geschaffen haben.

Das gilt auch für Hashimoto, den Beamten, der mich in Futaba begleitete. Auch er hatte sich längst ein neues Haus außerhalb der Sperrzone gebaut, seine Kinder gingen dort zur Schule. Aber er sagte: »Futaba darf niemals in Vergessenheit geraten.« Der Ort, in dem er aufgewachsen war, solle erhalten werden. Darin sah er seine Aufgabe. Auch wenn er selbst hier nicht mehr wohnen würde: Den Gedanken, Futaba ganz aufzugeben, fand er unerträglich.

Hashimoto klammerte sich an einen langfristigen Plan der Gemeindeverwaltung: Zumindest ein Teil der früheren Bewohner sollte eines Tages nach Futaba zurückkehren – einige für immer, andere ab und zu, auf Besuch. In ihrem behelfsmäßigen Rathaus außerhalb der Sperrzone planten Hashimoto und seine Kollegen unbeirrt weiter die Zukunft ihres verstrahlten Ortes. Das kam mir merkwürdig vor angesichts der deprimierenden Realität, die im verstrahlten Futaba herrschte. Doch Hashimoto war überzeugt: Nur wenn Futaba irgendwie weiter existiere, würden auch die geflohenen Bewohner von der Regierung in Tokio weiter ernst genommen werden.

Für jene Mitbürger, die irgendwann nach Futaba zurückkehren wollten, wollte die Gemeinde vorsorglich ein vergleichsweise gering verstrahltes Areal um den verwaisten Bahnhof dekontaminieren lassen. Dort sollte eine kompakte Stadt entstehen, eine Art Rest-Futaba mit Häusern, Apartmentblocks und Geschäften. Doch wovon sollten die Rückkehrer leben, wo sollten sie arbeiten? Auch dafür hatten die Gemeindeväter einen Plan entwickelt: Sie hofften, in Futaba Firmen anzusiedeln, die Geld mit jenem Projekt verdienen sollten, das noch auf Jahrzehnte für Beschäftigung in der Region sorgen würde: die Sicherung und die Entsorgung der Reaktorruine. Von Tepco, dem Betreiber der Anlage, erwartete Hashimoto, dass dieser in Futaba langfristig eine Einsatzzentrale für die Bewältigung der Reaktorkatastrophe errichten werde. Auf diese Weise solle Tepco Wiedergutmachung leisten für das Unglück, das über Futaba hereingebrochen war.

Der Plan spiegelte die ganze Tragik des vertrahlten Ortes wider: Selbst jetzt konnten sich die Opfer der Atomindustrie ihre Zukunft nicht ohne Tepco ausmalen, den Stromversorger, dessen Kernkraftwerk ihre Heimat erst wirtschaftlich beherrscht und schließlich zerstört hatte.

Die Regierung in Tokio trieb derweil einen weiteren Zukunftsplan für Futaba voran. Sie wollte dort ein Zwischenlager bauen für die Unmengen von strahlendem Müll, der in der Region Fukushima anfiel. Für all die schwarzen Säcke mit verstrahltem Erdreich und Gestrüpp, die an den Straßenrändern und in den Tälern lagerten und so die Erinnerung an das Desaster wachhielten. Die Deponie sollte 16 Quadratkilometer groß werden; ein Drittel davon sollte auf Futaba entfallen und der Rest auf Okuma, eine Nachbargemeinde, die ebenfalls eine hoch verstrahlte Geisterstadt war.

Dreißig Jahre lang sollte der Müll auf der Deponie gelagert werden. Vermutlich aber würde er für immer dort bleiben. Denn wo sollte man ihn sonst hinschaffen? Welche andere Gemeinde würde sich bereit erklären, ihn zu übernehmen? Japan besitzt noch nicht einmal ein zentrales Endlager für die radioaktiven Abfälle, die aus dem regulären Betrieb seiner Kernkraftwerke anfallen. Kein Ort hat sich dafür bislang freiwillig als Standort zur Verfügung gestellt.

Die Mehrheit der geflohenen Bewohner von Futaba hatte sich lange gegen den Plan für die Mülldeponie gewehrt. Große Flächen des Ortes sollten dafür eingeebnet, Hunderte von Gebäuden und Betrieben abgerissen werden. Die Vorstellung, dass ihre Heimat in ein Lager für verstrahlten Müll verwandelt werden sollte, empfanden viele der Geflohenen als zusätzliche Demütigung. Viele sträubten sich, ihre Grundstücke zu verkaufen, obwohl diese anderweitig kaum mehr nutzbar waren. Hashimoto hatte Verständnis für den Widerstand seiner Mitbürger. Es handele sich hier vor allem um eine emotionale Frage, sagte er: »Wer hier nicht aufgewachsen ist, kann das nicht verstehen.« Dann berichtete er von den traditionellen Festen, die sie in Futaba jährlich feierten und die auch seine Kindheit geprägt hätten. Er sprach über die Sommer, die er hier einst verbracht hatte, davon, wie er sich mit Freunden am Strand vergnügt hatte und im Pazifik geschwommen war. Die Menschen fürchteten, mit ihren Grundstücken auch all ihre schönen Erinnerungen zu verlieren.

Als wir über das Müllplatzprojekt sprachen, hatte erst eine Minderheit der Ex-Bewohner eingewilligt, ihre Grundstücke zu verkaufen. Einer davon war Hashimoto. »Dieser Schritt ist mir schwergefallen«, sagte er. Er wollte Futaba zwar für die Nachwelt erhalten, auf jeden Fall. Aber er wusste auch, dass es für ihn selbst und seine Familie an diesem verstrahlten Ort keine Zukunft mehr gab.

»Willkommen daheim«, sagte Hashimoto, als er sein Auto am Spätnachmittag vor seinem verlassenen Haus in Futaba abstellte. Er versuchte, ironisch zu klingen, aber sein Gesicht verriet tiefe Traurigkeit. Ich hatte ihn darum gebeten, mir zu zeigen, wo er gewohnt hatte. Noch einmal schloss er die Tür des Hauses auf, das der Mülldeponie weichen sollte. Es sah modern aus, fast wie neu. Es besaß einen Vorgarten und einen Stellplatz für ein Auto. Am Eingang lehnten die Fahrräder seiner beiden Kinder, als seien sie eben noch damit gefahren. Drinnen, auf einem Tisch im Wohnzimmer, lag ein schicker weißer Laptop, er gehörte seiner Ehefrau; aber die wolle ihn nicht mehr haben, sagte Hashimoto. Im Kühlschrank verrotteten Vorräte.

Vier Jahre lang hatten die Hashimotos in diesem Haus gewohnt – eben bis zur Reaktorkatstrophe. Im übrigen Japan war das Leben seither weitergegangen, die meisten Japaner hatten andere Sorgen als Fukushima Daiichi. Aber das verstrahlte Futaba hielt die Erinnerung an »3.11« unfreiwillig wach. Hashimoto schloss das Haus wieder ab, in dem nun niemand mehr wohnte und das bald abgerissen werden würde. Dann stiegen wir ins Auto und fuhren los. Wir passierten die Straßensperre und ließen den verstrahlten Ort hinter uns.

Kapitel III

RÜCKBLICK: REICHES LAND, STARKE ARMEE

Die Ideologie der Aufholer

Am Anfang war nicht das Paradies, aus dem die Menschen vertrieben wurden. Am Anfang war eine schwebende Himmelsbrücke. Auf der stand ein Götterpaar, Izanagi und seine Gattin Izanami. Die beiden blickten tief unter sich auf das blaue Meer. Sie stießen ihren Juwelenspeer in die Flut und ließen Tropfen von seiner Spitze fallen; die verdichteten sich zu Land. Dann stiegen sie von der Brücke und schauten sich an, was sie geschaffen hatten. Sie zeugten Kinder, das waren Eilande, aus denen entstand das japanische Inselreich. Auch Amaterasu Omikami wurde geboren, die Sonnengöttin. Aus deren Geschlecht sollten die Herrscher des Landes hervorgehen: Die japanische Kaiserdynastie war göttlichen Ursprungs, und die Welt war ihr untertan.

So beginnt die shintoistische Schöpfungsgeschichte; sie hilft zu verstehen, warum die Japaner sich auch heute oft noch als einzigartig begreifen, warum sie der übrigen Welt mitunter wie eine Nation von Außenseitern erscheinen. Die Schöpfungsgeschichte wurde überliefert durch Chroniken, die heimische Herrscher im 8. Jahrhundert westlicher Zeitrechnung aufschreiben ließen. Nach chinesischen Vorbildern führten japanische Kaiser den Titel »Tenno« – »Himmlisch Erhabener«. Später geriet Japans Gründungsmythos dann lange in Vergessenheit. Das Land war zerrissen durch feudale Kriege. Erst im 17. Jahrhundert gelang es dem mächtigen Tokugawa-Clan, rivalisierende Regionalfürsten zu unterwerfen und das Reich zu einen. Als Shogune, eine Art Militärherrscher, regierten die Tokugawa fortan von Edo, dem heutigen Tokio, aus.

Die Kaiser lebten dagegen weiter in der Abgeschiedenheit ihres Palastes im westjapanischen Kyoto; sie beschränkten sich auf die zeremonielle Rolle von Oberpriestern des »Shinto«, der heimischen Naturreligion, des »Wegs der Götter«. Japan war eine streng hierarchische Feudalgesellschaft, an der Spitze rangierte die Kriegerkaste der Samurai, darunter folgten die Bauern, die Handwerker und zuunterst die Kaufleute. Angeborener Status zählte mehr als Grundbesitz oder Geld. Jeder hatte seinen Platz in dieser geschlossenen Gesellschaft; den Untertanen war es verboten, ohne behördliche Genehmigung von einem Ort an den anderen umzuziehen.

Was die Japaner im Alltag zusammenhielt, war indes weniger die staatliche Macht als die widrige Natur ihres Landes. Sie zwang die Menschen, sich miteinander zu arrangieren. In dem bergigen, beengten Inselland, das häufig von Erdbeben, Tsunamis und Taifunen heimgesucht wurde, blieb ihnen nichts anderes übrig. Wenn die Reisbauern ihre Terrassenfelder an den Berghängen bewässern wollten, mussten sie Streit mit Nachbarn vermeiden, die über ihnen wohnten. Sonst hätten diese ihnen das Wasser abstellen können. Die Harmonie, die Höflichkeitsregeln, die Rücksicht auf das Kollektiv, die Japan auch heute noch von westlichen Gesellschaften unterscheiden – all dies schränkte die Einzelnen in ihren Freiräumen ein. Aber in Krisen erwies sich der Zusammenhalt oft als kollektive Stärke.

Ab 1639 schotteten die Tokugawa Japan für rund 250 Jahre von der Außenwelt ab. Mit der Maßnahme wollten sie ihre internen Gegner von der Zufuhr westlicher Feuerwaffen abschneiden und ihr Reich vor dem Einfluss der christlichen Religion schützen, die von portugiesischen Missionaren ins Land gebracht worden war. Als Durchlass für Kontakte mit der übrigen Welt ließen sie Dejima offen, eine kleine künstliche Insel vor Nagasaki: Von dort aus durften holländische Kaufleute einen streng kontrollierten Handel treiben. Anders als die katholischen Portugiesen standen die protestantischen Holländer nicht in Verdacht, die Japaner bekehren zu wollen.

Ab Mitte des 19. Jahrhunderts wurde der überlieferte Mythos von der Göttlichkeit des Kaisers und der Einzigartigkeit der Japaner plötzlich wieder gebraucht. Es galt, die Nation moralisch aufzurüsten und zu einen gegen die Gefahr von außen: Im Sommer 1853 war ein amerikanisches Geschwader »schwarzer Schiffe« unter Kommodore Matthew Perry in der Bucht von Tokio aufgekreuzt. Unter Androhung von Gewalt verlangte er, dass Japan sich für den Handel öffne. Ein Jahr später willigte der Tokugawa-Shogun in den Abschluss ungleicher Handels- und Zollverträge ein – erst mit den USA, später mit zahlreichen europäischen Mächten.

Damit hatte der Shogun seine Autorität untergraben, sein prächtiger offizieller Titel »Generalissimo zur Vertreibung der Barbaren« klang nun hohl. Von westlichen Kanonenbooten gedemütigt, wurde den Japanern ihre technische und militärische Rückständigkeit bewusst. Mächtige Clans im Südwesten des Landes, die der Zentralregierung seit jeher feindlich gesonnen waren, nutzten die Krise: Mit dem Schlachtruf »Sonno Joi!« – »Verehrt den Tenno, vertreibt die Barbaren!« – stürzten sie den Shogun. Im Zuge der Meiji-Restauration setzten sie den erst 15-jährigen Kaiser Meiji in seine überkommenen Rechte als göttlicher Herrscher ein. Sie ließen ihn von Kyoto nach Edo umziehen, das sie in »Tokyo« – wörtlich: »Hauptstadt des Ostens« – umbenannten.

Japans neue Machthaber waren meist junge, gebildete Samurai. Sie erkannten, dass sie die Privilegien ihrer Kaste und die Unabhängigkeit des Kaiserreiches nur sichern könnten, wenn sie Reformen nach westlichen Vorbildern wagten. Diese pragmatische Strategie unterschied Nippons Krieger von der hochmütigen Bürokratenelite, die im benachbarten China regierte und sich auch nach Öffnung durch die westlichen »Barbaren« noch lange gegen ausländische Einflüsse sträubte.

Um Japan in die Moderne zu katapultieren, starteten die Meiji-Herrscher eine nationale Aufholjagd. Dabei gingen sie ähnlich flexibel vor wie ihre Vorfahren, die ebenfalls oft fremde Vorbilder übernommen und eigenen Zwecken angepasst hatten: Ab dem 6. Jahrhundert waren Teile des heimischen Hofadels zum Buddhismus übergetreten, der von Indien über China und Korea ins Land gekommen war. Von China übernahm Japan die Schriftzeichen und Elemente des Verwaltungswesens. Später brachten buddhistische Mönche die neokonfuzianische Staatsphilosophie vom Festland mit, welche die Beziehungen in der Gesellschaft hierarchisch regelte: zwischen Herrscher und Untertan, Eltern und Kindern. Anders als Nachbarländer wie Korea zollte Japan dem mächtigen China jedoch keinen Tribut. Es wahrte vielmehr Distanz zum Reich der Mitte und sah sich nicht als Untertan der hierarchischen chinesischen Weltordnung.

Nach seiner Öffnung orientierte Japan sich dann vor allem am obrigkeitsstaatlichen Preußen, der damaligen europäischen Aufholernation. Unter preußischer Führung hatten die Deutschen 1871 den Krieg gegen Frankreich gewonnen und Wilhelm I. in Versailles zum Kaiser gekrönt. In Berlin empfing Reichskanzler Otto von Bismarck im März 1873 eine Delegation japanischer Staatsmänner und erteilte ihnen eine Lektion in europäischer Machtpolitik. Er sagte: »Wie Sie wissen, war unser Preußen, als ich noch jung war, arm und schwach.« Das Königreich habe sich indes angestrengt, mit den anderen europäischen Staaten auf die gleiche Stufe zu kommen. »Dazu haben wir die Vaterlandsliebe auf jede erdenkliche Art und Weise gefördert, und dadurch haben wir unser Ziel bis zum heutigen Zustande erreicht, aber wir streben noch weiter.«

Das preußisch-deutsche Vorbild schien wie maßgeschneidert für Japan, ein ebenfalls rohstoffarmes, rückständiges Land. Unter der Parole »Reiches Land, starke Armee« gingen die Samurai daran, den Inselstaat zu modernisieren. Sie übernahmen wesentliche Elemente des deutschen Erziehungssystems, des Militärwesens, des Rechtssystems. Auch die Verfassung von 1889, verkündet als Geschenk des Tennos an sein Volk, orientierte sich am preußischen Vorbild.

Die Samurai-Modernisierer verordneten ihrem Land auch eine industrielle Revolution von oben. Das nötige Kapital für den Kauf westlicher Geräte und Maschinen ließen sie von der Landbevölkerung erwirtschaften, über die Japan im Überfluss verfügte. Die Bauern bauten Reis, Baumwolle und Seide für den Export an; ihre Töchter verkauften sie als billige Arbeitskräfte an Textilfabriken – oder als Prostituierte für die Vergnügungsviertel der Großstädte. Ihre Söhne schickten sie als Soldaten zur Armee.

Um den Rückstand an Wissen aufzuholen, holten die Meiji-Führer ausländische Ingenieure und Gelehrte ins Land. Weil risikobereite Unternehmer fehlten, gründeten die zu Bürokraten gewandelten Ex-Samurai selbst moderne Bergwerke, Textilfabriken und Werften. Später privatisierten sie viele der Modellbetriebe. Daraus erwuchsen die »Zaibatsu«, wörtlich: »Finanzcliquen«. Dabei handelte es sich um Mischkonzerne wie Mitsubishi oder Sumitomo. Diese stellten fast alles her – vom Kimono bis zum Kriegsschiff.

Auch in der Disziplin des Imperialismus eiferte Japan westlichen Großmächten nach. Mit demütigenden Praktiken, wie es sie zuvor selbst durch den Westen erlitten hatte, öffnete es 1876 Korea, das sich bis dahin ebenfalls abgeschlossen hatte, und zwang dem Land einen ungleichen Vertrag auf. In den folgenden Jahrzehnten konkurrierte Japan mit China um den Einfluss auf der koreanischen Halbinsel. Im Chinesisch-Japanischen Krieg 1894/95 fügten die ostasiatischen Preußen ihren Nachbarn eine verheerende Niederlage zu. Die hohe Entschädigungszahlung, die Tokio den Chinesen 1895 im Friedensvertrag von Shimonoseki diktierte, investierte es vor allem in den Ausbau der Rüstungsindustrie.

Die Japaner expandierten in Asien, wo immer sie konnten: Im Russisch-Japanischen Krieg 1904/05 kämpften sie um den Einfluss in der Mandschurei. Mit dem Sieg der kaiserlichen Marine über die Baltikflotte des Zaren in der Schlacht von Tsushima 1905 triumphierte erstmals eine »nicht weiße« Nation über eine imperialistische Großmacht. Das sei ein Sieg des »progressiven Asien« über das »reaktionäre Europa«, jubelte der russische Revolutionär Wladimir Iljitsch Lenin von seinem Exil in Genf aus. Und auch in Indien schöpften die Unabhängigkeitskämpfer Mut für ihren Kampf gegen die britische Kolonialherrschaft. Die Wirkung dieses Triumphes auf die japanische Psyche kann man kaum überschätzen. Von ihm zehrt die Nation bis heute. Er ist mit ein Grund dafür, dass Japan sich als etwas Besonders in Asien betrachtet und dass es der Nation grundsätzlich so schwerfällt, sich von Erfolgen der Vergangenheit zu lösen.

Bei den Japanern erzeugte der Sieg gegen Russland ein Gefühl der Unbesiegbarkeit. Die einstige Samurai-Nation führte ihn auf eine überlegene Kampfmoral zurück, wie sie im Ehrenkodex des Bushido, des »Wegs des Kriegers«, überliefert ist und aus der die Bereitschaft der Untertanen erwuchs, im Kampf für den Kaiser zu sterben. Der Jubel steigerte sich zu nationalistischer Selbstüberschätzung, die Japan später indes zum Verhängnis werden sollte: Sowohl in militärischer Hinsicht – im Zweiten Weltkrieg. Als auch in ökonomischer Hinsicht – während der Japan-Blase in den Achtzigerjahren.

Vorerst aber eilte die Aufholernation von Sieg zu Sieg: Im Ersten Weltkrieg kämpfte sie aufseiten von Großbritannien und den USA gegen das Deutsche Kaiserreich. Als Kriegsbeute übernahm Japan den deutschen Kolonialbesitz im asiatisch-pazifischen Raum, insbesondere die Musterkolonie Tsingtau in China. Auch die Wirtschaft des Landes profitierte vom Krieg: Die Europäer waren damals oft nicht mehr in der Lage, Asien zu beliefern, weil ihre Produktion im Krieg daniederlag. Diese Situation nutzten japanische Elektro- und Chemiehersteller, um den europäischen Konkurrenten große Marktanteile abzujagen.

Wohl nie zuvor hatte sich eine feudale Gesellschaft so rasch modernisiert wie Japan. Doch durch den rasanten Wandel brachen in der traditionellen japanischen Gesellschaft auch Risse auf. Die Meiji-Führer versuchten, sie ideologisch zu kitten: Sie bauten die Shinto-Religion, die bis dahin vor allem regional praktiziert worden war, zum Staatskult aus. Und sie förderten die Verehrung des göttlichen Kaisers. Gleichwohl nahmen soziale Spannungen zu. Sie gipfelten während der Weltwirtschaftskrise 1929, die durch den Kurssturz an der New Yorker Börse ausgelöst worden war.

Japan litt damals unter einer extremen Kluft zwischen Arm und Reich, Land und Stadt: Zu den Gewinnern der Modernisierung gehörten die Zaibatsu, die Mischkonzerne und ihre Besitzerfamilien. Auf der Seite der Verlierer standen die verarmten Pachtbauern. Sie darbten angesichts fallender Reispreise, oft konnten sie ihre hohen Abgaben nicht mehr bezahlen. Eine Welle von lokalen Aufständen und Attentaten auf Zaibatsu-Bosse und führende Politiker erfasste das Land.

Zum Sprachrohr der unzufriedenen Massen schwang sich die Armee auf, die ihre Soldaten vor allem aus Bauernfamilien rekrutierte. Radikalisierte Offiziere forderten soziale Reformen, einige entwarfen Pläne für ein Großjapanisches Reich in Asien. Japans Generäle nutzten die Gelegenheit, um die kollektive Wut nach außen zu lenken und lang gehegte Expansionspläne voranzutreiben: Ohne Rücksprache mit dem Tenno überfiel die Armee 1931 die Mandschurei und gründete den Marionettenstaat Mandschukuo. Auf den Thron setzten die japanischen Generäle Pu Yi, den letzten chinesischen Kaiser; 1937 zettelten sie den Krieg gegen China an.

Die Armee verwandelte das eroberte Mandschukuo in ein riesiges Labor für staatskapitalistische Experimente. Wegen seiner reichen Rohstoffvorkommen eignete sich das besetzte Gebiet zum Aufbau der Schwerindustrie. Ungestört von den Profitinteressen der Zaibatsu testeten Offiziere und sogenannte Reformbürokraten hier planwirtschaftliche Modelle, die sie zuvor in Deutschland und der Sowjetunion studiert hatten. Später übertrugen sie diese dann auf Japan. Die industriepolitischen Experimente folgten dem globalen Trend: Im Zuge des »New Deal« ging damals auch US-Präsident Franklin D. Roosevelt daran, den Kapitalismus von Staats wegen zu zügeln.

Zu den führenden Wirtschaftsplanern in der Mandschurei gehörte Nobusuke Kishi, er lebte von 1896 bis 1987 und war der Großvater des späteren Premiers Shinzo Abe. Nach seinem Einsatz in der Mandschurei stieg Kishi zum Handelsminister und dann zum Vize-Munitionsminister auf. Als ein japanischer Albert Speer organisierte er dann im Zweiten Weltkrieg die Rüstungsmaschinerie. Nach dem Krieg wurde er Premier und trieb wesentlich das japanische Wirtschaftswunder mit voran. Wie kaum ein anderer verkörperte Kishi die Kontinuität der nationalen Aufholjagd.

Die Wirtschaftsordnung, die Kishi mit entwickelte, war eine Mischung aus Sozialismus und Kapitalismus. Sie nahm viele Errungenschaften vorweg, die später, während des Wirtschaftswunders nach dem Zweiten Weltkrieg, vom Ausland bewundert werden sollten: Der Einfluss der Besitzerfamilien auf die Zaibatsu wurde zurückgedrängt; statt über die Aktienbörse finanzierten sich die Konzerne vor allem über Hausbanken, die vom Staat kontrolliert wurden; bei der Zuteilung von Krediten und Rohstoffen wurden Betriebe bevorzugt, die für die Rüstung relevant waren. Um Streiks zu unterbinden, wurden Firmengewerkschaften installiert, die eng mit den Managern zusammenarbeiteten. Die Loyalität ihrer Beschäftigten sicherten sich die Firmen, indem sie deren Arbeitsplätze garantierten und sie nach dem Alter beförderten.

Schon bald zeigten sich die Erfolge des industriellen Umbaus: Allein im Jahrzehnt zwischen 1930 und 1940 stieg der Anteil der Schwerindustrie an der Gesamtwirtschaft von 35 auf 65 Prozent. Doch die eher langfristig angelegten Visionen der Industriestrategen wie Kishi wurden letztlich von den größenwahnsinnigen Angriffsplänen der ungeduldigen Militärs durchkreuzt: Ohne Rücksicht auf die internationale Meinung trieben sie die Expansion auf dem chinesischen Festland voran. Aus Protest gegen die Verurteilung der Mandschurei-Invasion trat Japan 1933 aus dem Völkerbund aus. Der asiatische Aufholer verbündete sich nun mit den anderen sogenannten Habenichtsen, die sich von den westlichen Großmächten benachteiligt fühlten: 1936 schlossen Nazi-Deutschland und Japan den »Anti-Kominternpakt«, dem später auch das faschistische Italien beitrat. Drei Jahre später unterzeichneten Berlin, Rom und Tokio den Dreimächtepakt.

Zu den Ausländern, die den aufgepeitschten Nationalismus in Japan miterlebten, gehörte der Deutsche Rudolf Voll. Der gelernte Karosseriedesigner aus Berlin-Spandau war 1936 aus Hitler-Deutschland geflohen, nachdem ihn sein bester Freund wegen »Führerbeleidigung« angeschwärzt hatte. Nach Stationen in Johannesburg und Shanghai wollte er eigentlich nach Manila weiterreisen, doch wegen eines Taifuns drehte sein Schiff ab, und so gelangte er in die japanische Hafenstadt Kobe und von dort nach Tokio.

Schon wenige Tage nach seiner Ankunft spürte Voll, wie nervös die Atmosphäre in der japanischen Hauptstadt war; Ausländer wurden als Spione beargwöhnt. Am Yasukuni-Schrein, an dem die gefallenen Soldaten verehrt werden, wurde er von der Militärpolizei verhört, nur weil er ein Foto gemacht hatte. »Die haben mich gleich überwältigt, hingeschleppt in so ein Zelt, da war ein Hauptmann, der sprach Englisch – ich konnte damals kein Wort Japanisch. Er sagte: ›Be careful!‹«, berichtete Voll später.

Das kleine Abenteuer lief glimpflich ab, und der Deutsche überlebte den Krieg in Tokio unversehrt. Durch Zufall stieg er in den Handel mit Perlen ein, woraus er ein lukratives Geschäft entwickelte: Weil es fast nichts Wertvolles mehr zu kaufen gab, legten reiche Einheimische und Diplomaten ihre Vermögen teilweise in Perlen an. Und Voll konnte liefern, denn er hatte 1942 die gesamte Zuchtperlen-Produktion des Mitsubishi-Konzerns aufgekauft, aufgrund glücklicher Umstände, wie er stolz berichtete. »Zum Dank für diesen Coup warf ich meine schönste Perlenschnur in den Krater des Fuji.«

Ich lernte Voll kennen, als er weit über 80 Jahre alt war. Er kannte fast jeden in Tokio und konnte mit seiner Berliner Schnauze anschaulich erzählen. Seine Lebensdevise lautete: »Mehr Schwein als Verstand.« Regelmäßig pendelte er zwischen Tokio und Hongkong, wo er sein Hauptgeschäft betrieb. Er nahm mich mit an die Perlenbörse in Tokio, an der er als einziger westlicher Ausländer zugelassen war. Seine ehrwürdige Gestalt – weiße Kopfhaare und ebenso weißer Bart, maßgeschneiderter brauner Anzug mit einer in Jade gefassten Perle am Revers – überragte den Raum. Er war hier der Einzige, der noch von Kokichi Mikimoto empfangen worden war, dem legendären japanischen »Perlenkönig«, der die Massenproduktion von Zuchtperlen erfunden hatte. Ein Bild von dieser Audienz hütete Voll wie eine Reliquie; 2009 starb er mit über 97 Jahren in Bangkok.

Vor dem Zweiten Weltkrieg rüstete Japan sein Militär weiter auf und forderte damit die USA heraus, die pazifische Großmacht, die auf einer Politik der »offenen Tür« in China bestand. Washington beobachtete die maritime Expansion der Japaner zunehmend alarmiert: Im September 1940 rückten die Japaner im Norden Indochinas ein, in jenes französische Kolonialgebiet, welches das heutige Vietnam, Kambodscha und Laos umfasste. Im Juli 1941 besetzten sie den Süden der Region. US-Präsident Roosevelt beantwortete die Provokation mit einem Ölembargo gegen das rohstoffarme Japan. Das kam einer Kriegserklärung an Tokio gleich, denn die kaiserlichen Militärs konnten sich nun ausrechnen, wann ihnen der Treibstoff für Panzer und Kriegsschiffe ausgehen würde. Zwar wussten die Machthaber in Tokio um die wirtschaftliche und technische Überlegenheit der USA. Aber der politische Preis, den Washington verlangte, war ihnen zu hoch: die Aufgabe ihrer Einflusszone in China.

Schier endlos berieten der Premier, die Oberbefehlshaber von Heer und Marine und die Berater des Kaisers damals über Krieg oder Frieden. Letztlich wagte niemand, Verantwortung zu übernehmen und den Zug aufzuhalten, mit dem das Kaiserreich kollektiv ins Verderben raste. »Die Luft lesen« – auf Japanisch: »kuki wo yomu« – nennen die Japaner ihre Gewohnheit, intuitiv die jeweils herrschende Stimmung zu erfassen und sich dieser anzupassen. Die vermeintliche Tugend sollte sich in der damaligen Situation als fataler Fehler erweisen.

Am 7. Dezember 1941 überfiel Japan den US-Stützpunkt Pearl Harbor auf Hawaii und vernichtete einen beachtlichen Teil der amerikanischen Pazifikflotte. Anschließend überrannte es nach und nach fast ganz Südostasien und rief die »Großostasiatische Wohlstandssphäre« aus. Die anfänglichen Erfolge gegen die USA bestärkten die Japaner im Glauben an ihre überlegene Kriegermoral. Immer waghalsiger preschten sie vorwärts. Bereits im Juni 1942 wendete sich die Kriegsgunst jedoch zugunsten der Amerikaner, die in großer Eile viele ihrer Kriegsschiffe wieder gehoben und repariert hatten: In der Schlacht bei den Midway-Inseln im Pazifik verloren die Japaner vier Flugzeugträger, rund 300 Flugzeuge und viele ihrer besten Piloten. Von dieser Niederlage erholte sich die japanische Armee nicht mehr.

Nach und nach wurde das japanische Kernland vom Nachschub mit Rohstoffen und Nahrungsmitteln abgeschnitten, zur See und in der Luft. In Tokio konnten sich die Spitzen von Heer und Marine sowie die zivilen Berater des Kaisers gleichwohl nicht darauf einigen, zu kapitulieren. Selbst nachdem die Amerikaner am 6. August 1945 die Atombombe auf Hiroshima abgeworfen hatten, wollten einige noch weiterkämpfen. Erst am 9. August rang sich Kaiser Hirohito intern zu einem Machwort durch: An diesem Tag hatten die USA auch die Plutoniumbombe auf Nagasaki abgeworfen, überdies war die Sowjetunion in den Krieg gegen Japan eingetreten. Am 15. August sprach der göttliche Herrscher dann in einer Radioansprache zum ersten Mal direkt zu seinem Volk. Er forderte die Japaner auf, das »Unerträgliche zu ertragen«, und gestand die Niederlage so auf indirekte Weise ein.

Der Krieg war zu Ende. Die Nation führte indes keine Schulddebatte, jeder war mit dem eigenen Überleben beschäftigt. Anders als im faschistischen Deutschland gab es in Japan keinen übermächtigen Hitler, der die Nation in den Krieg geführt hatte. General Hideki Tojo, der zeitweilige Regierungschef, regierte zwar autoritär, aber selbst er wurde mitten im Krieg ausgewechselt. Auch der göttliche Kaiser hing letztlich von seinen Beratern ab. Und alle gemeinsam bildeten sie ein amorphes Kollektiv, in dem keiner die Schuld für Fehler und Versäumnisse übernahm. Ähnlich stellte sich die Situation dann viel später nach dem Reaktor-Desaster von Fukushima 2011 dar. Auch wenn die historischen Umstände nicht einfach vergleichbar sind: Die Kultur der Verantwortungslosigkeit war eine ähnliche.

Asiens Nummer eins

In seiner Radioansprache am 15. August 1945 hatte Kaiser Hirohito das demütigende Wort »Kapitulation« vermieden. Er wandte den Blick vielmehr nach vorn und appellierte an seine Untertanen: »Vereinigt eure gesamte Stärke, gewidmet dem Wiederaufbau der Zukunft. Kultiviert die Wege der Rechtschaffenheit, der Pflege des Adels des Geistes und der Arbeit mit Hingabe – damit ihr die angeborene Herrlichkeit des kaiserlichen Staates verbessern und Schritt mit dem Fortschritt der Welt halten könnt.«

Anders als im verbündeten Nazi-Deutschland, das über drei Monate vorher kapituliert hatte, waren die alliierten Sieger noch nicht in Japan angekommen. Rund zwei Wochen vergingen, bis

US-General Douglas MacArthur auf einem Luftwaffenstützpunkt bei Tokio landete. Diese Zeit nutzten Japans Eliten, um sich auf die Ankunft der Besatzer vorzubereiten: In den Höfen der Ministerien in Tokio verbrannten Beamte haufenweise Akten. Überdies wurden Hunderte Frauen als Freiwillige rekrutiert. Sie sollten den Amerikanern als Prostituierte dienen und so befürchtete Übergriffe auf die weibliche Bevölkerung verhindern helfen.

Als die Amerikaner dann kamen, ließen sie Japans Regierung weitgehend im Amt. General MacArthur verzichtete darauf, Kaiser Hirohito abzusetzen und als Kriegsverbrecher verhaften zu lassen. Das war taktisch klug, denn so vermied er, dass Chaos ausbrach, und konnte fortan die Autorität des Monarchen für seine Zwecke nutzen. Als Hauptquartier bezog MacArthur einen Büroklotz vis-à-vis dem Kaiserpalast; von dort herrschte er wie ein Ersatz-Shogun.

Wieder einmal wurde Japan Reformen von oben unterzogen. MacArthur ging daran, das Kaiserreich zu demokratisieren: Am 1. Januar 1946 entsagte Kaiser Hirohito seiner Göttlichkeit. Im Oktober 1946 verabschiedete ein neu gewähltes Parlament in Tokio eine pazifistische Verfassung; sie wurde den Japanern teilweise wortwörtlich diktiert und trat 1947 in Kraft. Der Tenno fungierte fortan als »Symbol des Staates und der Einheit des Volkes«. Im Artikel 9 verzichtete Japan »für immer auf den Krieg als ein souveränes Recht der Nation«. Erstmals erhielten die Japanerinnen das aktive und passive Wahlrecht.

Gleich zu Beginn der Besatzung hatten die Amerikaner Tausende Politiker, Offiziere, Beamte und Bosse verhaftet, die sie als Kriegsverbrecher verdächtigten, darunter auch den Rüstungsorganisator Kishi. Er wurde indes nicht angeklagt. Im Tokioter Kriegsverbrecherprozess von 1946 bis 1948 setzten die Besatzer als Hauptverantwortliche vor allem die Militärs auf die Anklagebank. Die Wirtschaftsbürokraten ließen sie großenteils ungeschoren davonkommen und weiterarbeiten.

Viele Beamte in Tokio dürften die Besatzung als Befreiung empfunden haben. Ungestört von Einmischung durch das Militär konnten sie schon bald wieder darangehen, Japans Aufholjagd fortzusetzen, diesmal mit ökonomischen Mitteln. Die US-Besatzer kamen ihnen dabei entgegen. Viele US-Experten waren Reformer aus der Ära des »New Deal«. In Japan versuchten sie nun, einige der Ideen umzusetzen, die in ihrem Land schon wieder aus der Mode kamen.

Als zentrales Projekt nahmen die Besatzer die Zerschlagung der großen Mischkonzerne in Angriff. Die Profitgier von Mitsui, Mitsubishi oder Sumitomo sahen sie als eine der Hauptursachen für den Krieg. Ausgerechnet die kapitalistischen Amerikaner sorgten nun dafür, dass jener Teil der japanischen Elite ausgeschaltet wurde, der sich am stärksten am Westen orientiert hatte. Selbst den japanischen Militärs war es nie ganz gelungen, die Zaibatsu zu entmachten. Mit der Enteignung der Besitzerfamilien vollendeten die US-Besatzer die Entwicklung zu einer speziell japanischen, korporatistisch geprägten Form der Marktwirtschaft.

Dieses Modell zeichnete sich bis weit in die Neunzigerjahre vor allem dadurch aus, dass sich die Firmen in erster Linie über Hausbanken finanzierten, die vom Staat beaufsichtigt und gelenkt wurden. Dagegen spielte die Aktienbörse für die Kapitalbeschaffung nur eine untergeordnete Rolle – und damit auch die Interessen der Anteilseigner. Die einstigen Besitzer der Konzerne wurden durch angestellte Manager ersetzt. Diese oft mausgrauen Chefs traten als Sprecher des Firmenkollektivs auf. Sie repräsentierten ein Nachkriegs-Japan, in dem sich die Mehrheit der Bevölkerung zur Mittelschicht zählte.

Auch nach ihrer Zerschlagung blieben die Mischkonzerne allerdings informell weiter miteinander verflochten. Dazu benutzten sie gegenseitige Aktienbeteiligungen, die sogenannten Keiretsu. Als zentrales Bindeglied dienten auch ihre Hausbanken, die den Gruppenfirmen jeweils Kredite zuteilten. Die Chefs der Mitsubishi-

Firmen koordinierten ihre Strategien beispielsweise auf Treffen, die sie freitags im Tokioter Geschäftsviertel Marunouchi abhielten.

Für ausländische Firmen und Investoren war es lange fast unmöglich, in diese Netzwerke einzudringen und eigene Produkte auf den japanischen Markt zu bringen. Für einen idealtypischen Angestellten der Mitsubishi-Bank war es Ehrensache, sich ein Auto zu kaufen, das die drei Mitsubishi-Diamanten auf der Kühlerhaube trug, in der Freizeit den Mitsubishi-Fernseher anzuschalten, ein Kirin-Bier aus dem Mitsubishi-Kühlschrank zu holen und seine Familie mit einer Nikon-Kamera zu knipsen.

Die US-Besatzung endete 1951 mit dem Friedensvertrag von San Francisco. Wenige Stunden später unterschrieben Japan und die USA einen Sicherheitspakt. Unter dem militärischen Schutz der Großmacht ging Japan von Neuem daran, Absatzmärkte zu erobern – in Asien und der übrigen Welt. Im Koreakrieg bescherte dieses Arrangement den Japanern ihren ersten großen Wirtschaftsaufschwung der Nachkriegszeit: Am 25. Juni 1950 sandte der nordkoreanische Herrscher Kim Il Sung Truppen über den 38. Breitengrad, die Demarkationslinie, die das Land seit 1945 in einen kommunistischen Norden und einen kapitalistischen Süden teilte. Innerhalb von nur zwei Monaten überrannten Kims Kämpfer fast den gesamten Süden der Halbinsel bis zur Hafenstadt Pusan. Die USA waren von dem Angriff völlig überrascht worden. Um ihre Gegenoffensiven zu organisieren, bauten sie Japan zu einer Nachschubbasis aus. Einstige japanische Rüstungsbetriebe warfen nun ihre Produktion wieder an. Für insgesamt 2,4 Milliarden US-Dollar belieferte Japan die Amerikaner mit Munition und Panzerzubehör sowie mit Gütern des zivilen Bedarfs, wie Kleidung und Wolldecken.

Der Koreakrieg endete 1953 mit einem Waffenstillstand. Die Planer im Ministerium für Wirtschaft und Handel, dem sogenannten Miti, legten nun die weitere Marschroute ihrer Industriepolitik fest, die im Grunde ja schon im Krieg vorgeben worden war: Um mit dem

Westen gleichzuziehen, förderten sie gezielt die Schwerindustrie – die Stahlbranche, den Schiffbau, die Autoherstellung. Dieser Plan ging nach und nach auf: Bereits 1956 hatte Japan Großbritannien als Schiffbaunation überholt.

Ähnlich zielgerichtet organisierte das Miti später Offensiven bei Computern, Computerchips und der Biotechnologie. Wie in einem Brutkasten päppelte es strategische Industrien mit Hilfe von Subventionen und Steuererleichterungen. Ein wirksames Instrument der Industriepolitik waren Kapitalkontrollen, die Handhabe dazu lieferte dem Miti das Devisengesetz von 1949. Es verpflichtete Firmen, Geld für den Import von Technologien und Rohstoffen nur über Spezialbanken umzutauschen – und nur nach Zustimmung des Miti und des Finanzministeriums.

Ähnlich wie später die Südkoreaner und die Chinesen imitierten die Japaner hemmungslos ausländische Produkte. Sie passten diese an die Anfordernisse der Massenfertigung an und warfen sie dann zu Niedrigpreisen auf den Markt. Auf diese Weise verdrängten japanische Marken beispielsweise die einst führende deutsche Kamera-Industrie. Am Ende blieb den Angegriffenen oft nur der Rückzug in hochpreisige Nischenprodukte.

Auch in der Automobilindustrie griff Japan an. Noch um 1953 fuhren fast nur amerikanische Importe auf heimischen Straßen. Doch dann schottete Japan seinen Markt mit Einfuhrzöllen von bis zu 40 Prozent gegen die Wettbewerber ab. Als erster japanischer Autobauer wagte sich Toyota 1957 mit dem »Crown« nach Amerika. Das war zu früh. Der Wagen überhitzte sich auf den Highways, Toyota musste sich aus dem amerikanischen Markt wieder zurückziehen. Doch vier Jahre später, nachdem er die Lehren aus seinem Fiasko gezogen hatte, kehrte der Angreifer zurück in die USA.

Einige ihrer größten Erfolge erzielten japanische Firmen indes nicht wegen, sondern trotz der Miti-Planer. Das galt beispielsweise für Sony, den Elektronikriesen, der 1946 von Masaru Ibuka und Akio

Morita gegründet worden war. 1953 beantragten sie beim Miti eine Lizenz zum Import einer neuartigen Transistortechnologie der US-Firma Western Electric. Ein halbes Jahr lang mussten sie auf die Beamten einwirken, bis ihnen die nötigen Devisen für den Import zugeteilt wurden. Ähnlich wie die amerikanischen Erfinder zweifelten die Miti-Strategen am wirtschaftlichen Nutzen der Technologie. Letztlich schuf Sony mit dem Transistorradio ein Symbol des Wirtschaftswunders.

Japans Nachkriegswirtschaft blühte auf, allein in den fünf Jahren bis 1955 hatte sich das Bruttosozialprodukt mehr als verdoppelt, auf 25 Milliarden US-Dollar. 1956, elf Jahre nach Kriegsende, befand die Planungsbehörde der Regierung in ihrem jährlichen Weißbuch: »Die Nachkriegszeit ist bereits vorbei.«

Auch Rudolf Voll, der deutsche Perlenhändler, verdiente damals mit am Aufschwung. In seinem Geschäft, das nahe dem angesehenen »Imperial Hotel« in Tokio lag, beobachtete er, wie die Japaner wieder mehr Geld für Schmuck ausgaben. Er sah neureiche Japanerinnen, »die sich ihre Zähne richten ließen, obwohl die gesund waren, und Geschäftsleute, die sich teure Brillen aufsetzten, selbst wenn sie eigentlich keine brauchten; aber sie wollten eben vornehmer aussehen«.

Als Premier Hayato Ikeda 1960 versprach, die Einkommen der Japaner in zehn Jahren zu verdoppeln, hielten das manche für unrealistisch; tatsächlich aber sollten sich die Einkommen in diesem Zeitraum verdreifachen. Die Regierung kurbelte die Investitionen im Autobau und anderen Schlüsselindustrien an, indem sie Unternehmenssteuern und Zinsen senkte. Die Wirtschaft wuchs jährlich um durchschnittlich acht Prozent.

Auch die Infrastruktur wurde ausgebaut. Den entscheidenden Anschub dafür lieferten die Olympischen Spiele im Sommer 1964. In Tokio, dem Austragungsort, wurde eine futuristische Hochstraße gebaut. Der schnellste Zug der Welt, der Shinkansen, ging in Betrieb.

Die Spiele lieferten das olympische Entwicklungsmodell, dem 1988 auch Seoul und 2008 Peking folgten und an das Tokio mit den Sommerspielen 2020 noch einmal anknüpfen möchte.

Nachkriegs-Japan glich einer einzigen großen Firma. 1968 überholte es die Bundesrepublik Deutschland als zweitgrößte Volkswirtschaft nach den USA. Premier Ikeda trug stets ein kleines Radio bei sich, um aktuelle Börsenberichte zu hören. Als er 1962 Frankreich besuchte, soll Präsident Charles de Gaulle ihn als »Transistorradio-Verkäufer« verspottet haben.

Aus dem einstigen Kriegervolk wurde eine Nation von Angestellten. Statt dem Glauben an den göttlichen Tenno huldigten sie nun der Wachstumsreligion. Die Planer benannten die Konjunkturzyklen nach shintoistischen Gottheiten wie dem mythischen Kaiser Jimmu. Die beliebtesten Konsumgüter, die sich Ende der Fünfzigerjahre immer mehr Haushalte anschafften – Kühlschrank, Waschmaschine, Schwarz-Weiß-Fernseher –, wurden als die »drei Insignien« bezeichnet. Damit spielte man auf die drei heiligen Herrschaftssymbole des Kaisers an: Schwert, Spiegel und Juwelen. Ein Jahrzehnt später schmückte sich die Nation dann mit den »drei neuen Insignien«: Auto, Klimaanlage, Farbfernseher.

Der geschützte Heimatmarkt diente den Firmen als Basis, hier verdienten sie das Kapital, mit dem sie ihre Exportoffensiven finanzierten. Zugleich profitierten sie von der Sparwut ihrer Landsleute: Die Banken leiteten deren Gelder in Form von zinsgünstigen Krediten weiter an Industriesparten, die von der Regierung gezielt gefördert wurden. Der Spartrend wurde begünstigt durch eine fast ideale Bevölkerungsstruktur: Die geburtenstarken Jahrgänge, die bis Mitte der Sechzigerjahre bei den Firmen zu arbeiten begannen, hatten im Durchschnitt nur wenig Kinder; auch die Zahl der Alten, die zu versorgen waren, hielt sich in Grenzen.

Statt der konfuzianisch geprägten Familie entwickelte sich die Firma zur Keimzelle der Gesellschaft. Um die Loyalität der Angestellten zu sichern, gewährten die Unternehmen ihnen Arbeitsplatzgarantien und automatische Beförderung nach dem Alter. Firmeneigene Gewerkschaften sorgten dafür, dass kaum Streiks die Harmonie störten. Die Japaner akzeptierten extrem lange Arbeitstage, Freizeit hatten sie oft nur an Wochenenden oder nationalen Feiertagen. Im Gegenzug stellte die Firma ihnen die Wohnungen, vermittelte Ehepartner und spendierte Trinkgelage mit Kollegen nach Feierabend. Oft zahlte sie ihren Angestellten auch die Renten oder unterstützte sie beim Kauf von Eigenheimen.

Der staatlich geförderte Traum vom eigenen Haus wurde zu einem zentralen Motor des Wirtschaftswunders. Die Baufirmen trugen ganze Berge ab, um Platz zu schaffen für immer mehr Häuser. Die Schlafstädte lagen oft so weit entfernt von den Arbeitsplätzen, dass die Berufstätigen bis zu zwei Stunden pendeln mussten, meist in überfüllten Zügen. Spätabends kehrten sie nach Hause zurück, oft nur, um zu schlafen. Die Häuser waren – und sind – meist so eng, dass die Bewohner ihre Waschmaschinen draußen abstellten. Und sie waren so teuer, dass die Käufer oft Jahrzehnte brauchten, um die Kredite dafür abzutragen. Diese Kreditknechtschaft war politisch durchaus gewollt, sie sorgte für gesellschaftliche Stabilität. Als ein Untersuchungsbericht der Europäischen Kommission japanische Wohnungen mit »Kaninchenställen« verglich, waren die Japaner allerdings empört – über die Unhöflichkeit der Ausländer.

Die Japaner dachten im Kollektiv: Profitierte die Firma, profitierte der Einzelne. Entscheidungen wurden im Konsens getroffen. Das dauerte oft lange, aber es hatte einen Vorteil: War einmal etwas entschieden, dann hielten sich alle daran. Die Firmenkultur bot wenig Raum für Kreativität, aber sie eignete sich ideal für die Ära der Massenproduktion.

Auch die Politik entwickelte eine spezielle Form des Interessenausgleichs. Die Japaner nannten sie »Sei-Kan-Zai«, das eiserne Dreieck von Politik, Bürokratie und Wirtschaft, aus dem auch das

»Atomdorf« hervorging. Von 1955 bis 1993 regierte die konservative Liberaldemokratische Partei, die LDP, ununterbrochen, und auch danach musste sie nur für kurze Zeiten die Macht abgeben. Die Partei war eine Koalition von Interessenklüngeln – von Bauern über Ärzte bis hin zu Firmenbossen. Die Politiker sahen ihre Aufgabe vor allem darin, ihren Wahlkreisen und Lobbygruppen staatliche Fördergelder und andere Vergünstigungen zuzuschanzen. Im Gegenzug kassierten die Amtsträger Spenden und Schmiergelder.

Oft übernahmen einzelne LDP-Flügel die Rolle der Opposition gleich mit. Die eigentliche Opposition war dagegen oft heillos zersplittert. Für die Kontinuität der Regierungsgeschäfte sorgten die Bürokraten. Nach ihrer Pensionierung wechselten sie auf lukrative Posten bei Verbänden oder Unternehmen, für deren Kontrolle sie zuvor zuständig gewesen waren. »Amakudari« – wörtlich: »Vom Himmel Herabgestiegene« – wurden sie genannt.

Nach und nach dehnte Japan seinen wirtschaftlichen Einfluss aus, zunächst in Südostasien: Dazu nutzte es Kriegsentschädigungen, die es den einst besetzten Gebieten leistete. Ab 1955 schloss Tokio zunächst Verträge mit Burma, den Philippinen, Indonesien und Südvietnam. Bis Mitte der Sechzigerjahre folgten weitere Länder, darunter Südkorea, das von Japan bis 1945 als Kolonie beherrscht worden war.

Die USA unterstützten Japans Expansion. In Asien herrschte der Kalte Krieg, und der westlichen Großmacht ging es darum, lokale Befreiungsbewegungen, die von China und der Sowjetunion unterstützt wurden, zurückzudrängen. In den Vereinigten Staaten selbst riefen Japans Exportoffensiven indes zunehmend Unmut hervor. Im Zuge seines OECD-Beitritts 1964 hatte sich das Land verpflichtet, die meisten Importquoten abzubauen. Aber es führte selbst kaum fertige Produkte ein. Der Handelsüberschuss mit den USA wuchs.

Im August 1971 reagierte Präsident Richard Nixon mit einer Maßnahme, die sich vor allem gegen Japan richtete: Ohne Vorwarnung belegte er Importe mit Strafzöllen von zehn Prozent. Zugleich gab er den Wechselkurs des Dollar frei – wodurch sich japanische Ausfuhren in die USA zusätzlich verteuerten. Einen Monat zuvor hatte Nixon – ebenfalls ohne Tokio vorher einzuweihen – seine historische China-Visite angekündigt. Damit öffnete er dem schlafenden Riesen letztlich den Zugang zur Weltwirtschaft.

Dem »Nixon-Schock« folgte 1973 der Öl-Schock: Aus Protest gegen die Israel-freundliche Politik der Industriestaaten drosselten die arabischen Förderländer ihre Rohöllieferungen. Nicht nur die Preise für das Öl, das Japan überwiegend aus dem Nahen Osten bezog, sprangen in die Höhe, auch viele andere Produkte des täglichen Bedarfs wurden teurer. Hausfrauen rangelten sich bei Hamsterkäufen um Toilettenpapier und Waschpulver. An der Tokioter Börse brachen die Aktienkurse ein. Erstmals seit dem Zweiten Weltkrieg ging das Wirtschaftswachstum deutlich zurück. Angst vor der Zukunft breitete sich aus. Der Schriftsteller Sakyo Komatsu griff die düstere Stimmung in seinem Roman »Japans Untergang« (»Nihon Chinbotsu«) auf. Der Bestseller, der auch verfilmt wurde, handelte davon, wie Japan von einer Serie von Erdbeben heimgesucht wird und dann nach und nach im Pazifik versinkt.

Ähnlich wie zuvor in den USA und in Westeuropa hatte auch in Japan die Industrie einen Sättigungsgrad erreicht. Die Zeit zweistelliger Wachstumsraten war vorbei. Doch statt Japan von Grund auf zu erneuern, besserten die Bürokraten nur die Fassade aus. Die planwirtschaftlichen Methoden, mit denen sie bisher Zukunftsindustrien gefördert hatten, nutzten sie vermehrt dazu, veraltete oder zu teuer arbeitende Industrien künstlich am Leben zu erhalten. Das galt insbesondere für Branchen wie Stahl, Glas, Zement und Petrochemie, die zunehmend unter Konkurrenz aus Südkorea und Taiwan litten.

Dagegen ging der wettbewerbsfähige Teil der Industrie daran, seine Produktionsmethoden zu perfektionieren. Autobauer Toyota wurde mit seiner Managementphilosophie des »Kaizen«, der stetigen »Verbesserung«, zum Vorbild auch für westliche Hersteller. Im Zuge des Zuliefersystems »Just-in-Time« reduzierte Toyota die Bestände an Bauteilen in seinen Fabriken immer weiter. Als Lager nutzte der Konzern stattdessen die Straßen, auf denen Laster im Minutentakt den Nachschub herbeischafften.

Um die Konjunktur auch in flauen Zeiten anzukurbeln, machten Japans Politiker die Baubranche zu einer Schlüsselindustrie. Eine führende Rolle spielte dabei ein LDP-Politiker namens Kakuei Tanaka. Der besaß zwar keinen Oberschulabschluss, aber er riss die Landsleute mit charismatischen Auftritten mit. Von 1972 bis 1974 war er der Regierungschef. Im Zuge seines »Plans zur Umgestaltung des japanischen Archipels« verwandelte er das Land in eine riesige Baustelle. Der »Bulldozer mit Computer«, wie Tanaka auch genannt wurde, ließ allenthalben Straßen und Brücken bauen. Wer die lukrativen Aufträge bekam, bestimmten Tanaka und seine Gefolgsleute in der LDP. Im Jahr 1983 wurde er wegen Bestechlichkeit verurteilt, doch auch danach zog er in der LDP noch länger die Fäden. Er starb 1993, aber sein politisches Vermächtnis wirkt fort.

Japan erholte sich schließlich von der Ölkrise. Mit Autos und Elektronik griff die japanische Wirtschaft nun verstärkt im Ausland an, vor allem in den USA. Binnen einem Jahrzehnt wuchs der Exportüberschuss gegenüber den USA auf rund 100 Milliarden Dollar. Der Harvard-Ökonom Ezra Vogel bewunderte die Erfolge der Angreifenation in einem Buch mit dem Titel »Japan As Number One«. Die japanische Übersetzung des Werks wurde ein Bestseller. Es bestärkte die Japaner in dem Glauben, das amerikanische Vorbild überflügeln zu können. Sie sahen sich als Vorreiter eines asiatischen Zeitalters. Denn nach ihrem Vorbild industrialisierten sich auch Nachbarn wie Südkorea, Taiwan und die sogenannten Tigerländer Malaysia, Thailand, Singapur, Indonesien. Ökonomen verglichen die asiatischen Aufholer mit einer Formation von Fluggänsen – mit Japan an der Spitze.

In den USA hingegen wuchs die Wut auf den japanischen Verbündeten, der relativ wenig Geld für die eigene Verteidigung ausgab und als »Trittbrettfahrer« der amerikanischen Schutzmacht von Exportsieg zu Exportsieg eilte. Aufgebrachte US-Gewerkschafter zertrümmerten vor laufenden TV-Kameras japanische Autos und Fernseher. Noch 1989, wenige Monate bevor die Japan-Blase platzte, schrieb der amerikanische Ökonom und spätere Finanzminister Lawrence Summers, Japan sei »eine größere Bedrohung für die USA als die Sowjetunion«.

Der Handelskrieg entwickelte sich zum Dauerzustand zwischen Tokio und Washington. Weil Japan seine Industrie abschottete, wandten umgekehrt auch die USA das Prinzip des »gelenkten Handels« an. Sie drängten Japan, seine Exporte zu drosseln oder Mindestquoten für Importe zu akzeptieren, insbesondere für amerikanische Autoteile oder Halbleiterprodukte. Doch all diese Maßnahmen halfen nicht: Die Amerikaner büßten ihre Wettbewerbsfähigkeit bei der industriellen Massenfertigung mehr und mehr ein.

Als Ersatz entdeckten die Vereinigten Staaten einen neuen Wachstumsmotor: die Finanzindustrie. Sie liberalisierten ihre Kapitalmärkte und schraubten zugleich an den Wechselkursen, um Japans wuchernden Handelsüberschuss indirekt zu beschneiden. Im September 1985 vereinbarten die USA mit den übrigen sechs führenden Industriestaaten das sogenannte Plaza-Abkommen (benannt nach dem New Yorker Hotel, in dem es unterzeichnet wurde). Mit dem Abkommen verpflichtete sich Japan, den Wechselkurs des Yen gegenüber dem Dollar aufzuwerten – und seine Exporte auf diese Weise kräftig zu verteuern.

Das Plaza-Abkommen traf die japanische Industrie schwer, zumal sie ohnehin mit Überkapazitäten und flauer Nachfrage kämpfte. Um die Folgen des verteuerten Yen zu lindern, blähten die Planer in Tokio die Japan-Blase auf, die sogenannte Bubble: In nur 13 Monaten seit Januar 1986 senkte die Zentralbank in Tokio siebenmal die

Leitzinsen. Die Kapitalkosten der Unternehmen sanken dadurch praktisch auf null. Die Firmenbosse, die sich ihr Kapital bislang über ihre Hausbanken beschafft hatten, betätigten sich nun selbst als Geldmacher. Sie erfanden »Zaitech«, eine japanische Sprachschöpfung aus den Begriffen »Vermögen« und »Technik«. Ihren Grundbesitz, der bislang nur in ihren Büchern geschlummert hatte, bewerteten die Firmen nun neu. So hatte beispielsweise Mitsubishi seinen Grundbesitz bislang zum Erwerbspreis von vor hundert Jahren verbucht. Aber nun waren die Immobilien plötzlich wertvoll, und sie wurden von den Firmen als Sicherheiten benutzt, um Kredite aufzunehmen. Dieses Geld investierten sie wiederum in Aktien, Immobilien oder in neue, größere Fabriken.

Zu den Pionieren des »Zaitech«-Booms gehörte Shigeru Kita, der Chef des Handelshauses Hanwa Kogyo in Osaka. Einst war er im Stahlboom reich geworden, nun verwandte er seine Energie darauf, an den Finanzmärkten zu spekulieren. Über einen Monitor auf seinem Schreibtisch verfolgte er das Auf und Ab der Börsen. Das Wirtschaftsmagazin »Nikkei Business« taufte ihn 1988 den »Gott der Kurse«. In nur fünf Jahren hatte er das Eigenkapital seiner Firma versechsfacht. Als die Japan-Blase später platzte, musste er zurücktreten.

Dem Boom in den Büchern der Firmen folgte ein Boom auf dem Immobilienmarkt. Allein in Tokio und Umgebung stiegen die Preise zwischen 1985 und 1990 um das Doppelte. Dadurch stieg auch die Kreditwürdigkeit der Grundbesitzer, die sich höher und höher verschuldeten. Immer mehr Firmen versorgten sich nicht mehr bei Banken mit Kapital, sondern direkt an der Aktienbörse.

Die Banken standen daher vor einer strategischen Herausforderung: Sie mussten sich neue Kreditkunden suchen. Zu den Umworbenen gehörte Nui Onoue, eine Restaurantbesitzerin in Osaka, der Verbindungen zur Unterwelt nachgesagt wurden. Mit dem Geld, das ihr Banken liehen, spekulierte sie an der Börse. Bei der Auswahl der

Aktien ließ sie sich angeblich durch göttliche Eingebungen inspirieren. Auch die Industrial Bank of Japan, abgekürzt IBJ, die einst den Aufbau von Schlüsselindustrien wie der Stahlbranche finanziert hatte, wurde bei Onoue vorstellig. Die Gastwirtin wurde zu einer Vorzeigeklientin für das neue Privatkundengeschäft der IBJ. Auf dem Höhepunkt der Japan-Blase 1988 hatte sie von heimischen Finanzinstituten Kredite von insgesamt 227 Milliarden Yen erhalten.

Doch dann fielen die Kurse, und die Gastwirtin reagierte, wie nervöse Anleger oft reagieren: Um ihre Verluste auszugleichen, nahm sie neue Kredite auf. Diese Papiere besicherte sie teilweise mit gefälschten Einlagezertifikaten. Als sie schließlich Pleite machte, beliefen sich ihre Verbindlichkeiten auf 430 Milliarden Yen, so viel hatte bis dahin keine andere japanische Privatperson an Schulden angehäuft. Wegen Betrugs wurde Onoue zu zwölf Jahren Gefängnis verurteilt. Die Industrial Bank of Japan geriet durch den Skandal in eine gefährliche Schieflage und musste mit einer anderen Bank fusioniert werden.

In der Hochphase des Booms schien ganz Japan verrücktzuspielen. Plötzlich glaubte jeder, etwas von Finanzen zu verstehen. Auch Kichinosuke Sasaki, ein Arzt aus Tokio, stieg zum Immobilienzar auf. Ihm gehörten schließlich 145 Objekte, sein Vermögen wurde auf rund eine Billion Yen geschätzt, das US-Wirtschaftsmagazin »Fortune« kürte ihn zeitweise zur zwölftreichsten Person der Welt.

»Wir Japaner sind alle Spieler«, sagte Sasaki, als ich ihn 1998 in seiner Firma im Tokioter Vergnügungsviertel Roppongi besuchte. Damals war Sasaki 65 Jahre alt und die Bubble längst Vergangenheit. Sasakis Haare, die pechschwarz aussahen, als habe er sie gefärbt, hingen ihm über die Ohren. Er hatte eine Milliardenpleite hingelegt und stand vor den Trümmern seines Lebens. Er war wegen Betrugs verhaftet und dann auf Kaution wieder freigelassen worden, jetzt saß er ganz allein in seinem düsteren Büro. Er wartete auf die Zwangsversteigerung; fast tat er einem leid. »Alle sind sie mir hinterhergelaufen, die Banker, die Beamten, die Politiker«, sagte Sasaki. Doch als die Blase platzte, wurde er plötzlich zur Unperson. Ein Gericht verurteilte ihn zu zwei Jahren Gefängnis auf Bewährung. Einsam und vergessen starb er 2011.

Auf dem Höhepunkt der Blase glaubte Japan an die eigene Überlegenheit. Tokio galt als führender Finanzplatz, langfristig werde es London und New York überholen, hörte man immer wieder. Das Wertpapierhaus Sanyo baute sich für 5,5 Milliarden Yen eine gigantische, vierstöckige Halle für den Aktienhandel. Sie war mit Glas überdacht, so groß wie ein Sportstadion. Rund 700 Händler sollten hier arbeiten. Als ich den Neubau Anfang der Neunzigerjahre besichtigte, waren die meisten Arbeitsplätze leer. Bald darauf ging Sanyo pleite.

Es war eine Zeit der verrückten Zahlen und abstrusen Vergleiche: Allein das Grundstück des Kaiserpalastes in Tokio war während der Japan-Blase angeblich mehr wert als ganz Kalifornien. Durch den Wertzuwachs ihrer Immobilien und Aktien vermehrten die Japaner ihren Reichtum von 1987 bis 1990 um ein Vielfaches. Ähnlich wie Jahrzehnte später die Chinesen gingen sie auf eine weltweite Einkaufstour. In New York kauften sie das »Rockefeller Center«, in Hollywood das Filmstudio »Columbia Pictures« und in Hamburg das Hotel »Vier Jahreszeiten«. Der Papierfabrikant Ryoei Saito ersteigerte in New York das »Porträt des Dr. Gachet« von Vincent van Gogh für 82,5 Millionen Dollar und den »Tanz im Moulin de la Galette« von Auguste Renoir für 78,1 Millionen Dollar. Dann schockierte er Kunstliebhaber mit der Ankündigung, sich nach seinem Tod mit den Gemälden einäschern lassen zu wollen. Sein Wunsch wurde nicht erfüllt. Nachdem Saito 1996 starb, verbrannte man ihn, aber nicht die Bilder.

Auf dem Höhepunkt der Blase rätselte die Welt, warum Japan so erfolgreich sei. Und die Japaner selbst bemühten sich, Antworten zu liefern. Japan habe den »Kapitalismus überwunden«, behauptete etwa Eisuke Sakakibara, ein Elitebürokrat des Finanzministeriums, der unter diesem Titel auch eine Doktorarbeit über das heimische Entwicklungsmodell verfasst hatte. Die These traf zu, aber anders, als vom Autor gemeint: Im Zuge seiner Aufholjagd hatte Japan den kapitalistischen Westen tatsächlich eingeholt. Nun aber besaß es plötzlich kein Vorbild mehr, dem es nacheifern konnte. Es hätte ein eigenes, völlig neues Wachstumsmodell entwickeln müssen. Für eine Wirtschaft, die weitgehend gereift, gesättigt ist, die nicht mehr mit zweistelligen Raten wächst. Und für eine Gesellschaft, die immer älter wird.

Aber statt einer Zukunftsstrategie ersannen heimische Wissenschaftler Theorien, welche die vermeintliche Einzigartigkeit ihres Volkes belegen sollten. »Nihonjinron« – wörtlich übersetzt: »Japaner-Diskurs« – nannten sich die oft aberwitzigen Behauptungen. Die Japaner, hieß es beispielsweise, würden ihr Gehirn anders benutzen als westliche Menschen. Musik würden sie mit der linken Hirnhälfte hören statt mit der rechten. Auch die Verdauungsorgane des Inselvolkes waren demnach anders beschaffen als westliche. Und zwar so, dass ihnen der Verzehr von Importfleisch nicht zugemutet werden dürfe.

Das Jahr 1989 bildete den Höhepunkt der Japan-Blase. Auch in anderer Hinsicht markierte es eine Zeitenwende: Am 7. Januar starb Kaiser Hirohito, er wurde 88 Jahre alt. Damit endete die Ära seiner Herrschaft, »Showa« – »Leuchtender Friede« – genannt, die 1926 begonnen hatte. Spätestens zu diesem Zeitpunkt, so hätte man vermuten können, war die Nation endlich frei, um sich ohne Tabus mit ihrer Kriegsvergangenheit auseinanderzusetzen. Doch das Gegenteil trat ein: Die heimischen Medien unterwarfen sich kollektiver Selbstzensur. Auf fast allen TV-Kanälen liefen tagelang nur noch Trauerprogramme. Japan war zwar ein wirtschaftlicher Riese geworden, aber es war keine offene Gesellschaft.

Auch die übrige Welt geriet 1989 in Bewegung: Im benachbarten China schlugen die kommunistischen Machthaber im Juni die

Demokratiebewegung durch ein blutiges Massaker auf dem Platz des Himmlischen Friedens in Peking nieder. In Berlin öffneten die DDR-Herrscher im November die Mauer. Und auch im übrigen Ostblock stürzte eine rote Diktatur nach der anderen; 1990 zerbrach die Sowjetunion. Der Kalte Krieg war zu Ende. Kapitalismus und Demokratie, so glaubten viele, hatten gesiegt über die Diktaturen marxistischer Prägung.

Die historische Wende inspirierte den amerikanischen Politologen Francis Fukuyama später dazu, das »Ende der Geschichte« auszurufen. Gerade Japan, der asiatische Musterschüler des Kapitalismus, durfte sich nach dieser Sichtweise zu den Siegern zählen. Als die Tokioter Börse am 29. Dezember 1989, dem letzten Handelstag des Jahres, schloss, hatte der Nikkei-Index mit 38 957 Punkten ein Allzeithoch erklommen. Japan schien unbesiegbar.

Zu dieser Zeit aber, als die Wirtschaftsmacht Japan dem Westen noch größte Ängste einflößte, waren den Planern in Tokio insgeheim längst Bedenken gekommen. Die Zentralbank verfolgte mit Sorge, wie das billige Geld, das sie mit ihrer Niedrigzinspolitik in die Wirtschaft pumpte, immer verrücktere Exzesse anfachte. In Tokio wurden Wohnungen angeboten, die durchschnittliche Firmenangestellte sich auch mit einem Vielfachen ihrer Lebenseinkünfte nicht hätten leisten können. Auf Dauer konnte das nicht gut gehen. Im Mai 1989 war die Notenbank in Tokio schließlich nicht länger bereit, das gigantische Casino, das sich Japan nannte, mit billigem Geld zu versorgen. In kurzer Folge erhöhte sie die Zinsen – innerhalb eines Jahres um 100 Prozent.

Anfang 1990 begann die Blase zu platzen. Ausländische Anleger zogen panisch Geld ab. An der Tokioter Börse fielen die Kurse innerhalb eines Jahres um 54 Prozent. Mit Verzögerung krachte es auf dem Immobilienmarkt: Bis Ende der Neunzigerjahre verloren allein Geschäftsimmobilien bis zu 80 Prozent an Wert. Die Japan-Blase war geplatzt.

»Verlorene Jahrzehnte«

Zu Beginn des Jahres 1990 stand Japan vor ähnlichen historischen Herausforderungen wie die damaligen Ostblockstaaten. Das Wirtschaftswunder der Nachkriegszeit, dessen Schwerpunkt auf der Massenfertigung gelegen hatte, war zum Auslaufmodell verkommen. Das wollten viele in Japan und im Ausland zunächst nicht wahrhaben: Japan sei noch aus jeder Krise gestärkt wieder hervorgegangenen, lautete ein häufiges Argument. Tatsächlich aber hat die Börse in Tokio ihren damaligen Höchststand seither nie mehr erreicht.

Nachdem auch der Immobilienmarkt eingebrochen war, konnten der Arzt Sasaki und viele andere Spekulanten die Zinsen für ihre Kredite plötzlich nicht mehr bezahlen. Die Banken saßen auf Bergen von faulen Krediten, die immer höher wuchsen. Doch in Politik und Wirtschaft scheuten sich die Verantwortlichen davor, sich selbst und ihren Landsleuten das Fiasko einzugestehen. Statt die Banken rigoros mit Steuergeldern zu sanieren, verschleierte die Regierung das Ausmaß der Krise. Japan floh vor der Realität – wie so oft.

Im Konsens war die sogenannte Japan AG aufgestiegen, im Konsens schlitterte sie nun in den Abgrund. Die Nation klammerte sich an den fast religiösen Glauben, dass sich die Grundstückspreise erholen würden. Die Politiker handelten wie Ärzte, die einen Drogenabhängigen von seiner Sucht kurieren wollen. Um die Wirtschaft anzukurbeln, legten sie ein Konjunkturprogramm nach dem anderen auf. Auf diese Weise entstanden im ganzen Land neue Straßen und Brücken. Auch neue Freizeitparks, oft noch zur Zeit der Blase geplant, gingen weiterhin in Betrieb. Bei Nagasaki entstand »Huis Ten Bosch«, ein Miniatur-Holland mit originalgetreu nachgebauten Windmühlen und Grachten. In Miyazaki eröffnete eine Art Hawaii unter einem Hallendach mit künstlichen Wellen und Palmenstränden.

Mit seinen Konjunkturspritzen verschuldete sich der Staat immer höher. Zugleich setzten die Politiker die Zentralbank unter Druck: 1992 forderte ein mächtiger LDP-Boss den damaligen Premier auf, er solle den obersten Währungshüter feuern, wenn dieser nicht endlich die Zinsen senke. Die Drohung wurde gehört: Die Notenbank drückte die Zinsen tiefer und tiefer, bis 1995 fielen sie auf 0,5 Prozent. Aber das war erst eine Zwischenetappe einer Politik, die in immer hemmungsloseres Gelddrucken ausartete.

Auch die Wähler wurden unruhig. Sie hatten genug von Firmenbankrotten und steigender Arbeitslosigkeit. Im Sommer 1993 entzogen sie der ewigen Regierungspartei LDP das Vertrauen. Unter dem jugendlich wirkenden Premier Morihiro Hosokawa übernahm eine bunte Koalition von Oppositionsparteien die Macht. Doch schon acht Monate später musste Hosokawa wegen dubioser Geldspenden zurücktreten. Bald darauf schaffte es die unverwüstliche LDP, in einer Koalition mit den Sozialdemokraten an die Regierung zurückzukehren.

Japan machte weiter wie gehabt. Doch dann durchbrachen zwei Ereignisse jäh die Routine; sie sorgten dafür, dass das Vertrauen der Japaner in ihr Staatswesen tief untergraben wurde: Am 17. Januar 1995 erschütterte ein verheerendes Erdbeben die Region um die westjapanische Stadt Kobe, die mit ihrem Containerhafen zu den führenden Wirtschaftszentren des Landes gehörte. Mehr als 6400 Menschen kamen dabei um, fast 44 000 wurden verletzt. Viele waren im Schlaf von dem Beben überrascht worden, das Gebäude, Straßen und Eisenbahnlinien zerstörte sowie große Teile der Hafenanlagen. Viele der Verschütteten starben im Feuer, das nach dem Beben ausbrach. Vergeblich warteten viele auf Hilfe. Die Hubschrauber, die über der brennenden Stadt kreisten, kamen oft nur, um das Desaster von oben zu filmen; sie gehörten Medienhäusern. Die staatliche Obrigkeit versagte dagegen – organisatorisch, technisch und moralisch.

Noch stand die Nation unter dem Schock von Kobe, da wurde sie im März 1995 mit der nächsten Katastrophe konfrontiert: dem Giftgasanschlag auf die U-Bahn von Tokio. Anhänger der Aum-Sekte des halb blinden Gurus Shoko Asahara – mit bürgerlichem Namen hieß er Chizuo Matsumoto – hatten in der morgendlichen Rushhour den chemischen Kampfstoff Sarin freigesetzt. Das Gift befand sich in Plastikbeuteln, welche die Täter mit spitzen Regenschirmen anstachen. 13 Menschen starben infolge des Anschlags, über 6000 Menschen litten unter den Folgen.

Asahara, der einen Vollbart und weiße Gewänder trug, beherrschte angeblich die Kunst, im Schneidersitz zu fliegen. Mit buddhistisch und hinduistisch inspirierten Lehren und Mediationen hatte er vor allem junge Japaner angelockt, die während des Wirtschaftswunders aufgewachsen waren. Bei dem Guru suchten sie eine Alternative zu einer Gesellschaft, die ihnen kaum andere Ziele bot als Arbeit und Konsum. Der Anschlag ließ die Japaner mit einem kollektiven Gefühl der Verwundbarkeit zurück. Die Gerichtsverfahren gegen Asahara und die übrigen Beschuldigten des Anschlags und zahlreicher weiterer Verbrechen zogen sich über Jahre hin. Asahara war einer von 13 Angeklagten, die zum Tode verurteilt wurden.

Im Januar 2018 bestätigte der Oberste Gerichtshof in Tokio in letzter Instanz ein Urteil gegen einen ehemaligen Aum-Funktionär, es lautete auf lebenslänglich. Über 23 Jahre nach dem Anschlag, im Juli 2018, wurden die ersten Todesurteile vollstreckt. Asahara – er war mittlerweile 63 Jahre alt – und sechs weitere Sektenmitglieder wurden erhängt. Über mögliche Lehren, die das Land aus den Verbrechen ziehen könnte, wurde indes kaum diskutiert.

Das Kobe-Erdbeben und der Aum-Anschlag bildeten den schaurigen Prolog zu Japans sogenannten verlorenen Jahrzehnten, die auf die geplatzte Wirtschaftsblase folgten. Die heimischen Finanzinstitute rutschten immer tiefer in die Krise. Um ihre Verluste und die ihrer Stammkunden zu verschleiern, ersannen sie immer neue Tricks.

»Nigiri« hieß eine der illegalen Methoden, mit der beispielsweise Yamaichi, das damals viertgrößte Brokerhaus, ausgewählten Kunden Erträge auf ihre Anlagen garantierte. »Tobashi« – auf Deutsch »wegfliegen lassen« – nannte sich eine weitere Erfindung: Damit verschob Yamaichi Verluste von Anlegern auf externe Konten – und ließ sie so einfach »wegfliegen«.

Anleger und Kunden hatten lange darauf vertraut, dass der Staat keine Pleiten von Finanzinstituten zulassen würde. »Geschwadermethode« nannte sich die Praxis, bei der relativ gesunde Banken auf Druck der Regierung strauchelnde Institute gleichsam in Schlepptau nahmen und mit diesen fusionierten. Doch im Herbst 1997 ließ sich die Finanzkrise nicht länger vertuschen. In kurzer Folge kollabierten das Wertpapierhaus Sanyo, die Hokkaido Takushoku Bank und der Broker Yamaichi Securities. Dramatische Szenen spielten sich ab. Shohei Nozawa, der Chef von Yamaichi, brach vor laufenden TV-Kameras in Tränen aus und gab sich selbst und den übrigen Managern die Schuld für das Debakel. Er rief: »Aber die Angestellten haben keine Schuld. Bitte, helfen Sie den Angestellten, bitte!«

Doch vorerst war Schluss mit der Harmonie. Die Japan AG öffnete ihre Bücher, und überall leuchtete es rot. Allein Yamaichi hatte 260 Milliarden Yen an Wertverlusten erlitten, ohne diese als solche auszuweisen. Ein Institut nach dem anderen wurde abgewickelt, verstaatlicht oder privatisiert. Auch die Haifische des US-Finanzkapitalismus witterten Blut: Die Investmentbank Merrill Lynch übernahm Teile von Yamaichi, ein anderes US-Institut kaufte sich beim Brokerhaus Nikko ein.

Weltweit wuchs damals die Sorge, Japan könnte zum Epizentrum eines globalen Finanzbebens werden. Denn die Regierung in Tokio hatte die Krise im Frühjahr 1997 unnötigerweise noch verschlimmert: Ausgerechnet jetzt fing sie an zu sparen und erhöhte die Verbrauchsteuer. Die Folge: Die Konsumenten gaben plötzlich weniger

Geld aus, der Konjunkturmotor stotterte. Norio Ohga, der damalige Sony-Chef, sah sein Land »am Rand des Kollapses«.

Was die Situation zusätzlich verschärfte: In den Tigerstaaten brach ab Sommer 1997 die sogenannte Asienkrise aus. Das Beben begann in Thailand, dort hatte die neureiche Elite den Bau von Wolkenkratzern, Villen und Luxusautos auf Pump finanziert. Doch unter Attacken ausländischer Spekulanten krachte der Wechselkurs der Landeswährung Baht gegenüber dem amerikanischen Dollar in die Tiefe. Die Thailänder konnten ihre Schulden, die sie in Dollar aufgenommen hatten, plötzlich nicht mehr begleichen. Das Land war pleite. Ähnlich erging es Südkorea: Es schrammte nur mit Hilfe eines Milliardenkredits des Internationalen Währungsfonds knapp an einem Staatsbankrott vorbei.

In früheren Jahren hätte Japan den asiatischen Krisenländern finanziell zu Hilfe kommen können. Doch nun war Asiens Leitgans mit sich selbst beschäftigt. Die USA drängten die Regierenden in Tokio massiv, die Wirtschaft zu sanieren. Japanische Medien klagten über eine »zweite Kriegsniederlage«, denn unter dem Druck der Amerikaner musste das angeschlagene Japan seine oft verschlossenen Finanzmärkte öffnen. Treibende Kraft bei dieser Reform war die Staatsanwaltschaft. Sie ging daran, die Japan AG von den schlimmsten Auswüchsen der Spesenkultur zu säubern. Über hundert Beamte des Finanzministeriums wurden abgemahnt, weil sie sich zu »no-pan shabu-shabu« hatten einladen lassen, einem Fleischfondue, das halb nackte Bardamen ihnen »no-pan«, ohne Höschen, servierten.

Endlich taten Nippons Politiker, was sie längst hätten tun müssen: Sie pumpten zig Billionen Yen in das marode Bankenwesen. Westliche Finanzpolitiker und Notenbanker zogen aus den Versäumnissen der Japaner später ihre Lehren. Als 2008 der Lehman-Schock die Weltfinanzkrise auslöste, fluteten sie ihre eigenen Märkte fast grenzenlos mit billigem Geld. Sie wollten eine »Japanisierung« ihrer Volkswirtschaften unbedingt vermeiden.

Noch weit in die Nullerjahre hinein war Japan mit dem Abbau der faulen Kredite beschäftigt. In Tokio wetteiferten Politiker um Ideen, wie sie die Konjunktur künstlich anfachen könnten. Keizo Obuchi, der damalige Premier, ließ Verbrauchsgutscheine an Haushalte mit Kindern und alten Menschen verteilen. Mit solchen Wohltaten linderte er zwar die Krise, aber er bürdete künftigen Generationen auch höhere Lasten auf. Obuchi bezeichnete sich als »größter Schuldenkönig der Welt«. Das war als Scherz gemeint, aber für Japan war es bitterer Ernst.

Die staatlichen Geldspritzen bewirkten wenig. Sie hielten alte Industrien wie die Baubranche am Leben, doch sie schafften kaum neue, zukunftsträchtige Arbeitsplätze. Joseph Schumpeter, der legendäre Theoretiker des Kapitalismus, prägte einst das Wort von der »kreativen Zerstörung«. Durch den Untergang veralteter Industrien entstünden neue, wettbewerbsfähige Branchen. In Japan aber erstickte der Staat die Kreativität mit dem vielen Geld, das er in die Wirtschaft pumpte. Was dem Land mehr geholfen hätte, wären Unternehmer wie Bill Gates oder Steve Jobs gewesen.

Nippons Niedergang stand damals in krassem Gegensatz zum Comeback der USA: Die westliche Großmacht meldete sich mit der Erfindung des Internets und der Entwicklung überlegener Software zurück. Dagegen wurde Japan zu einem anderen Wort für Tristesse. Quälend langsam, wie in einer nicht enden wollenden Teezeremonie, war die Industrie damit beschäftigt, ihre gewaltigen Überkapazitäten abzubauen. Das galt insbesondere für die Autobauer. Sie hatten in den Achtzigerjahren immer neue Fabriken errichtet und sich immer höher verschuldet.

1999 wurde Nissan durch den französischen Autokonzern Renault gerettet, beide Firmen beteiligten sich gegenseitig an ihrem Aktienkapital. Unter Carlos Ghosn, einem brasilianischstämmigen Manager, der den Spitzenamen »Le Cost-Killer« trug, gelang es Nissan schneller als vielen anderen japanischen Firmen, die Fesseln der heimischen Firmenkultur abzustreifen. Außenseiter Ghosn vollbrachte, wozu sich die im Konsens gefangenen Japaner selbst nicht durchringen konnten: Er baute Tausende Jobs ab und ließ Werke schließen. Statt Zubehör weiter bei Zulieferern aus dem eigenen Konzernverbund zu beziehen, ließ er es dort einkaufen, wo es am billigsten angeboten wurde.

Der »Cost-Killer« waltete brutal, aber er war zumindest aufrichtig. Damit unterschied er sich von vielen japanischen Managern, die ebenfalls Arbeitsplätze abbauten, dabei aber oft klammheimlich vorgingen: Ältere oder überflüssige Mitarbeiter ließen sie mit allerlei Tricks so lange mobben, bis diese von sich aus entnervt kündigten. Wer morgens zur Arbeit kam und einen Kreidekreis um den Bürostuhl gezeichnet fand, oder wer plötzlich das Telefon auf dem Schreibtisch vermisste, begriff: Ich werde hier nicht länger gebraucht.

»Madogiwa-Zoku« – »Fenstersitzer« – nannte man Angestellte, die aus der einst harmonischen Firmenfamilie ausgestoßen wurden. Im Jahr 2001 lernte ich Toshiyuki Sakai kennen, er war 37 Jahre alt und hatte bei einem Computerspiele-Hersteller Software entwickelt. Eines Tages wurde auch er in ein fensterloses Zimmer mit kahlen Wänden versetzt. Ihm wurde gesagt: »Nichts zu tun – das ist ab heute dein Job.« Vier Monate lang saß Sakai tatenlos herum. Die Firma hatte gehofft, er würde von sich aus kündigen. Als er das nicht tat, feuerte man ihn. Sakai protestierte gegen seine Entlassung, womit er eine Ausnahme war. Viele andere, die nicht mehr gebraucht wurden, gingen von sich aus, still und leise. Von Kind auf waren sie dazu erzogen worden, ihrer Umgebung nicht zur Last zu fallen. Viele gaben sich selbst die Schuld am Niedergang ihrer Firmen.

In den Parks von Tokio lernte ich damals viele Männer in Anzug und Krawatte kennen. Sie verließen morgens ihre Wohnungen, damit Ehefrauen, Kinder oder Nachbarn nichts von ihren Entlassungen mitbekamen. Nach und nach ging den arbeitslosen Männern das Geld aus: Sie verschuldeten sich bei Kredithaien, dann verließen sie ihre Familien, weil sie ihr Schicksal nicht länger verheimlichen konnten. Sie schlugen sich als Tagelöhner auf Baustellen durch. Nachts schliefen sie unter blauen Plastikplanen und in Kartons.

Viele Verzweifelte nahmen sich in den langen Krisenjahren nach dem Platzen der Blase das Leben: Bis 2011 brachten sich in Japan jährlich rund 30 000 Menschen um. Im Jahr 2017 war diese Zahl zwar auf etwas mehr als 21 000 Tote gesunken, aber das waren immer noch so viele verlorene Leben, wie mancher Ort Einwohner hat.

Die Hauptstadt Tokio leuchtete auch in den Jahren des Niedergangs weiter im Neonlicht. Wo ist die Krise?, fragten ausländische Besucher immer wieder. Hinter der glitzernden Fassade litt das Land indes weiter. Dutzende Kaufhäuser schlossen ihre Türen. Die Preise sanken, Japan geriet in den Teufelskreis einer moderaten Deflation, also des Preisverfalls: Weil sie um ihre Jobs bangten, gaben die Verbraucher immer weniger für den Konsum aus. Folglich sanken die Gewinne der Firmen, sie investierten kaum noch. Die Unternehmen sparten auch deshalb, weil sie nach dem Schock der geplatzten Japan-Blase extrem risikoscheu geworden waren. Lieber horteten sie ihre Gewinne. Bis September 2017 betrugen ihre Rücklagen insgesamt 406 Billionen Yen – umgerechnet über drei Billionen Euro.

Gleichzeitig kämpfte Japan mit den Folgen der Globalisierung: Immer mehr Firmen verlegten die Produktion in Niedriglohnländer, vor allem nach China. Ganze Regionen wurden industriell ausgehöhlt, denn mit den Konzernen wanderten oft auch deren Zulieferer ab. Je rasanter China aufstieg – wirtschaftlich, politisch, militärisch –, desto mehr wuchs in Japan die Angst vor dem Nachbarn. Bücher über »Chugoku Kyoi-ron« – den »Diskurs über die China-Gefahr« – füllten in den Buchläden zeitweise ganze Regale.

Ein Unternehmer, der dagegen ein neues Japan verkörperte und trotz Krise prosperierte, war Tadashi Yanai, der Gründer der Textilkette Uniqlo. Er war der Gewinner der Deflation und einer ihrer aggressivsten Antreiber. Yanai hatte einst im Modehaus seines

Vaters in der westjapanischen Stadt Ube angefangen zu arbeiten. 1984 gründete er dann in Hiroshima seinen ersten eigenen Laden. Mit Fleecejacken und anderen Billigtextilien, überwiegend gefertigt im Niedriglohnland China, bediente er das Bedürfnis der sparsam gewordenen Landsleute nach preiswerter Kleidung. Er baute Uniqlo in den Neunzigerjahren zu einer Weltmarke auf, die inzwischen mit westlichen Labels wie H&M und Zara konkurriert. »Die Welt kleidet sich heute überall gleich«, sagte Yanai, als er mich 2014 in der Zentrale von Fast Retailing, seiner Holdingsgesellschaft in Tokio, empfing. »Textilien betrachten wir als Zubehör, aus dem die Menschen ihre Kleidung kombinieren können.« Dieses Verkaufskonzept komme überall gut an, in New York, London oder Berlin.

Yanai war klein gewachsen, seine Haare hatte er militärisch kurz geschoren. Mit der Höflichkeit traditioneller japanischer Bosse hielt er sich nicht lange auf. Er sprach in knappen Sätzen und kam schnell zur Sache. Kleidung war für ihn nur eine Ware. Dass er mit seiner Strategie eingesessene Konkurrenten verdrängte, störte ihn nicht weiter. Japans Einzelhandel sei hoffnungslos veraltet, sagte er. »Vielen Wettbewerbern, die untergegangen sind, fehlte der Unternehmergeist, um sich an neue Zeiten anzupassen.«

Yanai verkörperte die ultimative Logik des Kapitalismus. Letztlich war er aber auch selbst ein Gefangener dieses Systems: Ihm blieb nichts anderes übrig, als global immer weiter zu expandieren. Denn auf seinem alternden, schrumpfenden Heimatmarkt drohten langfristig nicht nur die Kunden auszusterben. Yanai hatte zeitweise auch Schwierigkeiten, genügend Verkäufer zu finden, die bereit waren, in seinen Filialen ohne feste Verträge und zu niedrigen Löhnen zu arbeiten. Solche Bedingungen empfanden viele als Zumutung. Yanai blieb daher nichts anderes übrig, als wieder festere Anstellungsformen auszuprobieren, um Personal langfristig an die Firma zu binden.

Letztlich kämpfte der Uniqlo-Gründer mit einem Dilemma, das Deflationsgewinnler wie er mitverursacht hatten: Auf der einen Seite verhalfen sie den Verbrauchern zu immer billigeren Importwaren. Auf der anderen Seite aber vernichteten sie die industrielle Basis in der Heimat – und damit auch die Jobs derjenigen, die ihre Waren kaufen sollten. Die Japaner lieferten sich einen Wettlauf nach unten. »Gekiyasu« – »superbillig« – lautete die Werbung, die sie zum Konsum animieren sollte. Auf ähnliche Weise wurde damals in Deutschland mit der Parole »Geiz ist geil« zur kollektiven Schnäppchenjagd geblasen. Die gesellschaftlichen Kosten für das Fest der billigen Preise wurden in jedem Fall auf künftige Generationen verlagert.

Ab 2001 feuerte Premier Junichiro Koizumi diesen Trend mit einer neoliberalen Wirtschaftspolitik noch an: Er lockerte Regeln und Vorschriften und ließ die Ausgaben für das Sozialsystem zurückfahren. Auch machte er Tempo bei der Sanierung des maroden Bankenwesens. Bis 2007 hatten die Institute ihre faulen Kredite mit staatlicher Hilfe großteils abgebaut. Von einst 21 Großbanken blieben nach Pleiten und Fusionen nur drei führende Institute übrig. Die Wirtschaft erholte sich. Das lag auch daran, dass heimische Hersteller am Aufstieg der chinesischen Weltfabrik mitverdienten – als Exporteure von Zubehör und mit eigenen Fabriken vor Ort.

Das folgenreichste Projekt der Ära Koizumi war die Liberalisierung des streng regulierten Arbeitsmarkts im Jahr 2004. Die Reform war ein Dammbruch für das Land, das lange stolz gewesen war auf lebenslang sichere Arbeitsplätze. Hersteller wie Toyota ersetzten fest angestellte Arbeiter in großem Stil durch nicht reguläre Arbeitskräfte. Binnen vier Jahren erhöhte sich die Zahl der Leiharbeiter auf rund ein Drittel des Fabrikpersonals.

Die Reform des Arbeitsmarktes vergrößerte den Abstand zwischen Arm und Reich, wobei die Situation durch den Lehman-Schock, die Insolvenz der gleichnamigen US-Investmentbank im Jahr 2008, noch verschärft wurde. Die Folgen der weltweiten Finanzkrise trafen Nippons Industrie auf breiter Front: Plötzlich hatten Verbraucher in Europa und Amerika kein Geld mehr übrig, um japanische Autos oder Flachbildschirme zu kaufen. Auch China bestellte kaum noch Hightech aus Japan.

Zum Symbol der Malaise wurde ausgerechnet Toyota: Der heimische Autoriese verkündete seinen ersten Nettoverlust seit 1950 – ein Jahr zuvor hatte er noch einen Rekordgewinn ausgewiesen. Beschäftigte und Zulieferer bangten um ihre Existenz, besonders in der Gegend um Nagoya, der westjapanischen Heimat von Toyota. Hier sprachen die Menschen nicht vom »Lehman-Schock«, sondern vom »Toyota-Schock«. Der wichtigste Arbeitgeber der Region fuhr die Produktion drastisch zurück und setzte massenhaft Leiharbeiter vor die Fabriktore. Viele Zulieferer taten das Gleiche. Ähnlich düster sah es in anderen Branchen aus. Die Reservearmee des Turbo-Kapitalismus wurde nicht mehr gebraucht.

Innerhalb weniger Wochen verloren im ganzen Land rund 400 000 Leiharbeiter ihre Jobs. Und mit den Jobs verloren sie meist auch ihre Unterkünfte in den firmeneigenen Wohnheimen. Allenthalben irrten obdachlose Männer mit Rucksäcken durch die Städte. Die winterlich kalten Nächte verbrachten sie oft im Freien. Um den Jahreswechsel 2008/09 wurde das Elend der Geschassten so offensichtlich, dass Freiwilligen-Organisationen im Hibiya Park mitten in Tokio ein Zeltlager aufschlugen und Suppenküchen einrichteten. Sie nannten es »Leiharbeiter-Dorf«.

Einige der schlimmsten Auswüchse der Leiharbeit wurden später gesetzlich abgemildert. Doch auf eine Rückkehr zur harmonischen Firmenkultur der Japan AG konnte niemand hoffen. Die Opfer der Rezession blieben mit ihrem Leid allein, sie verkrochen sich lieber vor der Gesellschaft, als dieser zur Last zur fallen. In Osaka wurde ein 49-jähriger Computerfachmann tot in seiner Wohnung aufgefunden, er war verhungert. Etwa einen Monat hatte er in seinem Apartment gelegen, ohne dass ihn jemand vermisst hätte. Als die Ärzte seinen Leichnam obduzierten, staunten sie, dass sein Magen fast leer war. Der Mann hatte bis ein Jahr vor der Lehman-Pleite als

Entsendekraft in einer Bank gearbeitet. Als er krank wurde, musste er aufhören. Später gelang es ihm dann nicht mehr, in den Arbeitsmarkt zurückzukehren. Auf dem Fußboden seiner Wohnung lagen Magazine für Jobsucher sowie ein Bewerbungsformular, auf dem er noch seinen Lebenslauf eingetragen hatte.

Auch wenn die Japaner nicht gegen die wirtschaftliche Misere protestierten: Von der ewigen Regierungspartei LDP erwarteten sie keine Rettung mehr. Ende August 2009 verhalfen sie erstmals seit 16 Jahren wieder einer Koalition von Oppositionsparteien an die Macht. Angeführt wurde die neue Regierung von Premier Yukio Hatoyama und seiner Demokratischen Partei, abgekürzt DPJ. Die Partei war indes innerlich gespalten in einen rechten und einen linken Flügel. Die neue Regierung war somit praktisch schon gescheitert, bevor sie ihre Arbeit aufnahm.

Dabei verfügte Hatoyama selbst eigentlich über günstige Voraussetzungen, um eine Brücke von der Tradition in die Zukunft zu schlagen. Der gelernte Wirtschaftsingenieur stammte aus dem heimischen Polit- und Industrieadel. Sein Großvater hatte als Premier gedient, sein Vater als Außenminister, und sein Großvater mütterlicherseits hatte einst den japanischen Reifenhersteller Bridgestone gegründet. Seinen Doktorgrad hatte Hatoyama an der US-Universität Stanford erworben.

Hatoyama war Jahre zuvor aus der LDP ausgetreten. Weil er stets etwas entrückt wirkte, trug er den Spitznamen »Außerirdischer«. Und dann war da auch noch seine extravagante Frau Miyuki, eine frühere Schauspielerin, die vielen noch fremdartiger erschien. Sie hatte ein Buch geschrieben über eine extraterrestrische Erfahrung. Sie sei von Aliens auf die Venus entführt worden, dort sei es »sehr schön« gewesen und »sehr grün«. Aber solche Exzentrizitäten störten die Mehrheit der Wähler nicht. Denn Hatoyama versprach ihnen, was noch keiner seiner Vorgänger ernsthaft versucht hatte: die allmächtige japanische Bürokratie zu zähmen.

Statt Steuergelder in fragwürdige Prestigeprojekte zu stecken, wollte Hatoyama sie umlenken – »vom Beton zu den Menschen«, wie sein Slogan lautete. Damit begeisterte er anfangs auch reformwillige Beamte. Doch Hatoyama und seine neue Regierungsmannschaft begingen einen fundamentalen Fehler: Statt die Kompetenz der Beamten für sich zu nutzen, setzten sie diese öffentlich auf die Anklagebank. Vor laufenden Fernsehkameras mussten die Staatsdiener ihre Projekte erläutern und rechtfertigen. Dabei wurden sie von DPJ-Politikern oft regelrecht abgekanzelt. Schon nach wenigen Wochen hatte die neue Regierung einen Großteil der Beamten gegen sich aufgebracht.

Hatoyama weckte auch das Misstrauen der USA, der ehemaligen Besatzungsmacht, ohne deren Wohlwollen in Tokio niemand effektiv regieren kann. Mal stellte er bilaterale Absprachen über die amerikanische Militärpräsenz auf der südlichen Insel Okinawa infrage, mal schlug er China die Gründung einer »Ostasiatischen Gemeinschaft« vor – nach Vorbild der EU. Darüber waren auch proamerikanische Kräfte in der eigenen Regierung alarmiert. Ob Zufall oder nicht: Damals begann die Staatsanwaltschaft, sich ungewöhnlich gründlich mit den Finanzen des Premiers und anderer führender DPJ-Politiker zu befassen. Immer neue Indiskretionen über Hatoyama wurden lanciert. Statt über politische Reformprojekte zu diskutieren, waren die Medien besessen von Hinweisen, dass Hatoyamas Büro selbst Tote auf der Liste angeblicher Parteispender geführt hatte. Zwar überstand er den Skandal straffrei. Doch der politische Neuanfang war vermasselt. Im Juni 2010, nach weniger als einem Jahr, trat Hatoyama zurück.

Trotz wechselnder Regierungen blieben die wirtschaftlichen Herausforderungen für Japan dieselben: das flaue Wachstum seit der Lehman-Krise, die Deflation und der Schuldenberg, den der Staat im Zuge seiner vielen Konjunkturprogramme immer höher anhäufte. Im Sommer 2010 wurde Japan von China als zweitgrößte Volkswirtschaft nach den USA überholt. Zu der wirtschaftlichen Herausforderung durch den aufstrebenden Nachbarn gesellten sich verstärkte Ängste vor dessen militärischer Bedrohung.

Anfang 2011 hatte auch Hatoyamas Nachfolger, Naoto Kan, sein politisches Kapital verbraucht. Die oppositionelle LDP forderte seinen Rücktritt oder Neuwahlen. Just in dem Moment, als Kan sich im Parlament gegen Angriffe der Opposition rechtfertigen musste, bebte in Nordostjapan die Erde. Im Fernsehen sah man, wie Kan erschrocken zur Decke emporblickte.

Das war am 11. März 2011, dem Tag des Erdbebens, des Tsunamis und der dann folgenden Reaktorkatastrophe. Die bisher schwerste Krise der Nachkriegszeit begann. Die Demokraten hätten sie nutzen können, um Japan von Grund auf zu erneuern. Doch die Kräfte der Beharrung – Politiker, Bürokraten, Wirtschaftsbosse – waren zu mächtig. Die oppositionellen Liberaldemokraten verweigerten sich einer Regierung der nationalen Einheit, die Kan ihnen in der Krise antrug. Sie dachten nicht daran, Mitverantwortung für das Desaster von Fukushima zu übernehmen.

Indes scheiterten die regierenden Demokraten nicht nur an Fukushima. Was ihnen auch zum Verhängnis wurde, war die Tatsache, dass die Staatsschulden immer höher wuchsen. Der Staat gab bereits viel mehr aus, als er an Steuern einnahm; der Wiederaufbau des verwüsteten und verstrahlten Nordostens kostete nun zusätzlich Geld. Im Sommer 2012 leitete der Premier – er hieß inzwischen Yoshihiko Noda – Schritte ein, um die Staatsfinanzen in Ordnung zu bringen. Er brachte ein Gesetz durch das Parlament, das vorsah, die Verbrauchssteuer bis 2015 schrittweise auf zehn Prozent zu erhöhen. Damit spaltete er indes seine eigene Partei, plötzlich stand er ohne eigene Mehrheit im Parlament da. Um neue Staatsanleihen auszugeben, musste er die oppositionellen Liberaldemokraten um Zustimmung bitten. Die willigten ein – aber unter einer Bedingung: Noda solle das Unterhaus auflösen und Neuwahlen ausrufen.

So kam es dann auch. Im Dezember 2012 errang die LDP mit ihrem Spitzenkandidaten Shinzo Abe einen Erdrutschsieg und holte sich die Macht zurück, die sie seit dem Krieg bereits jahrzehntelang ausgeübt hatte. Ausgerechnet Abe, der sein Amt als Premier 2007 nach nur einem Jahr hingeschmissen hatte, bot sich jetzt als Retter in der Not an. Doch er und seine Partei hatten eben das Glück, dass sie zur Zeit des Fukushima-Desasters auf den Oppositionsbänken gesessen hatten. Nun kündigten sie an, das Nachkriegssystem reformieren zu wollen, das sie zuvor selbst heruntergewirtschaftet hatten.

Der neue alte Premier versprach, aus Japan wieder ein »schönes Land« zu machen – so lautete der Titel seines wichtigsten Buches. Das klang reichlich blumig, fast so wie die shintoistische Schöpfungsgeschichte. Natürlich war das kein Zufall, denn die politischen Ideen, mit denen Shinzo Abe Japan retten wollte, bezog er letztlich aus der Vergangenheit des Landes.

Kapitel IV

SONY & CO.: EIN NACHRUF

Der Traum vom »Astro Boy«

Kosaka Cocona begann zu tanzen. Im Rhythmus der japanischen Popmusik wog sie ihren zierlichen Körper. Sie reckte ihre Arme, graziös schob sie ein Bein vor das andere. Kosaka war nur 45 Zentimeter groß, sie hatte blaue Augen und rote Haare. Sie sah aus, als sei sie einem Manga-Heft entsprungen. Doch anders als eine Comic-Heldin, die auf Papier gezeichnet ist, bewegte sie sich exakt so, wie es ihr Besitzer wollte. Sie war ein Roboter, individuell programmierbar, per Mausklick am Computer.

Die Vorstellung war zu Ende, Kosaka hing nun wieder leblos an dem Gestell, das an ihrem Rücken befestigt war. Tomoaki Kasuga, der Erfinder des Manga-Roboters, nickte zufrieden. Er war der Gründerboss von »Speecys«, einer Roboter-Firma im Westen von Tokio. »Mit Kosaka Cocona ist uns ein Durchbruch gelungen«, sagte er. Anders als herkömmliche Roboter bewegte die neue Figur ihre einzelnen Glieder nicht mit jeweils schweren Motoren, sondern mit dünnen Kunststofffäden, die wiederum von einem zentralen Antrieb aus gelenkt wurden. »Deshalb ist der Roboter nicht klobig, sondern schlank und elegant.«

Kasuga war 61 und hatte graue Haare, aber er begeisterte sich wie ein verspielter Junge für seine Produkte. Nach und nach schleppte er ältere Roboter aus seiner Werkstatt an, die er im Laufe der Jahre entwickelt hatte. Sie sahen noch vergleichsweise ungelenk aus, wie Maschinen auf zwei Beinen. Doch mit dem Manga-Roboter war

Kasuga seinem Ideal eines Roboters in Menschengestalt näher gekommen. Als Nächstes wollte er einen Prototyp entwickeln, der noch natürlicher, noch menschlicher aussehen sollte. Er sollte dreimal so groß werden wie Kosaka Cocona, etwa so groß wie eine durchschnittliche Japanerin.

Mit seiner Firma hielt Kasuga einen Traum wach, dem große Teile der japanischen Elektronikindustrie lange angehangen hatten: Roboter auf zwei oder vier Beinen zu entwickeln, die sich so natürlich bewegen wie Menschen oder Tiere. Kasuga war aufgewachsen mit »Tetsuwan Atomu«, dem Helden einer Comic-Serie aus den Fünfzigerjahren, die auch verfilmt wurde. Der Roboter – im Westen als »Astro Boy« bekannt – war ein gutmütiges Wesen. Er ging mit Menschenkindern gemeinsam zur Schule, besaß ein Herz in Form eines Atomreaktors, ein Computergehirn, Raketen in den Füßen und ein Maschinengewehr im Hintern.

Roboter verkörperten die kollektive Begeisterung für Technik und den Glauben an die Zukunft, der Japan in Zeiten des Wirtschaftswunders anspornte. Sie symbolisierten den Ehrgeiz der sogenannten Japan AG, die Welt mit immer neuen Produkten zu überraschen. Und diesen Anspruch erfüllte insbesondere Sony, der Elektronikhersteller, bei dem Kasuga gearbeitet hatte, bevor er sich selbstständig machte.

Bei Sony hatte Kasuga den Roboterhund Aibo mitentwickelt, der 1999 auf den Markt kam. Der Vierbeiner konnte selbstständig über Wohnzimmerteppiche krabbeln, Pfötchen heben und auf Lob oder Tadel reagieren. Kasuga und seine Kollegen sahen in Aibo das perfekte Maskottchen für Sony, denn die globale Kultmarke wollte den Alltag der Verbraucher durch Hightech revolutionieren. Dieses Ziel hatten die Sony-Gründer Masaru Ibuka und Akio Morita seit 1946 stets verfolgt. Noch Ende der Siebzigerjahre waren sie diesem hohen Anspruch gerecht geworden, insbesondere mit der Erfindung des Walkmans, des tragbaren Musikabspielgeräts.

Für Sony und seine Entwickler war Aibo keine Spielerei. Mit seiner Hilfe wollten sie ein neues Kapitel Technologiegeschichte schreiben. Sie sahen Aibo als evolutionäre Vorstufe einer Art Science-Fiction-Zukunft, in welcher der menschliche Alltag mit der virtuellen Realität verschmelzen sollte. Heute spricht fast die ganze Welt über virtuelle Realität; schon Schulkinder lernen Fachbegriffe der Robotik wie »Uncanny Valley«, das »Unheimliche Tal«, wobei es um die Frage geht, inwieweit künstliche Figuren von ihren menschlichen Benutzern akzeptiert werden. Doch damals führten die Japaner die Debatte an. Und Sony wollte die Geräte und Technologien für die neue Ära liefern.

Nobuyuki Idei, der damalige Konzernchef, malte seine ehrgeizige Strategie aus, als er meinen SPIEGEL-Kollegen Alexander Jung und mich im Jahr 2000 in der Tokioter Sony-Zentrale empfing. Damals strotzte Sony nur so vor Selbstbewusstsein. Noch bevor Idei seinen Posten antrat, hatte er gar erwogen, Apple zu übernehmen, den damals strauchelnden amerikanischen Computerhersteller. Im Nachhinein kann man sagen: Für Apple und den Rest der Welt war es wohl ein Glück, dass es dazu nicht kam, denn sonst hätte es den iPod, das iPhone oder das iPad vermutlich nie gegeben.

Doch damals hörte sich der Sony-Chef so visionär an, als sei er ein japanischer Steve Jobs. »Heute ist die virtuelle Welt nur auf dem Monitor zu sehen«, sagte er. »Morgen wird sie die reale Welt mit einbeziehen, auf der Straße, im Auto oder im Büro. Aibo ist der erste Schritt auf diesem Weg. Das Nächste wird ein Roboter mit menschlichen Zügen sein.«

Doch sechs Jahre später – Idei war bereits als Konzernchef abgetreten – stellte Sony die Produktion von Aibo kleinlaut ein. Roboterentwickler Kasuga hatte schon vorher gekündigt. Er spürte, dass seine Chefs das Interesse an dem Roboterhund verloren hatten. Vom Erfindergeist der Gründerära war kaum noch etwas zu spüren. Bei Sony habe sich eine Kollektivkultur breitgemacht, sagte er. »Wenn jemand eine brillante Idee vorbrachte, meldeten zehn Kollegen Bedenken an.«

Statt Weltneuheiten hervorzubringen, kämpfte Sony fortan gegen den Abstieg. Im Herbst 2017 kündigte das Unternehmen zwar überraschend an, Aibo wiederzubeleben. Aber als der einstige Aibo-Entwickler Kasuga die neue Version des Roboterhundes sah, war er enttäuscht. Aibo sollte künftig über WLAN mit einer Cloud verbunden sein. »Doch dafür braucht man keinen Roboter, dafür kann man sich auch einen Lautsprecher mit künstlicher Intelligenz etwa von Google oder Amazon hinstellen«, sagte Kasuga. Und überhaupt habe der originale Aibo viel futurischer ausgesehen als der Nachfolger.

Tatsächlich hatte die Reanimierung von Aibo etwas Verzweifeltes an sich. Sony schien plötzlich aufgewacht zu sein und nun, reichlich spät, zu versuchen, an einstige Stärken anzuknüpfen. Ähnlich verhielt es sich mit dem übrigen Japan: Um dem Land international wieder zum Anschluss zu verhelfen, hatte Premier Shinzo Abe offiziell eine »Roboter-Revolution« ausgerufen. Doch amerikanische Konkurrenten wie Apple, Google und Co. waren in der neuen Ära der künstlichen Intelligenz längst vorausgeeilt. Sony spielte bei diesem Zukunftstrend kaum noch eine Rolle.

Der Fall Sony zeigt, wie flüchtig der Erfolg einer Marke im Zeitalter von Globalisierung und Digitalisierung sein und wie schnell er verspielt werden kann. Das Schicksal des Konzerns ist keine Ausnahme, vielmehr steht Sony für Herausforderungen, mit denen sich Japan insgesamt konfrontiert sieht. Und nicht nur Japan, sondern auch die übrige industrialisierte Welt. Man denke nur an die deutsche Autoindustrie, die viel zu lange, zu stur und zu stolz am Verbrennungsmotor festgehalten hat und nun gezwungen ist, sich mit dem Elektroantrieb technologisch neu auszurichten.

Nicht nur Sony, auch andere japanische Elektronikhersteller mussten sich in den vergangenen Jahren von ihrem einstigen globalen Führungsanspruch verabschieden. Jene Branche der japanischen Wirtschaft, die weltweit bewundert und gefürchtet worden und die neben dem Autobau die wichtigste Säule der heimischen Industrie gewesen war, bot inzwischen nur noch ein klägliches Abbild früherer Größe.

Gewiss, der Verdrängungswettbewerb globaler Firmen gehört zum kapitalistischen Alltag wie Gewinn und Verlust. Er spiegelt das Prinzip der »kreativen Zerstörung« wider, wie es der Ökonom Joseph Schumpeter definierte. Und natürlich kommt der Niedergang von Firmen nicht nur in Japan vor. Aber in kaum einem führenden Industrieland stieg eine Kernbranche so schnell und so dramatisch ab wie die Elektronikindustrie in Japan. Im Jahr 2000 produzierte Japans einstige Vorzeigebranche noch Elektronik im Wert von 26 Billionen Yen, rund zehn Jahre später war dieser Betrag um über die Hälfte geschrumpft. »Kreativ« war an diesem rapiden Verfallsprozess wenig, hier wirkte vor allem die Kraft der Zerstörung.

Der Niedergang der japanischen Elektronikindustrie war nicht nur hausgemacht, er hatte auch globale Ursachen: Nach dem Ende des Kalten Krieges, also seit Ende der Achtzigerjahre, drangen neue Wettbewerber wie China auf den Weltmarkt. Dank des technologischen Fortschritts, beispielsweise in Form der Mikrochips, konnten sie die nötigen Zubehörmodule für ihre Produkte bequem und billig einkaufen, statt sie selbst von Grund auf neu entwickeln zu müssen. Dieser technologische Fortschritt traf auch westliche Konzerne wie etwa Siemens. Doch diese reagierten darauf oft flexibler und rigoroser als japanische Konzerne, indem sie sich von Geschäftsfeldern trennten, die nicht mehr oder kaum noch profitabel waren, beispielsweise bei der Produktion von Mobiltelefonen. Ganze Sparten wurden verkauft oder in Tochtergesellschaften auslagert; die Firmen konzentrierten sich dann verstärkt auf ihre Kernkompetenzen.

Dagegen versuchten die Japaner viel zu lange, ihr bewährtes Wachstumsmodell, eine breite Palette von Massenprodukten herzustellen, in das Zeitalter von Internet und Digitalisierung hinüberzuretten. Die gleichen Ursachen, die einst den Aufstieg der japanischen Wirtschaftsnation beflügelt hatten, hemmten jetzt den nötigen Umbau: Die Japaner hätten ihre Firmenkultur erneuern müssen, sie hätten ihre Beschäftigten zu Innovationen ermutigen müssen, statt sie weiterhin für Anpassung zu belohnen. Hinzu kam: Viel zu lange schottete Japan seinen Markt mit staatskapitalistischen Methoden vor ausländischer Konkurrenz ab. Das Land glich einem stickigen Zimmer, das dringend hätte gelüftet werden müssen.

Der Hang zur Abschottung wurde durch den Umstand befördert, dass Japan eine Insel ist: Davon hatten heimische Firmen zwar lange profitiert, denn auf ihrem oft überteuerten Binnenmarkt kassierten sie von den Verbrauchern das Geld, mit dem sie dann ihre Exportoffensiven finanzierten. Doch nun förderte die Isolation oft Bequemlichkeit, die Firmen versäumten es, sich rechtzeitig für neue globale Trends zu wappnen.

So verschliefen die Japaner in den Achtzigerjahren weitgehend das Internet, weil sie zunächst kaum Computer nach dem damals international üblichen IBM-Standard herstellten, sondern vor allem heimische Modelle produzierten, die speziell auf die Benutzung japanischer Schriftzeichen ausgerichtet waren. Als Microsoft jedoch sein Betriebssystem Windows 95 herausbrachte, welches das bequeme Hin-und-Her-Schalten zwischen japanischen Schriftzeichen und lateinischen Buchstaben ermöglichte, gerieten Nippons Hersteller mit ihren Geräten in die Defensive.

Ähnlich erging es japanischen Elektronikkonzernen mit Fernsehern, Handys und Waschmaschinen. Wer spricht heute beispielsweise noch von der Traditionsmarke Sharp? Sie geriet im Frühjahr 2016 unter die Kontrolle von Foxconn, einem taiwanesischen Elektronikzulieferer. Der Besitzerwechsel hatte Symbolwert: Foxconn, das von seinem charismatischen Gründer Terry Gou geführt wird, gehört zu den größten Gewinnern der Globalisierung. In seinen

Fabriken in Festland-China beschäftigt es schätzungsweise über 1,2 Millionen Arbeiter, die unter anderem Apple-Geräte wie iPhone und iPad montieren. Sein Erfolg spiegelt die globale Arbeitsteilung des 21. Jahrhunderts wider, in der Weltmarken wie Apple ihre Produkte oft nur noch entwerfen und die nötige Software dazu liefern. Die Hardware lassen sie dagegen in Billiglohnländern fertigen – von Zulieferern wie Foxconn.

Oder was wurde aus Sanyo, einst ebenfalls eine japanische Hausmarke? Sie existiert oft nur noch in der Erinnerung älterer Japaner. Sanyos Sparte für Haushaltsgeräte wie Kühlschränke und Waschmaschinen wurde an den chinesischen Hersteller Haier verkauft. Der Rest der Produktpalette – darunter die zukunftsträchtige Batterietechnologie – wird überwiegend unter dem Dach des einstigen Wettbewerbers Panasonic weitergeführt. Und Panasonic selbst? War einst ebenfalls bekannt für Verbraucherelektronik. Heute macht der Konzern dagegen vor allem als Batterielieferant für Elektroautos von sich reden.

Der Abstieg von Sony überraschte die Welt indes besonders krass. Das Drama des Niedergangs spielte sich in mehreren Etappen ab: Über Jahre hinweg hat der Konzern nach und nach wichtige Sparten wie Computer und Fernseher ausgelagert, zahlreiche Fabriken geschlossen, Zehntausende Jobs gestrichen. Eine Weltneuheit hat Sony schon lange nicht mehr herausgebracht.

Den hohen Maßstab dafür hatte es 1979 selbst gesetzt – eben mit dem legendären Walkman. Die Idee für das Produkt stammte von Ibuka, dem älteren der beiden Firmengründer. Von seinen Technikern verlangte er die Entwicklung eines handlichen, tragbaren Stereogeräts, um auf Geschäftsreisen Musik hören zu können. Sein Partner Morita ersann dann die geniale Marketingstrategie, die aus dem Walkman ein Kultprodukt machte. Einige der damaligen Walkman-Werbespots sind heute noch auf YouTube zu sehen, darunter einer mit einem Affen, der einen Kopfhörer trägt. Das Video endet mit dem Satz: »It's a Sony.« Heute wirft die Firma dagegen eine Frage auf, sie lautet: »What is Sony?« Wofür steht die einstige Erfolgsmarke eigentlich noch?

Mit der Freude am Tüfteln, die Ibuka und Morita vorlebten, bringt man Sony kaum noch in Verbindung. Das Beispiel der beiden Gründer zeigt, wie stark erfolgreiche Unternehmen von charismatischen und visionären Persönlichkeiten abhängen. »Ibuka und Morita schauten regelmäßig bei den Technikern vorbei und ließen sich über neue Entwicklungen informieren«, sagt Satoru Maeda. Der frühere Sony-Manager war einst für die Entwicklung des Airboard zuständig, des ersten drahtlosen Fernsehers. Das Gerät verfügte indes noch nicht über einen Touchscreen, und es ging nie in Serie. Die Enttäuschung darüber hatte Maeda auch Jahre später noch nicht verwunden, sie war ihm jedes Mal anzusehen, wenn ich mich mit ihm in Tokio zum Kaffee verabredete. Mit dem Airboard, berichtete er, habe Sony im Jahr 2000 praktisch die Entwicklung zu Tablet-PCs wie dem iPad vorweggenommen. Er war sich sicher: Hätten damals noch Ibuka und Morita das Sagen gehabt, hätte Sony mit dem Airboard die Zukunft der mobilen Unterhaltung vorgeben können.

Tatsächlich versammelte Sony im eigenen Hause fast alle Talente und Technologien, die im digitalen Zeitalter gebraucht werden. Was fehlte, waren Chefs, die das vorhandene Know-How bündelten und dafür sorgten, dass es in marktreife Produkte verwandelt wurde – eben Bosse wie Ibuka und Morita. Sie hatten die Angewohnheit, neue Geräte mit nach Hause zu nehmen, um sie auszuprobieren. Danach kehrten sie oft mit eigenen Verbesserungsvorschlägen zurück in die Labors. Worauf sie achteten, war die Perspektive der Verbraucher, die die Produkte kaufen und benutzen sollten.

Möglicherweise liegt hier der wesentliche Unterschied zwischen Sony einst und Sony heute. »Die Sony-Techniker wurden zu Höchstleistungen motiviert, weil sie Masaru Ibuka und Akio Morita erfreuen wollten«, sagt Maeda. Gewiss, die Chefs konnten hart im

Umgang sein, doch sie wussten auch, dass sie ihren Angestellten Freiräume gewähren mussten. Dieses Prinzip schrieb Ibuka in einer Art Firmenverfassung nieder, die nicht nur für Japan revolutionär war. Altgediente Sony-Leute wie Maeda können sie noch auswendig aufsagen: »Die ideale Fabrik erzeugt einen Geist der Freiheit und ein Klima der Offenheit, in dem wirklich motivierte Ingenieure ihre besten technischen Fähigkeiten entfalten können.«

Auch Norio Ohga, der nächste legendäre Sony-Boss, verkörperte den kreativen Gründergeist. Der gelernte Opernsänger war verantwortlich für die Einführung der Audio-CD, die damals die Schallplatte ablöste. Im Firmen-Jet flog er schon mal um die halbe Welt, um Orchester wie die Berliner Philharmoniker zu dirigieren. Als Nachfolger installierte er dann Idei, der das Unternehmen ab 1995 führte.

Idei war der erste Boss, der kein neues Sony-typisches Produkt hervorbrachte. Das erwartete anfangs auch kaum jemand von ihm. Er wurde vielmehr deshalb zum Chef ernannt, weil er ein Konzept für die Digitalisierung der damals noch analogen Produktpalette vorgelegt hatte. Idei wollte Sony für das Zeitalter des Internets praktisch neu erfinden. Er wollte dem Konzern ein Ziel vorgeben, das über reine technische Tüftelei hinausreichte. Er wollte aus seinen Leuten »Digital Dream Kids« machen, wie er es formulierte. Sie sollten Sonys Kernprodukte – Kameras, Fernseher, Handys, Computer – zu einem digitalen Netzwerk verknüpfen. Idei war kein Techniker, er war als Manager im Schallplattengeschäft der Firma aufgestiegen. Er sah elektronische Hardware praktisch nur noch als Vehikel, um den Verbrauchern Inhalte zu verkaufen: Filme, Musik, Bücher und andere Produkte bis hin zu Finanzdienstleistungen.

Er verfolgte eine Strategie, wie sie dann später von Apple mit der Musikplattform iTunes realisiert wurde. Dabei verfügte Sony ursprünglich über viel bessere Voraussetzungen als der US-Konkurrent, um Elektronik und Entertainment zu verschmelzen. Bereits

Ende der Achtzigerjahre, im Kaufrausch der Japan-Blase, war Sony mit der Übernahme der Plattenfirma CBS und der Columbia-Studios in Hollywood in das Unterhaltungsgeschäft eingestiegen. Doch diese Neuerwerbungen blieben im Konzern lange Fremdkörper. Insbesondere der Kauf von Columbia – für den Sony 3,4 Milliarden US-Dollar ausgegeben hatte – belastete die Bilanz auf Jahre. Zudem machte die Sony-Zentrale einen Fehler, den auch andere japanische Konzerne bei Übernahmen in den USA begingen: Sie gewährte den US-Managern weitgehend freie Hand. Dabei mag auch ein kultureller Minderwertigkeitskomplex gegenüber Amerika, der einstigen Besatzungsmacht, eine Rolle gespielt haben. Doch so übersah die Zentrale in Tokio lange, dass die US-Manager bei Columbia in großem Stil Geld abzweigten. Am Ende zahlte Sony für die amerikanische Tochter etwa noch mal so viel drauf, wie diese ursprünglich gekostet hatte.

Eine Zeit lang machte Sony gleichwohl Fortschritte bei der Digitalisierung. Über »So-net«, einen firmeneigenen Online-Service, konnten Kunden E-Mails verschicken und empfangen, Karaoke-Schlager abrufen, ihre Horoskope deuten lassen, medizinischen Rat einholen oder mit Aktien handeln. Wie in Japan üblich, lockte Sony die Nutzer mit einer lustigen Anime-Figur, einem rosafarbenen Bären, der »PostPet« hieß. Der virtuelle Briefträger half etwa dabei, E-Mails zu verschicken. Per Mausklick konnten Nutzer den Bären auch füttern, baden und kämmen – auf ähnliche Weise, wie viele einst das virtuelle Küken »Tamagochi« gehegt und gepflegt hatten.

Sony lieferte auch ein neues Gerät, über das all die Dienstleistungen nutzbar sein sollten: die PlayStation. Diese Spielkonsole gibt es immer noch, sie hat sich seit der ersten Version Ende 1994 millionenfach verkauft. Frühzeitig wurde die PlayStation mit einem Internetzugang ausgestattet. Die Bosse in Tokio hofften, damit eine Kommandozentrale für die vernetzten Wohnzimmer der Zukunft geschaffen zu haben. Künftig sollten nicht nur jugendliche Zocker mit der PlayStation spielen. Auch deren Eltern sollten sie nutzen, um damit ihre Fernseher zu bedienen, Bankgeschäfte zu tätigen oder die nächste Urlaubsreise zu buchen.

So etwa sah Sonys ehrgeizige Strategie aus, aber sie ging nicht auf. Zwar konkurriert Sony mit der PlayStation nach wie vor erfolgreich gegen die Konsolen des heimischen Wettbewerbers Nintendo und gegen die Xbox des US-Konzerns Microsoft. Doch die PlayStation blieb ihrem Namen treu, sie wird auch weiterhin in erster Linie als Spielzeug genutzt und bietet keinen echten Ersatz für einen Computer.

Woran Sony scheiterte, das gelang später dem US-Konkurrenten Apple: Mit dem iPhone brachte Apple 2007 jenes geniale Gerät auf den Markt, das treue Sony-Fans lieber von der eigenen Kultmarke erwartet hätten. Mit dem iPhone konnte man fast alles machen, was auch mit der PlayStation möglich war. Aber man konnte damit eben noch viel mehr, telefonieren natürlich, fotografieren oder filmen. Und man konnte es überall mit sich herumtragen.

Auch bei den sozialen Medien, die mehr und mehr das Internet prägten, vermochte Sony sich mit seinem rosafarbenen Bären auf Dauer nicht zu behaupten. Und auch sonst brachte Japan keinen Internetdienst wie Facebook oder Twitter hervor, zumindest keinen, der weltweit ein kommerzieller Erfolg geworden wäre. Zwar gibt es den Chatdienst »Line«, ein Pendant zu WhatsApp, der 2011 von der Japan-Tochter des südkoreanischen Internetkonzerns Naver entwickelt wurde und sich vor allem auch im übrigen Asien verbreitete. Aber solch ein asiatischer Erfolg blieb eine Ausnahme. Herstellern wie Sony mangelte es – bei allem Ehrgeiz – an der Affinität zum Internet. Sie blieben in der Produktion von Hardware befangen – ohne auf diesem Gebiet aber mit etwas Neuem begeistern zu können.

Sony wandelte sich im Laufe der Jahre zu einer Art Gemischtwarenladen. Neue Geschäftsbereiche, wie eine firmeneigene Versicherung, steuerten immer höhere Anteile zum Gewinn bei. Indes konnten sie die Umsätze mit elektronischer Hardware nicht ersetzen, sie bildete noch lange das Kerngeschäft. In der lange so wichtigen Fernsehsparte verschlief Sony die Generation der Flachbildschirme. Seine Hausmarke Wega hatte mit dem ersten flachen Röhrenbildschirm der Welt einst gute Einnahmen generiert. Doch von 2003 an holten Rivalen wie Samsung mit Modellen auf, deren Bildschirmtechnik auf Flüssigkristall und Plasma setzte. Sony musste solche neuartigen Bildschirme teuer einkaufen, unter anderem von Samsung, mit dem es ein Joint-Venture für Monitore gründete.

Die einst stolze Fernsehmarke rutschte immer tiefer in die Krise. Beschleunigt wurde der Abstieg ab 2008 durch die weltweite Finanzkrise. Um Verluste abzubauen, verkaufte Sony 2013 die Zentrale der Fernsehabteilung in Tokio und die New Yorker Niederlassung. Zugleich baute es weitere Tausende Arbeitsplätze ab. Mitarbeiter zu feuern ist in Japan allerdings nicht einfach, zumindest wenn es sich um Festangestellte handelt. Daher wurden Sonys Personalmanager kreativ: In der Konzernzentrale in Tokio richteten sie eine Abteilung für »Karriere-Design« ein, dorthin versetzten sie Festangestellte, die nicht freiwillig kündigen wollten. Die Überflüssigen wurden so lange mit unattraktiven Tätigkeiten zermürbt, bis viele von sich aus gingen.

Einige der besten Leute verließen Sony aus eigenem Antrieb. Zu ihnen gehörte Tetsujiro Kondo, Sonys legendärer Experte für hochauflösende Bildtechnik: Mit rund 30 früheren Sony-Kollegen gründete er ein Forschungsinstitut, das I-cubed Research Center in Tokio. Dort besuchte ich ihn 2015. Kondo trug Anzug und Krawatte, er wirkte etwas altmodisch, wie ein Professor. Als er seine Ideen erläuterte, ahnte ich, welch ein Hort von Hightech-Wissen Sony einst gewesen sein musste und was der Konzern mit dem Weggang von Koryphäen wie Kondo mittlerweile eingebüßt hatte.

Kondo dunkelte den Raum ab und schaltete drei Großbildschirme an. Auf allen Geräten lief derselbe Film. Zu sehen war ein Affe, der auf einem Baum klettert. Auf dem rechten und dem linken Schirm flimmerten die Bilder jeweils in herkömmlicher TV-Qualität, nur der Affe war scharf, der Rest der Aufnahme war verschwommen. Doch auf dem mittleren Monitor war auch das Umfeld des Affen gestochen scharf, also die Äste und Blätter vor und hinter ihm. »Integrated Cognitive Creation« nannte Kondo seine Technologie. Mit Hilfe eines hochintelligenten Chips erzeugte sie gestochen scharfe Bilder. Kondo hatte für seine Entwicklung bereits Anfragen aus China bekommen. Aber er sagte: »Für Japan ist das Fernsehen eine Kerntechnologie, die dürfen wir nicht einfach aufgeben.«

Nur: Wie sollte Japan sich auf Dauer gegen die asiatische Billigkonkurrenz behaupten? Nicht nur Sony, auch andere japanische Hersteller waren in die Defensive geraten. Sharp und Panasonic hatten sich in einem erbitterten Krieg um die perfekte Flachbildschirm-Technologie verzehrt. Sharp, der Hersteller, der dann von Foxconn übernommen wurde, hatte in Japan gigantische Fabriken für Flüssigkristall-Flachbildschirme errichtet. Panasonic hielt mit ähnlich großen Werken dagegen – allerdings für die Konkurrenztechnologie der Plasma-Bildschirme. Beide Hersteller setzten viel zu lange auf einen Boom, der sich großenteils auf Japan beschränkte; denn damals stellte das heimische Fernsehen gerade auf das digitale System um.

Selbst nach der Lehman-Krise 2008 tauschten japanische Verbraucher noch ihre alten Fernseher gegen neue aus. Um die Konjunktur anzukurbeln, gewährte die Regierung überdies Rabatte, sogenannte »Ökopunkte«, für den Kauf neuer Geräte. Im Jahr 2011 war die Umstellung abgeschlossen. Und plötzlich wussten Sony, Panasonic und Sharp nicht, was sie mit ihren gewaltigen Überkapazitäten anfangen sollten. Ein Jahr später wiesen die Konzerne gigantische Verluste aus.

Yasuyuki Onishi, ein japanischer Wirtschaftsjournalist, vergleicht die damaligen größenwahnsinnig anmutenden Fernseher-Fabriken von Sharp und Panasonic mit »Yamato« und »Musashi«: So hießen zwei der größten Kriegsschiffe der Welt, mit denen die japanische Marine im Zweiten Weltkrieg die USA besiegen wollte. Was die Japaner übersahen: Damals war das US-Militär längst dabei, modernes Radar zu entwickeln, dem Nippons Riesenschiffe dann fast schutzlos ausgeliefert waren. Der Vergleich passt, denn auch heute setzen japanische Strategen oft auf Hardware statt Software, auf beeindruckende Masse statt auf intelligente Zukunftstechnologien.

Hersteller wie Sony glaubten viel zu lange an ihre technische Überlegenheit. »Monozukuri« – zu Deutsch: »Dinge fertigen« – nennen die Japaner ihre unbestrittene Fähigkeit, an Details zu tüfteln und Maschinen und Geräte technisch immer weiter zu verbessern und zu perfektionieren. So wetteiferten die japanischen Entwickler untereinander darum, immer dünnere Fernsehmonitore mit immer höherer optischer Auflösung zu entwickeln. Indes waren die jeweiligen Verbesserungen, inbesondere bei der Bildqualität, für das menschliche Auge oft kaum noch unterscheidbar.

Statt technischer Spielerei erwarteten Verbraucher weltweit inzwischen etwas anderes: Sie wollten Programminhalte wie Filme oder Videoclips jederzeit und überall sehen können, auf all ihren Geräten, etwa über YouTube oder Netflix. Doch Japan verpasste auch diesen Trend. Die Hersteller und die traditionellen Fernsehsender sträubten sich, die hohen Trennmauern gegenüber dem Internet einzureißen.

Am Ende verloren die Konzerne nicht nur den Wettbewerb mit ihren billigeren südkoreanischen und chinesischen Herausforderern. Sie wurden auch abgehängt von amerikanischen IT-Riesen wie Google, Amazon und Facebook: Diese waren vom Silicon Valley aus längst in eine neue Hightech-Zukunft aufgebrochen. Sie besaßen keine eigenen Fabriken; ihre Macht beruhte auf Nutzerdaten und Algorithmen.

Vom Erfinder zum Zulieferer

In der Ära von Google und Co. sah Sony sich mehr und mehr in die demütigende Rolle des Nachzüglers gedrängt. Ein Techniker, der trotz der Widrigkeiten unverdrossen an neuen Produkten tüftelte, war Atsuhiko Saito. Ich interviewte ihn Anfang 2015 in der Sony-Zentrale in Tokio, er war 37 Jahre alt und arbeitete für die Mobilgeräte-Abteilung. Er trug eine lila Strickjacke und blaue Hausschuhe. Er sah aus, als verbringe er sein ganzes Leben in der Firma. Klar schien, dass für ihn nicht die Mode zählte, sondern vor allem die Arbeit.

Monate hatten Saito und sein Team damit verbracht, das damals neueste Modell für Sonys Xperia-Tablet zu entwickeln. Es wog nur 270 Gramm und war deutlich leichter als viele Konkurrenzprodukte. Es erzeugte einen hochwertigen Stereoklang und ließ sich auch als mobiles Terminal für die Spielkonsole PlayStation nutzen. Um das Gewicht des Tablets zu verringern, hatte Sony eigens ein dünneres Glas für den Bildschirm entwickeln lassen. Monatelang hatte Saito sich in eine Fabrik in China zurückgezogen, um die Produktion des neuen Modells zu organisieren, denn natürlich sollte es auch kostensparend hergestellt werden. Saitos Perfektionismus, die Besessenheit für technische Details – all das war typisch Sony.

Saito und seine Kollegen standen unter gewaltigem Erfolgsdruck: Mit Smartphones und Tablets der Xperia-Reihe hatte Sony sich ursprünglich auf dem Wachstumsmarkt China als Alternative zum iPhone von Apple oder dem Galaxy von Samsung positionieren wollen. Doch sowohl Sony als auch die Konkurrenten gerieten unter Druck durch billige Aufsteiger, von denen außerhalb Chinas oft kaum jemand etwas gehört hatte. Einer davon, ein Smartphone-Hersteller namens Xiaomi, griff besonders aggressiv an. Da hätte Sony sich schon etwas Spektakuläres einfallen lassen müssen, um mit seinen Smartphones und Tablets noch aufzufallen.

Etwas Außergewöhnliches erfinden – davon träumte natürlich auch Saito. Er sagte: »Ein Techniker, den dieser Ehrgeiz nicht antreibt, fängt bei Sony gar nicht erst an.« Er berichtete, dass er bei sich zu Hause ein Modell des Walkmans aufbewahre. Das klang, als wolle er sich die schöpferischen Anfänge der Firma stets vergegenwärtigen, um sie nicht zu vergessen. Wenn er zur Arbeit fuhr und all die übrigen Pendler sah, die vor allem iPhones mit sich herumtrugen, grübelte er darüber nach, was er tun könne, um Sony wieder zur Nummer eins zu machen.

Doch das Tablet, das er mir dann vorführte, war eben auch nur ein Tablet. Ein besonders leichtes zwar, aber kein wirklich neues Gerät. Man konnte es für ein etwas anderes iPad halten. Nicht einmal bei der Software des Tablets konnte Sony völlig eigene Akzente setzen, denn es lief mit Android, dem Betriebssystem von Google. Unwillkürlich dachte ich an ein Gespräch, das ich vor Jahren mit einem Marketingchef von Samsung in Seoul geführt hatte. Den Anspruch, den neue Produkte erfüllen müssten, beschrieb er mit einem einzigen Satz: »Die Leute müssen ›Wow‹ sagen.« Über Sony sagte das keiner mehr.

Gleichzeitig erinnerte ich mich an einen Besuch bei Sony, der lange zurücklag. Damals, im Jahr 2000, hatte man mir Zutritt zum Computer Science Labor in Tokio gewährt. Der zuständige Ingenieur führte mir ein Gerät vor, das aussah wie ein Kugelschreiber: Damit pickte er gleichsam ganze Dateien von einem riesigen Computerbildschirm auf und legte sie auf anderen Monitoren wieder ab. Heute staunt niemand mehr über diese Technologie, aber damals wirkte sie revolutionär. Ein neues TV-Zeitalter schien anzubrechen. Wie aus einer Pralinenschachtel, so erläuterte der Entwickler, sollten sich die Zuschauer mit dem Stick künftig ihre Programme herausgreifen und beliebig zusammenstellen.

Ich fragte Saito, den Tablet-Entwickler, welch ein Produkt er denn gerne entwickeln würde – vorausgesetzt, seine Bosse ließen ihm die nötige Freiheit und würden ihm genügend Geld zur Verfügung stellen. Mit einigen Nachfragen gelang es mir, ihm eine Idee zu entlocken, die mich sogleich elektrisierte: Schon lange träume er von einem völlig neuen Tablet, verriet er, und zwar von einem Gerät, dass nicht viel dicker sein dürfe als ein Blatt Papier. Er klang zuversichtlich: In einigen Jahren werde es so etwas geben.

Indes zweifelte ich, ob es Sony sein würde, das solch ein Gerät auf den Markt bringt. Im täglichen Leben der Menschen fiel die Marke immer seltener ins Auge. Und das hing möglicherweise damit zusammen, dass Sony sich immer mehr zu einem Zulieferer von Teilen wandelte, die sich in Geräten anderer Hersteller verbergen: Das galt insbesondere für optische Sensoren, abgekürzt CMOS, mit denen Sony zunehmend Geld verdiente.

Mit seinen Sensoren hat Sony gleichsam eine Goldgrube im eigenen Hinterhof erschlossen. Diese hochwertigen Halbleiterprodukte werden in immer mehr Geräten und Maschinen verbaut, die mit Hilfe von künstlicher Intelligenz (KI) gesteuert werden. Vom Smartphone bis zum selbstfahrenden Auto – voraussichtlich werden solche mit KI ausgestatteten Produkte schon bald unseren Alltag beherrschen. Die Marschroute der KI-Revolution wird zwar großenteils von amerikanischen IT-Konzernen wie Apple, Amazon und Google – und zunehmend auch von chinesischen Herausforderern wie Alibaba, Tencent oder Baidu – vorgegeben, doch das nötige Zubehör für die Geräte kommt häufig aus Japan. Das gilt auch für Sonys Sensoren.

Fast könnte man Sony mit einem Begriff bezeichnen, der sonst für mittelständische Nischenhersteller verwandt wird: »hidden champion«. Denn bei Sensoren ist Sony ein »heimlicher Weltmeister«, es beliefert mit diesem Zubehör insbesondere auch den US-Konkurrenten Apple, der die Sony-Sensoren für die Kamera des iPhones verwendet. Das Nischenprodukt trägt immer mehr zum Konzerngewinn von Sony bei.

Um den Wandel zu erkunden, fuhr ich im Frühsommer 2017 nach Atsugi, einer Stadt bei Tokio. Eine Ansammlung unscheinbarer, weiß getünchter Werksgebäude ragte aus der urbanen Landschaft. Es handelte sich um das Technologiezentrum von Sony. Ich war zum ersten Mal hier. Früher wäre ich nie auf den Gedanken gekommen, es zu besuchen. Es reichte, wenn man sich in der Zentrale in Tokio über neueste Trends der Unterhaltungselektronik informierte. Doch die Gewichte innerhalb des Konzerns hatten sich verschoben. Der Mann, der die Hoffnung auf ein neues Sony verkörperte, hieß Tetsuo Nomoto; er leitete bei der Halbleiter-Tochter des Konzerns den Bereich für optische Sensoren von Mobilgeräten.

Nomoto begrüßte mich in einem fensterlosen Raum. Der 52-Jährige trug ein gestreiftes Hemd und wirkte unauffällig. Er war ein studierter Techniker, sein Berufsleben hatte er großenteils damit verbracht, immer höherwertige optische Sensoren zu entwickeln. Schon bevor er bei Sony anfing, hatte er an Fernsehkameras mit hochauflösender Bildqualität getüftelt; später hatte er daran mitgewirkt, die Pixelzahl für Handykameras zu erhöhen. Jetzt war er vor allem dafür zuständig, Geschäftskontakte zu Großkunden in aller Welt zu pflegen.

Wenn Nomoto von Sony sprach, benutzte er den japanischen Ausdruck »buhinya«, was auf Deutsch »Zulieferer« heißt. Das hörte sich fast verschämt an, viel bescheidener als der einstige Werbespruch »It's a Sony.« Es klang eher wie »Intel inside«, der Hinweis auf die Chips des US-Konzerns Intel, der auf vielen Computern aufgeklebt ist. Gleichwohl war Nomoto stolz darauf, dass Sony auch dank seiner Sensoren-Abteilung wieder Gewinne schrieb. In der Firma richteten sich hohe Erwartungen auf ihn und seine Technikerkollegen. Nomoto sagte: »Für uns ist das eine große Ehre.«

Das Geschäft mit den Sensoren würde noch sehr lange boomen, prophezeite er. Triumphierend hielt er sein eigenes Smartphone in die Höhe, ein Xperia von Sony. Immerhin stellte Sony noch eigene

Handys her, aber um diesen Punkt ging es Nomoto jetzt nicht, er wollte etwas anderes erläutern: Anfangs hätten Hersteller vor allem daran gearbeitet, die Bildqualität von rückwärtigen Smartphone-Kameras zu erhöhen. Doch mittlerweile verlangten die Nutzer auch bessere Frontkameras, um Selfies aufzunehmen. Im Zeitalter der künstlichen Intelligenz würden zudem immer mehr mobile Dienstleistungen auf automatischer Gesichtserkennung beruhen, sagte Nomoto. Auch dafür brauche man immer leistungsfähigere Kameras, und zwar solche, die nicht nur die Gesichter der Handybesitzer erkennen könnten, sondern auch deren Emotionen.

Smartphones waren nur ein Produkt von vielen, bei denen Sony-Sensoren verwendet wurden. Nomoto beschrieb eine Zukunft, in der fast der ganze Alltag vernetzt und digitalisiert sein würde. In voll automatisierten Fabriken seien Roboter heute schon in der Lage, Hindernisse zu erkennen. Dies aber könnten sie nur, weil ihre Roboterarme mit Sensoren ausgestattet seien. Ob Überwachungskameras, Drohnen oder autonom fahrende Autos: Für immer mehr Produkte würden künftig optische Sensoren gebraucht. Denn Geräte und Maschinen müssten nicht nur in der Lage sein, Menschen, Dinge und bewegliche Objekte zu erkennnen, sie müssten auch plötzlich auftretende Situationen analysieren können. Und das alles auch bei widrigen Lichtverhältnissen. So hatte Sony Sensoren für Autos entwickelt, die extreme Kontraste zwischen Hell und Dunkel in Tunneln ausgleichen. Oder solche, die Gesichter hinter dunklen Windschutzscheiben erkennen. Auch Smartphone-Kameras würden künftig Aufgaben bewältigen müssen, die sich heutige Nutzer noch kaum vorstellen könnten – etwa in der virtuellen Realität.

Es schien, als habe Sony mit den Sensoren ein Allheilmittel für seine geschäftlichen Sorgen gefunden. Die Firma musste nicht mehr die Hightech-Zukunft neu erfinden, sie konnte sich an den Vorgaben ihrer Auftraggeber ausrichten und das nötige Zubehör anfertigen. Nur: Drohte Sony nicht den gleichen Fehler zu wiederholen, den japanische Chip-Hersteller in den Achtzigerjahren begangen hatten? Diese waren zu abhängig geworden von einem einzigen Produkt. Was wäre, wenn ein Großkunde wie Apple irgendwann anfing, selbst Sensoren zu produzieren?

Nomoto schüttelte den Kopf, er verwies auf den gewaltigen Vorsprung, den Sony bei Sensoren genieße. Was er damit meinte, konnte man nebenan im firmeneigenen Halbleiter-Museum besichtigen: In einer Glasvitrine wurde unter anderem eine spezielle Farbkamera ausgestellt, die erste ihrer Art. Sony hatte sie in den Siebzigerjahren für Jumbo-Jets entwickelt. Das Gerät verfügte bereits über einen Spezialchip mit 120 000 Pixeln, damals war das eine technische Revolution. Die Erfahrungen, die Sony mit solchen Produkten gesammelt habe, ließen sich von Konkurrenten nicht so einfach aufholen, sagte Nomoto. »Es reicht nicht, sich ein paar Produktionsmaschinen zu kaufen und dann neu anzufangen.« In Zukunft würde die Entwicklung von Sensoren noch viel mehr Know-How erfordern: Es gelte, die Bildqualität immer weiter zu erhöhen, den Stromverbrauch zu senken und die Geschwindigkeit der Prozesse zu erhöhen.

Nomoto wusste, wovon er sprach, als Laie konnte man ihm nur staunend zuhören. Und doch verließ ich das Technologiezentrum Atsugi mit einem Gefühl der Wehmut. Mit der coolen Marke, die einst normale Verbraucher mit ihren Weltneuheiten begeisterte, hatte dieser »hidden champion« nur noch wenig zu tun. Früher hatten Sony-Ingenieure vor allem an Technologien getüftelt, um sie in eigene originelle Produkte einzubauen. In Geräte wie den Walkman eben, die »typisch Sony« waren – oder »Sony-rashii«, wie die Japaner sagen. Doch wer mochte sich noch für ein Zubehörteil begeistern, das in einer iPhone-Kamera verborgen ist?

Das Galapagos-Phänomen

Die großen japanischen Elektronikmarken verblassten nicht von einem Tag auf den anderen, der Niedergang zog sich über Jahrzehnte hin. Wann genau Japan abdankte als führender Hersteller von Verbraucherelektronik, lässt sich schwer datieren. Fest steht, irgendwann hörte die Welt auf, japanischen Produktneuheiten entgegenzufiebern. Irgendwann bildeten sich kaum noch Schlangen von Verbrauchern vor den Kaufhäusern, wenn Sony oder Panasonic neue Geräte auf den Markt brachten.

Das letzte Mal, dass ich solche Schlangen sah, war im Herbst 2001. Damals kam in Japan eine Weltneuheit heraus, ein klappbares Handy mit eingebauter Kamera, mit der man auch Videos aufnehmen und verschicken konnte. »Foma P2101V« hieß das Modell, das von Panasonic entwickelt worden war und über den Mobilfunkbetreiber NTT Docomo vertrieben wurde. Schon in der Nacht vor dem Verkaufsstart standen Technikbegeisterte vor den Docomo-Filialen in Tokio und Umgebung an, um eines der allerersten 2400 Exemplare zu ergattern. In Tokio war das neue Handy in weniger als einer halben Stunde ausverkauft.

Ich war bei diesem Start leer ausgegangen, aber wenige Tage später, nachdem ich viel herumtelefoniert hatte, ereignete sich ein Wunder: In einer kleinen Docomo-Filiale in Totsuka, über eine Zugstunde außerhalb der Hauptstadt, konnte ich eines der letzten verfügbaren Geräte kaufen und den nötigen Nutzervertrag dafür abschließen. Selten war ich so aufgeregt wie damals, denn ich spürte, dass ich Zeuge einer neuen Ära wurde. In Tokio und Umgebung begann Japan damals mit als erstes Land, schnelle drahtlose UMTS-Verbindungen einzuführen. Durch sie wurde es erst möglich, die neue Handy-Generation zu nutzen.

Fasziniert wog ich mein frisch gekauftes Klapphandy in den Händen. Es leuchtete metallisch blau und war ziemlich klobig, etwa so groß wie eine Computermaus. Die Kamera ließ sich um ihre eigene Achse drehen. Ich nahm ein Foto von mir auf und schickte es stolz an meine Redaktion in Hamburg. Es war mein allererstes Selfie – auch wenn es diesen Ausdruck damals noch nicht gab. Während die Mail verschickt wurde, flatterte ein gelbes Huhn über den Bildschirm, es trug einen Brief im Schnabel.

Einige Funktionen, die das Handy bieten sollte – Radio hören, Musik herunterladen –, waren noch nicht verfügbar. Auch brach der Empfang immer wieder ab, weil die schnellen Verbindungen noch nicht überall in und um Tokio eingerichtet worden waren. In dem Laden, in dem ich das Handy gekauft hatte, hatte mir die Verkäuferin eine gefaltete Landkarte ausgehändigt. Auf ihr waren die Stadtteile rot markiert, in denen mein Handy Signale empfangen konnte. Aber diese Unbequemlichkeiten waren mir egal. Viel wichtiger und aufregender fand ich, dass Japan der Welt mal wieder um eine technische Neuheit voraus war. Ich fuhr nach Hause und schrieb sogleich eine kleine Reportage über meine ersten Erfahrungen mit dem Panasonic-Handy.

Heute, im Jahr 2018, ist Japan als Hersteller von Handys international kaum noch präsent. Wenn ich in Tokio S-Bahn oder U-Bahn fahre, sehe ich um mich herum fast nur Menschen, die ihre Köpfe über iPhones von Apple oder Galaxys von Samsung beugen. Ab und zu entdecke ich noch ein Xperia von Sony. Ansonsten aber beherrschen amerikanische, südkoreanische und chinesische Modelle den Markt für diese mobilen Geräte, ohne die man sich den Alltag kaum noch vorstellen kann. Panasonic hat sich längst aus der Produktion von Smartphones zurückgezogen, dasselbe gilt für NEC, einen weiteren Elektronikriesen, an den sich im Ausland kaum noch jemand erinnert. Im Sommer 2017 kündigte dann auch Fujitsu an, es wolle einen Käufer für seine Mobiltelefon-Sparte suchen.

Gewiss, die Japaner sind nicht die Einzigen, die bei der Handy-Produktion zurückfielen. Man denke nur an den finnischen Hersteller Nokia, der in den Neunzigerjahren zum Weltführer aufstieg, dann aber den Trend zu neuartigen Smartphones verpasste. Dem iPhone von Apple konnte Nokia kein ähnlich attraktives Modell entgegensetzen. Im Jahr 2014 verkauften die Finnen ihre Handy-Sparte an Microsoft, der sie dann später an Foxconn weiterveräußerte. Nokia selbst hat sich allerdings erfolgreich neu erfunden, als führender Anbieter von Telekom-Infrastruktur.

Dass die Japaner bei der Entwicklung von Mobiltelefonen weitgehend gescheitert sind, haben sie sich vor allem selbst zuzuschreiben: Sie schotteten ihren Markt zu lange vor ausländischer Konkurrenz ab und verpassten so neue globale Trends. Irgendwann sahen ihre einst fortschrittlichen Klapphandys nur noch alt aus. Selbstkritisch sprach man in Japan vom sogenannten Galapagos-Phänomen: Ähnlich wie die Urzeit-Tiere auf den abgelegenen pazifischen Inseln hatte sich die Nation von der Handy-Evolution der Welt weitgehend abgekoppelt. Das Land drohte zu einem Reservat für Retro-Produkte zu verkümmern.

Als der US-Hersteller Apple 2007 das iPhone auf den Markt brachte, lächelten japanische Techniker darüber zunächst. Sie vermochten nicht viel Neues daran zu entdecken. Das war verständlich, denn sie schauten vor allem auf die Hardware, jenen Bereich, auf dem die japanische Überlegenheit beruhte. Was die einzelnen Funktionen des iPhones betraf, wie Lautsprecher oder Kamera, boten japanische Geräte mindestens gleichwertige Qualität. Hinzu kam, dass viele Teile des iPhones von japanischen Zulieferern stammten, etwa der Bildschirm oder das Metallgehäuse. Was die japanischen Zweifler indes übersahen: In ihrem Land war niemand auf die Idee gekommen, die vorhandenen Technologien mit Hilfe von innovativer Software zu einem neuartigen Smartphone zu kombinieren. Denn Japan besaß keinen Steve Jobs, den Boss von Apple, der nicht nur ein begnadeter Geschäftsmann war, sondern sich auch um technische Details und das Aussehen der Produkte kümmerte. Das iPhone erfüllte mit seinem minimalistischen Design Ansprüche, die man eigentlich von japanischer Hightech erwartet hätte. Jobs hatte Japan wiederholt besucht und sich beispielsweise von der ästhetischen Schlichtheit buddhistischer Tempelanlagen inspirieren lassen.

Viel zu spät merkten die Japaner, auf welch existenzielle Weise das iPhone ihre eigene Elektronikindustrie herausforderte. Noch lange telefonierten sie mit ihren altmodischen Klapphandys, die sie liebevoll »Galapagos«-Modelle nannten. Die Geräte wurden von heimischen Telefonanbietern wie NTT Docomo, der Mobilfunktochter des einstigen staatlichen Telekom-Monopolisten NTT, vermarktet. Überdies sorgte der japanische Staat mit einem eigenen Mobilfunkstandard dafür, dass ausländische Konkurrenten aus Japan ferngehalten wurden. Bis zum Aufkommen des iPhones teilten heimische Konzerne ihren insularen Markt praktisch untereinander auf.

Auf Dauer konnte das nicht funktionieren. Als erster heimischer Mobilfunkanbieter brach Softbank, ein aggressiver Herausforderer, die heimische Solidarität. Die Firma bot das iPhone exklusiv in Japan an. NTT Docomo, der Marktführer, sah sich gezwungen, mit Smartphone-Importen aus Südkorea und China zurückzuschlagen. Die Folge: Heimische Elektronikhersteller wie Panasonic oder NEC gerieten auf ihrem Markt massiv unter Druck. Weder konnten sie mit der Ikone Apple mithalten, noch konnten sie von ihrem Hochlohnstandort aus mit Billiganbietern wie Samsung oder Huawei konkurrieren.

Der Herausforderer Softbank mischte nicht nur den japanischen »Galapagos«-Markt auf. Unter seinem Gründer Masayoshi Son stieg der Konzern auch weltweit zu einem der größten Hightech-Investoren auf. Im Laufe der Jahrzehnte kaufte Son sich ein wahres Imperium von Internetfirmen zusammen, es reicht von Beteiligungen am chinesischen Internetportal Alibaba über indische Onlineshopping-Apps bis zum amerikanischen Mobilfunkanbieter Sprint. Mit einem Privatvermögen von über 20 Milliarden US-Dollar erklomm Son

2017 Platz eins auf der »Forbes«-Liste der reichsten Japaner. Er will das größte IT-Konglomerat der Welt schaffen und den Alltag der Menschen mit Hilfe künstlicher Intelligenz revolutionieren.

Son ist ein Außenseiter, schon von seiner Biografie her sticht er aus der mausgrauen Masse japanischer Bosse heraus. Er stammt in dritter Generation von südkoreanischen Zuwanderern ab. Als Mitglied dieser in Japan oft diskriminierten Minderheit will er es seinen Landsleuten offenbar zeigen. Son schert sich nicht um Tabus. Mit 15 ging er in die USA, lernte Englisch und studierte dort – gegen den Widerstand von Eltern und Lehrern. Dass ein Teenager aus Japan alleine in die Welt zieht, kommt selbst heute selten vor. Son ließ sich von Ryoma Sakamoto, einem Samurai-Helden, inspirieren, ein Reformer, der Japan im 19. Jahrhundert gegen die westlichen Großmächte aufrüsten wollte. In der Softbank-Zentrale in Tokio bewahrt Son ein Bild seines großen Vorbilds auf sowie eine hölzerne Kopie von dessen Schwert.

Auch auf dem Gebiet der Roboter preschte Son vor: Vor einigen Jahren erwarb er Aldebaran, den französischen Hersteller des Roboters Pepper. Das Maschinenwesen verfügt über Kopf und Arme und trägt ein Computer-Tablet auf der Brust. Pepper ist der erste marktreife Roboter in Menschengestalt, der Emotionen deuten kann, etwa anhand der Stimme seiner Gesprächspartner. In japanischen Banken, Kaufhäusern und Museen wird er bereits als Wegweiser eingesetzt, in Altenheimen leitet er Greise bei der Gymnastik an.

Son hat sich vorgenommen, einen Konzern zu formen, der die nächsten 300 Jahre überlebt. Kluge Roboter wie Pepper sieht er als Schlüssel für die Ära der Digitalisierung, die den Alltag der Menschen mit Hilfe der künstlichen Intelligenz umwälzen werde, wie Son immer wieder betont. Im Zuge seiner weltweiten Shoppingtour kaufte er auch ARM, eine britische Hightech-Firma, die Mikrochips entwirft, die in den meisten Smartphones verwendet werden. Allein für diese Akquisition gab Son rund 32 Milliarden Dollar aus –

in bar, wie er stolz verkündete. Im Juni 2017 erwarb er über Softbank von der Google-Mutter Alphabet den Roboter-Hersteller Boston Dynamics. Dessen Kreaturen erregen immer wieder Aufsehen – und wecken bei manchen Betrachtern tiefe Ängste: Denn die Roboter können nicht nur auf zwei Beinen gehen oder laufen, sie sind auch in der Lage, akrobatische Bewegungen zu vollführen, die an Purzelbäume erinnern. Und das Erstaunlichste: Wenn sie hingefallen sind, stehen sie wieder auf und rennen weiter.

Ungewiss ist allerdings, ob es Son gelingen wird, aus seinem Sammelsurium zusammengekaufter Hightech-Firmen einen Konzern mit kohärenter Strategie zu formen. Das dürfte nicht einfach werden. Denn Son ist in erster Linie ein Investor, ein Kapitalanleger. Er ist keiner, der Japan ein neues Sony beschert, einen Hersteller mit originellen Produkten. Indes lebt er seinen Landsleuten den Unternehmergeist und die Weltläufigkeit vor, an denen es in Japan oft mangelt. Es geht ihm offenbar nicht nur um den Erfolg des eigenen Konzerns, er sorgt sich ernsthaft, dass Japan den Anschluss verpasst.

Diesen Eindruck gewann ich an einem Freitagabend im Februar 2017, als ich Son aus der Nähe beobachtete. Er hatte Hunderte Schüler in ein Hotel in Tokio geladen. Im Saal herrschte gespannte Stille, dann betrat er die Bühne: Ein überraschend unscheinbarer Mann, graues Jackett, gestreiftes Hemd mit offenem Kragen. Er redete frei, fast wie gedruckt. Er sprach nicht über Gewinne und Verluste der eigenen Firma. Er berichtete von seinem persönlichen Erweckungserlebnis, davon, wie tief ihn einst die Abbildung eines Mikrochips in einer Zeitschrift beeindruckt habe. Er war damals 19 Jahre alt und studierte in den USA, damals habe er gespürt, wie rasend sich die Technik verändere.

Dann sprach Son über die Zukunft der Menschheit. Schon bald werde die Ära der »Singularität« beginnen, sagte er. In dieser Epoche werde die Welt von Computern beherrscht werden, die in der Lage seien, eigenständig zu lernen und zu entscheiden. »Was machen wir Menschen dann?«, fragte Son. »Bitte denkt unbedingt darüber nach!«, rief er den Jugendlichen zu. »Lernt nicht nur auswendig!« Dann sprach er über eine von ihm gegründete private Stiftung. Sie soll junge talentierte Japaner dabei unterstützen, ins Ausland zu gehen. Son möchte, dass sie lernen, Englisch zu sprechen und Computer zu programmieren, so wie er selbst, als er jung war. Mit seinem Vorstoß macht Son indirekt auch deutlich, dass er dem japanischen Schulsystem nicht zutraut, die nächste Generation von Erfindern hervorzubringen.

Aus den Worten des Milliardärs klang tiefe Sorge. Zwar hatte er für sich selbst viel erreicht, er könnte sich eigentlich zur Ruhe setzen. Doch Japan, die Nation der angepassten Firmenmenschen, drohte den Anschluss an die digitale Zukunft zu verpassen. Das wusste niemand besser als der weit gereiste Son. Doch um das Land zu verändern, musste er erst einmal das Denken der Jugend verändern, die oft lieber zu Hause bleibt, statt in die Welt hinauszugehen und Neues zu entdecken.

Als ich Son zuhörte, kam mir ein weiterer Gedanke: Sein Weckruf galt nicht nur für Japan. Er hätte dieselbe Rede auch in Deutschland halten können, einem Land, in dem es noch kein flächendeckendes schnelles Internet gab, einem Land, dessen Wirtschaft und Gesellschaft durch die Digitalisierung und ihre Folgen mindestens so herausgefordert werden wie Japan.

Salatköpfe aus der Halbleiterfabrik

Ein Nachruf auf Nippons Elektronikindustrie kann nicht geschrieben werden, ohne auf das Debakel der Chip-Branche einzugehen. Ihr Niedergang spiegelte die strukturelle Malaise des Industriestandorts Japan besonders krass wider. Die Mikrochips, auf denen sich gigantische Datenmengen speichern lassen, waren nicht irgendein Zubehör, sie symbolisierten den Anspruch des Hightech-Landes auf globale Führung. Noch Mitte der Achtzigerjahre produzierte Japan über die Hälfte aller Chips weltweit. Die USA sahen sich damals existenziell bedroht. Im sogenannten Halbleiterabkommen verpflichteten sie Japan 1986, ein Fünftel seiner Chips aus dem Ausland, also vor allem auch aus Amerika, zu beziehen.

Noch 1990 befanden sich sechs japanische Hersteller unter den weltweit zehn größten Herstellern von Speicherchips, angeführt von NEC und Toshiba. Zweieinhalb Jahrzehnte später stand nur noch Toshiba auf dieser Liste, auf einem der unteren Plätze. Bis 2017 fiel Japans Chip-Produktion insgesamt auf einen globalen Anteil von sieben Prozent. An der Spitze rangierten nun Intel aus den USA und Samsung aus Südkorea.

Für Toshiba, den verbliebenen japanischen Statthalter, sah die Lage düster aus: Verzweifelt suchte der Konzern nach einem Käufer für seine Chip-Sparte. Toshiba war ein Sanierungsfall und brauchte dringend Geld, um zu überleben. Zu den besten Zeiten seiner fast 130-jährigen Geschichte war Toshiba ein japanisches Siemens gewesen, der Großkonzern produzierte fast alles, von der Glühbirne bis zur Kraftwerksturbine. Im firmeneigenen Museum in Kawasaki bei Tokio kann man die Elektrogeräte besichtigen, die Toshiba als Vorreiter auf den japanischen Markt brachte: den ersten Kühlschrank, die erste Waschmaschine, den ersten Staubsauger, den ersten Farbfernseher. Später wurde Toshiba berühmt für seine leistungsfähigen Laptops.

Das war einmal. Im Juni 2017 wurde Toshiba an der Tokioter Aktienbörse in die zweite Sektion herabgestuft, zeitweise drohte der Entzug der Börsennotierung. Die Bilanz des Konzerns leuchtete tiefrot. Selbst hoch bezahlte Rechnungsprüfer fanden sich kaum mehr zurecht im Dickicht des Managementversagens, das sie in den Büchern entdeckten. Zeitweise weigerten sie sich, die Bilanz abzusegnen.

Was Toshiba letztlich ins Verderben riss, war die Kernkraft – und damit ausgerechnet jene Branche, die in Japan auch sonst so viel Unheil angerichtet hat. Angesichts der Flaute im traditionellen Elektroniksektor hatten die Konzernbosse in Tokio die »Renaissance der Kernkraft« ausgerufen: Im Jahr 2006 kauften sie schrittweise den amerikanischen Reaktorbauer Westinghouse. Dafür gaben sie 5,4 Milliarden US-Dollar aus, etwa doppelt so viel, wie die heimischen Konkurrenten Mitsubishi Heavy Industries und Hitachi geboten hatten. Doch dann ereignete sich im März 2011 der Atomunfall von Fukushima. Weltweit wurden geplante Reaktorprojekte auf Eis gelegt. Zugleich wurden Sicherheitsbestimmungen verschärft, wodurch laufende Bauvorhaben oft erheblich teurer wurden als veranschlagt. Um die Verluste im Kernkraftgeschäft auszugleichen, trieben die Toshiba-Bosse andere Konzernbereiche an, ihre Gewinne zu erhöhen, auf Biegen und Brechen. Die Vorgaben waren völlig unrealistisch, doch um ihre Ziele zu erfüllen, verfielen die unter Druck gesetzten Abteilungsleiter auf das Mittel der kreativen Buchführung. Im Frühjahr 2015 kam heraus, dass Toshiba seine Bilanz mit illegalen Tricks künstlich aufgebläht hatte.

Nun hatte Japan einen Riesenskandal. Die Bosse der einst angesehenen Firma luden zu einer »Shazai Kaiken« – einer »Entschuldigungs-Pressekonferenz«. Dieses Ritual der Reue kann man als moderne Version des mittelalterlichen Schandpfahls bezeichnen, japanische Bosse beherrschen es zur Perfektion: Vor laufenden Kameras zeigen sie sich mit zerknirschten Minen und verneigen sich tief und lange. Sobald ihre Köpfe die korrekte Neigung erreicht haben, prasseln die Blitzlichter der Fotografen auf sie ein. Wenn die Formulierung »reinigendes Gewitter« passt, dann hier. Denn für das heimische Publikum zählt zeremonielle Reue oft mehr als die lästige Frage, welche Konsequenzen später aus den Skandalen gezogen werden – oder eben nicht.

Für Toshiba begann damals eine ganze Serie von »Shazai Kaiken«. Und auch für Firmen anderer Branchen gehört diese Form der Reuebekundung fast schon zur Routine der Öffentlichkeitsarbeit. Denn vertuschte Verluste und andere Schummeleien – bis hin zum handfesten Betrug – bilden die düstere Kehrseite einer alternden und schrumpfenden Wirtschaft. Je schwächer sie wächst, desto leichter geraten Firmen in Versuchung, auf fragwürdige Tricks zurückzugreifen, um weiter geschäftliche Erfolge vorzutäuschen.

Die Liste der Unternehmen, die sich allein 2017 für Unregelmäßigkeiten entschuldigen mussten, reicht von den Autobauern Nissan und Subaru über den Stahlkonzern Kobe Steel bis zum Chemiehersteller Toray, dem weltweit größten Produzenten von Spezialfasern. Bei Nissan nahmen Mitarbeiter Neuwagen technisch ab, obwohl sie dafür nicht qualifiziert waren. Bei Kobe und Toray wurden Produktdaten gefälscht, um Vorgaben von Großkunden zu erfüllen.

Die Skandale hatten oft eins gemein: In den betroffenen Firmen herrschte eine Kultur des kollektiven Gehorsams. Niemand muckte auf gegen Vorgesetzte, die ihren Mitarbeitern Ziele abverlangten, die auf ehrliche Weise nicht zu erfüllen waren. Dies ist nicht nur ein japanisches Phänomen, es lässt sich auch anderswo beobachten, wo Unternehmen stolz in bisherigen Erfolgen schwelgen und Innovationen vernachlässigen. In Deutschland hat dies der Dieselskandal gezeigt, vor allem bei Volkswagen: Beschäftigte wurden zu Befehlsempfängern degradiert. Niemand wagte auszusprechen, dass ausgewiesene Abgaswerte nicht einzuhalten waren. Statt bessere Motoren zu entwickeln, verwandten Ingenieure ihre Kreativität darauf, Betrugssoftware auszutüfteln.

Im Fall von Toshiba ließ sich das Ausmaß der Verluste schließlich nicht länger verheimlichen. Um sie aufzufangen, musste der Konzern sich von einem Aushängeschild nach dem anderen trennen: Die Sparte für Medizingeräte ging an den heimischen Konkurrenten Canon, die Haushaltsgeräte an den chinesischen Konzern Midea. Das traditionsreiche Fernsehergeschäft sollte später an den chinesischen Aufsteiger Hisense verkauft werden.

Doch neue Schwierigkeiten türmten sich auf. Auf Druck heimischer Politiker baute Toshiba nun erst recht sein Geschäft mit der Kernkraft aus. Das Know-How des Reaktorbauers sollte aus staatlicher Sicht unbedingt erhalten bleiben. Denn die Expertise von Toshiba wird noch auf Jahrzehnte gebraucht, um die strahlende Ruine von Fukushima mit abzuwracken – und viele andere Reaktoren, die in den kommenden Jahren ihre Lebensdauer erreichen und heruntergefahren werden müssen. Um sich also verstärkt auf die Kernkraft zu konzentrieren, kaufte Toshiba 2016 über die US-Tochter Westinghouse eine amerikanische Ingenieursfirma für Atomkraftwerke, allerdings ohne zuvor deren Bücher sorgfältig geprüft zu haben. Andernfalls hätte den Managern in Tokio auffallen müssen, dass die Neuerwerbung Verbindlichkeiten von mehreren Milliarden Dollar nach sich ziehen würde. Im April 2017 meldete Toshiba in den USA Insolvenz für Westinghouse an.

Um sich aus den roten Zahlen zu befreien, blieb Toshiba letztlich nur der Verkauf seiner Halbleiter-Tochter. Mit seinen sogenannten »Flash Memory«-Chips, die beispielsweise in Smartphones verbaut werden, gehörte Toshiba zu den wenigen heimischen Herstellern, die für die Internet-Ära eigentlich gut aufgestellt waren. Doch dem Konzern fehlten die nötigen Dollar-Milliarden, um in die Erforschung und Enwicklung neuer Chips zu investieren. Im Oktober 2017 stimmten die Aktionäre dem Verkauf der Chip-Sparte an ein Konsortium um den US-Finanzinvestor Bain Capital zu. Rund 18 Milliarden US-Dollar wollte der Konzern auf diese Weise erlösen. Die Transaktion zog sich bis ins Frühjahr 2018 hin.

Viele Japaner registrierten das Gefeilsche um Toshibas Chip-Sparte als eine schlechte Wirtschaftsnachricht unter vielen. Doch es gab einen Mann, dem man ansehen konnte, wie er persönlich darunter litt. Fujio Matsuoka war ein typisch japanischer Außenseiter, einer der kreativen Köpfe, die von ihren Landsleuten oft verkannt werden. Schon vor langer Zeit hatte er aufgehört, bei Toshiba zu arbeiten. Als ich ihn im Frühsommer 2017 aufsuchte, deutete äußerlich nichts darauf hin, dass er weltweit zu den großen Erfindern gehörte: In einer abgetragenen Strickjacke tüftelte er in einem schmucklosen Büro nahe dem Bahnhof von Sendai, seiner Heimatstadt in Nordostjapan. Er war 73 Jahre alt und hätte sich längst zur Ruhe setzen können, doch unermüdlich forschte er weiter an dem Ziel, das ihn seine Karriere über angetrieben hatte: immer dünnere und immer winzigere Mikrochips zu erfinden.

Masuoka bat mich, Platz zu nehmen, und kam gleich auf die aktuelle Krise bei Toshiba zu sprechen. Er war verbittert über seinen einstigen Arbeitgeber. Er berichtete, wie er drei Jahrzehnte zuvor bei Toshiba die »Flash Memory«-Chips entwickelt hatte, jene Art Chip, mit dem man Daten speichen kann, ohne dass diese verloren gehen – selbst wenn der Strom abgeschaltet wird. Diese Technologie hält man heute für selbstverständlich, damals aber stellte sie einen technologischen Durchbruch dar. Hätte Masuoka nicht bei Toshiba gearbeitet, sondern bei einem amerikanischen Konkurrenten, wäre er für seine bahnbrechende Erfindung vermutlich üppig mit Aktienoptionen belohnt worden und steinreich geworden. Doch stattdessen saß er allein in diesem tristen Büro, ein frustrierter alter Mann.

Er kramte alte Artikel aus amerikanischen Zeitschriften hervor, in denen er für seine Erfindung gerühmt worden war. »In Japan interessiert sich niemand für mich«, klagte er, »meine Chefs wussten meine Leistungen nicht zu schätzen.« Sie schoben den genialen Erfinder auf einen Posten ab, auf dem er sich mit seinem Talent nicht herausgefordert fühlte. Er habe damals bei Toshiba weder das nötige Personal noch das nötige Geld erhalten, um sinnvoll zu forschen.

Im Jahr 1994 hörte Masuoka auf, bei Toshiba zu arbeiten, und wurde Professor an einer japanischen Universität. Für eine ausländische Firma zu arbeiten wäre für einen patriotischen Ingenieur seiner Generation nicht infrage gekommen. »Das wollte ich Toshiba nicht antun«, sagte er. Es wäre ihm wie ein Verrat erschienen, trotz aller persönlichen Enttäuschungen. Umso tiefer schmerzte ihn nun, wie die Halbleitersparte, die er mit aufgebaut hatte, zum Verkaufsobjekt degradiert worden war.

Wenn eine Industriesparte absteigt, fällt dies anfangs oft kaum jemandem auf, nicht einmal den Beteiligten. So war es auch im Falle der Halbleiter-Industrie. Ihr Niedergang begann bereits in den Achtzigerjahren, als die übrige Welt noch voller Bewunderung auf Japan blickte. Und ironischerweise haben die tieferen Ursachen des Niedergangs gerade mit den Erfolgen zu tun, die Japan damals erzielte: Die Speicherchips, die NEC, Hitachi und Co. vor allem produzierten – die sogenannten DRAMs –, eigneten sich besonders gut für die damals üblichen Großrechner, die »mainframe computer«.

Japanische DRAMs galten nicht nur als preiswert, sondern auch als besonders haltbar. Ihre Lebensdauer währte bis zu 25 Jahren, sie beförderte den Ruf der Japaner als verlässliche Techniker. Nur: Nach und nach wurden Großrechner durch kleinere Personalcomputer, die PCs, abgelöst. Plötzlich war die Langlebigkeit der Chips nicht mehr entscheidend. Für einen normalen PC, der oft nur bis zum nächsten großen Software-Update benutzt wurde, genügten Billigchips, wie sie beispielsweise vom US-Konkurrenten Micron Technology oder vom südkoreanischen Konzern Samsung massenhaft angeboten wurden.

Die Japaner hätten sich strategisch neu ausrichten müssen: Sie hätten sich auf hochwertige Spezialchips konzentrieren müssen, wie der Toshiba-Techniker Masuoka sie ertüftelte. Massenprodukte wie DRAMs hätten sie in asiatische Nachbarländer auslagern können. Doch Konzerne wie NEC, Hitachi oder Mitsubishi Electric waren zu schwerfällig, sie glichen Großtankern, die bei voller Fahrt nicht schnell genug umsteuern können. Zu lange hielten sie daran fest, möglichst viel unter dem eigenen Dach zu produzieren – statt Arbeitsteilungen mit anderen Firmen einzugehen.

Als die Chip-Hersteller merkten, dass sie nicht aus eigener Kraft überleben konnten, war es oft schon zu spät. Den Fusionen, die sie schließlich vereinbarten, haftete etwas Verzweifeltes an. NEC, einst der größte Chip-Produzent der Welt, verschmolz seine Halbleitersparte 1999 mit der des Konkurrenten Hitachi. Ein Jahr später wurde die neue Firma in Elpida umbenannt, 2004 wurde sie an der Tokioter Börse gelistet. Indes fehlte dem neuen Konzern eine überzeugende Strategie. Es war etwa so, als würden Daimler und BMW, aufgeschreckt durch den US-Konkurrenten Tesla, bestehende Autofabriken einfach zusammenlegen, ohne neue Modelle zu produzieren. Der Marktanteil von Elpida fiel drastisch, 2012 stellte das Unternehmen einen Insolvenzantrag; schließlich wurde es an den US-Wettbewerber Micron Technology verkauft.

Nicht ganz so kläglich, aber auch nicht glänzend verlief eine weitere kollektive Rettungsaktion der Japan AG: Im Jahr 2003 verschmolzen Hitachi und Mitsubishi Electric Teile ihrer Chip-Produktion zu Renesas, einer Neugründung, an der sich später auch NEC beteiligte. Auch Renesas geriet in die Krise, Tausende Arbeitsplätze wurden abgebaut. Dass die Firma gleichwohl überlebte, verdankte sie den Autoherstellern Toyota und Nissan, die ihr großenteils ihre Chips abkauften. Die Autobauer wollten verhindern, dass ihr wichtiger Zulieferer in ausländische Hände fiel. Auch aus Sicht der Regierung in Tokio war Renesas systemrelevant; sie sorgte schließlich dafür, dass Renesas gerettet wurde. Dafür benutzte sie eine Organisation, die in Japan erheblichen industriepolitischen Einfluss ausübt: die Innovation Network Cooperation of Japan; sie wurde 2009 vom Staat gegründet, um Ikonen des Wirtschaftswunders zu schützen – insbesondere vor Konkurrenz aus China.

Dank des praktizierten Staatskapitalismus konnte Renesas weiter Chips produzieren. Aber die Firma brauchte Jahre, um in die Gewinnzone zu gelangen. Und zu einem globalen Technologieführer wurde sie nicht. Mit Blick auf das Zukunftsthema der autonom fahrenden Autos mochte sich selbst der Großkunde Toyota nicht auf Renesas allein verlassen: Der Autobauer suchte auch im Ausland nach Know-How und ging beispielsweise eine Kooperation mit Nvidia ein, dem kalifornischen Entwickler von Chipsätzen und Grafikprozessoren, mit dem auch deutsche Hersteller zusammenarbeiten.

Dass Japan gegenüber China wachsam ist und versucht, den Abfluss von heimischer Technologie zu verhindern, ist verständlich und kann im Einzelfall durchaus sinnvoll sein. Allerdings zeigen die Beispiele Toshiba und Renesas, dass Firmen nicht unbedingt innovativer werden, wenn der Staat sich einmischt und industriepolitischen Denkmalschutz betreibt. Gleichwohl hielt sich in Japan der Glaube, die Industriepolitik könne Wunder bewirken. Das hatte mit der Rolle zu tun, die das einst legendäre Miti – das heutige Ministerium für Wirtschaft, Handel und Industrie – in der Halbleiterindustrie spielte. Im Jahr 1976 hatte es ein Projekt zur Entwicklung einer neuen Chip-Generation angestoßen, der sogenannten LSI-Chips, abgekürzt für Large Scale Integration. Mit der LSI-Technologie wurde es möglich, mehrere Hundert Transistoren auf einem winzigen Chip zu versammeln. Auf Initiative des Miti entwickelten die Firmen die neuen Chips erst gemeinsam, später ließ das Miti sie dann gegeneinander konkurrieren. Das Projekt war erfolgreich, es festigte den Mythos, dass japanische Beamte unfehlbar sind, wenn es um die gezielte Förderung von Zukunftsbranchen geht.

Den Niedergang der Halbleiter-Branche verhinderten sie indes nicht. »Die Regierung hat haufenweise Projekte zur Rettung der Chip-Industrie organisiert, herausgekommen ist dabei so gut wie nichts«, kritisiert Takashi Yunogami, ein prominenter Chip-Experte und Buchautor. Viele Techniker wurden arbeitslos, manche liefen mit ihrem Know-How zur asiatischen Konkurrenz über, insbesondere zu Samsung: Der südkoreanische Konzern hatte die Chip-Technologie einst von japanischen Herstellern wie Sharp gelernt.

Er wurde von der Gründerfamilie Lee autoritär geführt und war in der Lage, blitzschnell auf neue technologische Trends zu reagieren und jeweils das nötige Personal sowie die nötigen Produktionskapazitäten bereitzustellen.

Dagegen hatte Japan die Richtung verloren. Die Elektronikbosse redeten zwar viel über das Internet der Dinge, das in Deutschland auch unter der Bezeichnung Industrie 4.0 bekannt ist. Dabei verloren sie sich jedoch entweder in abstrakten Konzepten oder in technischen Details. Und mitunter verfielen sie auf Ideen, die so ausgefallen waren, dass man nicht wusste, ob man sie für verrückt halten sollte oder für genial. So kam es mir zumindest vor, als ich davon las, dass Fujitsu, ein anderer berühmter Elektronikkonzern, begonnen hatte, Salatköpfe zu züchten. Und zwar in einer stillgelegten Halbleiterfabrik. Das musste ich mir unbedingt anschauen.

Die Fabrik lag in Aizu-Wakamatsu, einer Stadt knapp vier Zugstunden nördlich von Tokio. Als ich im Sommer 2017 dorthin fuhr, überlegte ich, wann ich das letzte Mal mit Fujitsu zu tun gehabt hatte. Es war 1996 gewesen, also vor über zwei Jahrzehnten. Fujitsu warb schon damals damit, innovative Wege zu gehen. In der Konzernzentrale in Tokio recherchierte ich, wie Fujitsu als eine der ersten japanischen Firmen die Bezahlung der Angestellten nach dem Leistungsprinzip einführte. Ganz Japan horchte damals auf. Es hieß, Fujitsu habe ein Rezept gefunden, um seine Mitarbeiter zu mehr Kreativität anzuspornen.

Als Prototyp des neuartigen Firmenmenschen hatte mir die PR-Abteilung einen Angestellten namens Nobuaki Kohno vorgestellt. Er war 34 Jahre alt, stolz erläuterte er die Vorzüge des neuen Vergütungssystems. Durch seinen herausragenden persönlichen Einsatz hatte er den höchsten Rang im fünfstufigen Leistungskatalog der Firma erklommen. Zur Belohnung hatten seine Vorgesetzten ihm den Bonus erhöht, um die Hälfte gegenüber dem Vorjahr. Je länger wir uns unterhielten, desto mehr gewann ich den Eindruck: Mit frischen Ideen hatte das neue Managementsystem wenig zu tun. Der Vorzeigeangestellte arbeitete zwar noch fleißiger als zuvor, aber er schien sich dabei selbst auszubeuten. Auch nach Feierabend oder an den Wochenenden arbeitete er oft vor dem Computer. »Wer krank ist«, behauptete er tapfer, »hat seinen Körper nicht im Griff.« Neue Ideen schienen Kohno beim vielen Arbeiten jedenfalls nicht gekommen zu sein. Vielleicht hätten die Bosse ihn lieber weniger arbeiten lassen sollen, um seine Kreativität zu steigern?

Umso gespannter war ich nun, was es mit den Salatköpfen auf sich hatte, die Fujitsu in der Chipfabrik züchtete. Die Stadt Aizu-Wakamatsu kannte ich bereits von früher, es war ein Touristenort, bekannt für seine Burg und ein Freilichtmuseum aus der Samurai-Ära. Auch für seine traditionellen Lackwaren war es berühmt. Fujitsu produzierte hier bereits seit den Sechzigerjahren Halbleiter. Der Standort eigne sich gut für die Chip-Herstellung, hieß es, denn hier gebe es viel sauberes Wasser.

Vom Bahnhof nahm ich ein Taxi zur Fabrik, sie lag etwas außerhalb. Auf den ersten Blick sah sie aus, wie solche Anlagen fast überall aussehen. Es war ein gesichtsloser weißer Kasten, in dem man allerhand vermuten konnte, aber sicher kein frisches Gemüse. In der Eingangshalle begrüßte mich Haruyasu Miyabe, der Produktionsleiter. Auch er sah nicht aus wie jemand, der mit Landwirtschaft zu tun hatte. Er trug eine rundliche Hornbrille und ein blaues Polohemd. An die linke Brusttasche hatte er seinen eingeschweißten Fabrikausweis geklemmt, darauf leuchteten sein Foto und das rote Fujitsu-Emblem.

Miyabe führte mich als Erstes in eine Umkleide. Denn auch wenn hier keine Chips mehr produziert wurden, sondern Salat, gab es nach wie vor den sogenannten Reinraum. Und damit er rein blieb, durfte ich keine Bakterien oder Staub hineintragen. Unter Anleitung von Miyabe streifte ich mir von Kopf bis Fuß Schutzkleidung über. Dann schlüpfte ich in ein Paar Gummistiefel, die ich mit einer

Flüssigkeit desinfizieren musste. Zum Schluss passierte ich einen Windkanal, er sollte die letzten noch vorhandenen Staubfussel von Körper und Kleidung pusten. Dann stand ich endlich im Reinraum, und alles leuchtete grün: Bestrahlt von LED-Lampen sprossen Blattsalat und Spinat aus weißen Kunststoffpaletten. Links und rechts standen Regale mit Grünzeug, die bis an die Decke reichten. Miyabe blickte auf ein Computer-Tablet, das er in der Hand hielt: Damit kontrollierte er die Zusammensetzung der Nährflüssigkeit für das Gemüse sowie den Kohlenstoffdioxidgehalt der Luft, die Feuchtigkeit und die Luftströmung. Über Sensoren, die in der gesamten Halle installiert waren, wurden die Daten ständig gesammelt und übertragen.

Miyabe war 53, er hatte Elektronik studiert. Er hätte selbst nie gedacht, dass er einmal Salat züchten würde, sagte er mir, und ganz bestimmt nicht in einer Chipfabrik. Doch als seine Chefs ihn mit dem Pilotprojekt betrauten, habe er nur kurz gezögert, dann stand für ihn fest: Er musste Ja sagen, das Wohl der Firma hatte Vorrang.

»Pro Tag züchten wir hier 3500 Stück Gemüse«, erläuterte er, »diese Zahl müssen wir noch steigern, deshalb verfeinern wir ständig unsere Methoden.« Nach Ausbruch der globalen Wirtschaftskrise 2008 hatte die Chipfabrik zunächst drei Jahre leer gestanden. Die Nachfrage nach Mikrochips brach damals so heftig ein, dass Fujitsu mehrere Fabriken schließen musste, darunter eben auch dieses Werk in Aizu-Wakamatsu. »Die Anlage verschlang viel Geld für die regelmäßige Wartung«, sagte Miyabe. Schließlich kamen die Fujitsu-Leute auf die Idee, in dem weitgehend keimfreien Reinraum Salat zu züchten. Und zwar mit Hightech-Methoden – schließlich waren sie Ingenieure und keine Landwirte.

Es klang fast nach Science-Fiction: Mit einer Methode, die ein japanischer Professor entwickelt hatte, war es Fujitsu gelungen, den Kaliumgehalt des gezüchteten Salats und des Spinats so stark zu senken, dass er auch von Nierenkranken verzehrt werden konnte. Diese

Patienten müssen wegen ihrer Erkrankung sonst auf rohes Gemüse verzichten. Aber auch für Gesunde habe das Grünzeug aus dem Reinraum Vorteile, sagte Miyabe: Da es fast keimfrei war, ließ es sich mindestens zwei Wochen lang lagern, ohne zu verwelken. Es war in durchsichtige Kunststofffolie verpackt und brauchte vor dem Verzehr nicht gewaschen zu werden. Auch vor Pestiziden brauchten sich die Verbraucher nicht zu fürchten. In der Fabrik gab es keine Insekten, also wurde hier auch kein Gift versprüht.

Nachdem ich den Reinraum besichtigt hatte, servierte mir mein Gastgeber Kostproben der Ernte. Zwei verschiedene Sorten roher Blattsalat lagen auf Tellern bereit. Erwartungsvoll schaute Miyabe mich an, als ich anfing, zu essen. Ob mir denn nichts auffalle, wolle er wissen. Tatsächlich: Die eine Sorte schmeckte etwas süßlicher als die andere. Miyabe und seine Kollegen nickten zufrieden, eben darauf waren sie besonders stolz. Sie hatten so lange an der Zusammensetzung der Nährflüssigkeit getüftelt, bis sie diesen Salat entwickelt hatten. Er schmecke auch Kindern, die sich sonst eher weigern würden, grünes Gemüse zu essen, sagte Miyabe.

Während ich an meinem Salat knabberte, erläuterten die Fujitsu-Leute die technischen Herausforderungen einer perfekten Gemüseproduktion. Mit der gleichen Aufmerksamkeit für Details und der gleichen Präzision, mit der sie hier einst Mikrochips hergestellt hatten, strebten sie nun danach, den ultimativen Salatkopf zu entwickeln. Für Fujitsu ging es nicht nur darum, die leer stehende Chipfabrik wirtschaftlich zu nutzen. Es ging auch darum, dem Konzern ein neues Geschäftsfeld zu erschließen. Denn Fujitsu ist auch anderweitig dabei, in die Agrartechnologie zu expandieren. Dabei sieht die Firma sich im Einklang mit der Regierung: Sie will die alternde Landwirtschaft mit Hilfe von Hightech modernisieren. Als Vorbild dienen Japan dabei die Niederlande mit ihrer in hohem Maße rationalisierten und industrialisierten Landwirtschaft. Im traditionellen Feld- und Ackerbau sehen Japans Planer dagegen keine große

Zukunft mehr: Die Bauern sind im Durchschnitt 67 Jahre alt, immer häufiger liegen Felder brach, weil die nötigen Arbeitskräfte fehlen.

In Numazu, einer Hafenstadt südwestlich von Tokio, betreibt Fujitsu eine firmeneigene Experimentierfarm. In einem Gewächshaus führten mir dortige Techniker vor, wie sie die Soft- und die Hardware des Konzerns nutzen wollen, um Landwirten die Arbeit zu erleichtern: Sensoren, die auf Äckern und in Gewächshäusern installiert werden, senden landwirtschaftliche Daten wie Temperatur und Luftfeuchtigkeit an einen firmeneigenen Cloud-Server. Von dort können Bauern sie per Smartphone oder Tablet abrufen. Über die Cloud erhalten Kunden auch Hinweise, wann sie säen, pflanzen oder ernten sollten, statt jedes Mal selbst auf ihren Feldern vorbeischauen zu müssen. Für Fujitsu ging es bei diesem Vorstoß in die Landwirtschaft letztlich auch darum, neue Abnehmer zu gewinnen für seine Supercomputer, Serverdienste und Softwareprogramme.

Auch andere japanische Elektronikhersteller expandieren in die Landwirtschaft. Panasonic, die Marke, die Verbrauchern früher vor allem durch Fernseher, Videorekorder, Waschmaschinen und Kühlschränke vertraut war, ist ebenfalls in die Produktion von Grünzeug eingestiegen. In Singapur betreibt der Konzern eine Agrarfabrik, die langfristig fünf Prozent zur Gemüseversorgung des Stadtstaates beitragen soll. Auf seinen Hightech-Plantagen kann der Hersteller viele seiner bisherigen Produkte nutzen – von der LED-Leuchte bis zum Ventilator. Darin kann man eine geniale Geschäftsstrategie sehen. Aber man kann sich auch fragen, ob es nicht besser wäre, wenn Panasonic und Co. sich auf wenige Technologien fokussieren würden.

Ob die Agrarkonzepte der Elektronikbranche aufgehen, muss sich noch zeigen. Das Pilotprojekt in der früheren Chipfabrik in Aizu-Wakamatsu wurde von der Regierung großzügig subventioniert. Als Produktionsleiter Miyabe mich durch die Fabrik führte, machte sie noch keinen Gewinn. Zwar ließ Fujitsu sich eine Menge einfallen, um den Hightech-Salat zu vermarkten – über das Internet, über Supermärkte und über spezielle Abonnements. Auch die Passagiere eines Kreuzfahrtschiffes hatte man mit dem Spezialgemüse verpflegt. Da es besonders haltbar sei, eigne es sich hervorragend für lange Touren auf See, erläuterte Miyabe. Nach einem Erdbeben in Südjapan hatte Fujitsu die obdachlos Gewordenen ebenfalls mit dem Fabrikgemüse versorgt. Dabei habe man bewiesen, dass es sich als hygienischer Notproviant eigne für Katastrophengebiete, in denen die Menschen weder über Strom noch über fließend Wasser verfügen.

All das war typisch Japan – die Liebe zum Detail, die persönliche Einsatzbereitschaft, die Treue zur Firma und der Teamgeist der Chip-Techniker, die hier kollektiv um das Überleben ihrer Hightech-Fabrik kämpften. Doch am Ende kam es für Fujitsu natürlich darauf an, genügend Geld zu verdienen mit der Salatfabrik, die einst eine Chipfabrik war. Bis 2020 hatten die Konzernbosse Miyabe Zeit gegeben, dieses Ziel zu erreichen. Zum Abschied sagte er: »Die eigentliche Arbeit steht uns noch bevor.« Das klang fast wie ein Motto. Nicht nur für Fujitsu und seine Salatzüchter. Auch für ganz Japan.

Kapitel V

GESUCHT: EINE ÜBERLEBENSSTRATEGIE

Casino-Kapitalismus

Yasuhiro Nagano trat vor ein großes Fenster. Von hier, von der 31. Etage eines Wolkenkratzers, konnte er weit über die Bucht von Osaka blicken. »Dahinten liegt Yumeshima«, sagte er und deutete auf ein bräunliches Stück Land, das aus dem Meer ragte. Die »Trauminsel«, wie sie auf Deutsch hieß, war künstlich aufgeschüttet worden, sie bestand aus einem schmalen Küstenstreifen, der als Containerterminal genutzt wurde. Kräne ragten empor; dahinter glitzerten Wasserflächen in der Sonne, die noch mit Erdreich gefüllt werden sollten. Bis 2024, erläuterte Nagano, solle dort ein gigantischer Casino- und Freizeitkomplex emporwachsen, ein japanisches Dubai im Miniaturformat mit futuristischen Hotels, Kongresshallen und Anlegeplätzen für Luxusjachten.

Das war bisher alles nur ein Plan, aber Nagano sollte mit dafür sorgen, dass er verwirklicht wurde. Nagano war ein erfahrener Verwaltungsbeamter der Stadt Osaka, er hatte schon manches Projekt vorangetrieben, doch dieses war sein bisher ehrgeizigstes. Er trug ein weißes Polohemd, seine Haare wiesen graue Strähnen auf. In einem Großraumbüro, das über die Hälfte leer stand und eindeutig auf Zuwachs angelegt war, brüteten er und rund 30 Kollegen über Entwürfen, Berechnungen, Ausschreibungen. Sie standen unter Druck, denn die Erwartungen der Politiker der Stadt Osaka sowie der gleichnamigen Präfektur waren riesig.

»Wir rechnen mit etwa 15 Millionen Besuchern pro Jahr«, sagte

Nagano, »über 83 000 neue Arbeitsplätze dürften in unserer Region entstehen.« Die wirtschaftlichen Impulse des Casino- und Freizeitkomplexes schätzte er auf insgesamt 690 Milliarden Yen (etwa 5,3 Milliarden Euro) jährlich. Unmengen Beton, Stahl und Glas würden auf der künstlichen Insel verbaut werden. Bereits die Bauphase würde für Wachstum sorgen.

Noch war Nagano sich nicht sicher, ob das Vorhaben je realisiert werden würde. Das Parlament in Tokio hatte zwar ein Gesetz beschlossen, das in Japan erstmals den Betrieb von Casinos erlaubte. Die Einzelheiten mussten aber noch durch ein Ausführungsgesetz geregelt werden. Gleichwohl wetteiferten Osaka, Tokio, Yokohama und andere Regionen schon darum, die ersten Casinos bauen zu dürfen.

Das Casino-Konzept stand symbolhaft für Abenomics, die Wachstumsideologie, mit der Premier Shinzo Abe seit Ende 2012 versuchte, die alternde japanische Volkswirtschaft wiederzubeleben. Weil die Wirtschaft von sich aus nicht mehr ausreichend wuchs, musste der Staat die nötigen Anreize geben. Wer zum Zynismus neigte, konnte auf den Gedanken kommen, dass es sich auch bei Abenomics – eine Wortschöpfung aus dem Familiennamen des Premiers und dem englischen Wort für Ökonomie – um eine Art Glücksspiel handelte. Um eine amtliche Form von Casino-Kapitalismus sozusagen.

Denn anders als zu Zeiten des Wirtschaftswunders, als die Japaner mit Fleiß und Schweiß reale Produkte herstellten, hatte Abes Lehre vor allem mit Erwartungen zu tun, die sie emsig schürte und die sie erst noch erfüllen musste. Kritiker sprachen von einer Blase, die der Premier anfache. Denn das Geld für seine Konjunkturpolitik stellte letztlich die Zentralbank, die Bank von Japan, zur Verfügung. Sie hatte praktisch die Rolle des Motors der Volkswirtschaft übernommen. Oder, um im Bild zu bleiben: Der oberste Währungshüter agierte gleichsam als Croupier, der das Geld auf dem Spieltisch der japanischen Wirtschaft verteilte.

Auch in Europa und den USA spielten die Notenbanken eine immer wichtigere Rolle dabei, das Wirtschaftswachstum nach der Weltfinanzkrise wieder anzukurbeln. Doch kaum eine Zentralbank ging dabei so hemmungslos vor wie die japanische: Im Zuge ihrer ultralockeren Kreditpolitik pumpte sie ständig neues Geld in den Wirtschaftskreislauf. Die wundersame Geldvermehrung trieb den Wechselkurs der Landeswährung Yen gegenüber Euro und US-Dollar zeitweise immer tiefer nach unten – und damit auch die Preise der Exporte.

Genau das war beabsichtigt. Mit ihrer lockeren Geldpolitik weckte die Zentralbank bei Investoren Erwartungen, dass vor allem die Gewinne der Exportfirmen wieder steigen würden. Folglich kletterten an der Aktienbörse in Tokio die Kurse. Und am Ende, so die Theorie von Abenomics, würden die Unternehmen wieder mehr investieren und ihren Beschäftigten höhere Löhne zahlen. Diese würden dann wieder mehr Geld ausgeben und mehr konsumieren. Es ging darum, einen positiven Kreislauf in Gang zu setzen. Mit Hilfe der Zentralbank sollte der Staat Zeit gewinnen, um Gesetze, Regeln und Rahmenbedingungen so zu lockern und zu reformieren, dass die Wirtschaft wieder aus eigener Kraft wuchs. Der Premier sprach von »drei Pfeilern«, aus denen seine Strategie bestehe: staatliche Konjunkturspritzen, die lockere Kreditpolitik und strukturelle Reformen.

Dass ausgerechnet Shinzo Abe zum Namensgeber einer ökonomischen Heilslehre werden würde, dürfte ihn anfangs selbst überrascht haben. Denn als Wirtschaftspolitiker hatte er sich lange Zeit nicht hervorgetan. Er war vielmehr bekannt für seine erzreaktionäre Innen- und Außenpolitik. Im Rückgriff auf eine mythisch verklärte Vergangenheit wollte er Japan wieder zu einem »schönen Land« machen, getreu dem Titel seines wichtigsten Buches. Zu diesem Zweck wollte er insbesondere die pazifistische Nachkriegsverfassung von 1947 revidieren. Dieses politische Herzensanliegen hatte Abe bereits verfolgt, als er 2006 zum ersten Mal Premier wurde. Doch nur ein Jahr später war er überraschend zurückgetreten. Politische Misserfolge hatten ihn zermürbt, auch quälte ihn eine chronische Darmkrankheit. Japan war damals schockiert über seinen abrupten Abgang. In einer Nation, die selbst von Teilzeitkräften Pflichterfüllung bis zur Selbstaufgabe erwartet, erntete der Premier Unverständnis. Als Politiker schien Abe für immer abgeschrieben.

Doch dann erlitt Japan ein Desaster nach dem anderen: Die wirtschaftlichen Schwierigkeiten nach der Lehman-Pleite, das Erdbeben und den Tsunami in Nordostjapan, den GAU in Fukushima. Zudem brach erbitterter Streit mit dem Rivalen China aus, bei dem es vordergründig um eine Gruppe unbewohnter Felseninseln im Ostchinesischen Meer ging, langfristig aber um die geopolitische Überlebensfrage, ob und wie das stolze Japan sich mit der aufstrebenden asiatischen Supermacht auf friedliche Weise arrangieren könne.

Die Japaner waren zutiefst verunsichert, sie sehnten sich nach einem Retter in der Not. Anders als später in den USA oder in Deutschland meldete sich zwar kein japanischer Donald Trump zu Wort und auch kein Pendant zur deutschen AfD – diese Art von Populismus hätte in Japan kaum verfangen. Das Inselvolk ist dafür viel weniger anfällig als westliche Gesellschaften, was vor allem auch daran liegt, dass Japan ethnisch und kulturell vergleichsweise homogen ist. Es ist eine Gruppengesellschaft, die großen Wert legt auf Konsens und sich eher selbst lähmt, als sich einem Populisten oder gar einem Diktator zu unterwerfen, der die Massen aufwiegelt. Selbst im Zweiten Weltkrieg hatte Japan, wie erwähnt, keinen Hitler. Und nach dem Krieg sorgte dann eine hohe Erbschaftssteuer dafür, dass soziale Unterschiede viel stärker eingeebnet wurden als in Westeuropa oder den USA. Somit fehlte in Japan lange der Nährboden, auf dem soziale Spannungen entstehen konnten.

Gleichwohl: Ende 2012, nach fünf quälend langen Jahren der nationalen Krisen und ebenso vielen glücklosen Regierungschefs, waren die Japaner müde. Viel schlimmer konnte es nicht mehr kommen. Und so lässt sich erklären, dass sie ausgerechnet Abe eine zweite Chance gaben. Als wäre er nie weg gewesen, meldete sich der in Ungnade gefallene Ex-Premier zurück und versprach, »Japan wiederherzustellen«. Er redete wie einer, der weiß, wie man ein liegen gebliebenes Auto wieder flottmacht. Mit seinem zuversichtlichen Ton traf er bei vielen verzweifelten Bürgern auf offene Ohren.

Bei der Unterhauswahl im Dezember 2012 bescherten die Wähler Abe und seiner Liberaldemokratischen Partei einen Erdrutschsieg – ein beispielloses Comeback in der japanischen Politik. Abe hatte sich mit neuen Beratern umgeben, allen voran Koichi Hamada, ein schillernder japanischer Ökonom mit schlohweißen Haaren, der an der Yale-Universität in den USA lehrte und sich als Guru einer extrem lockeren Geldpolitik profiliert hatte.

Abe hatte sich auch äußerlich neu erfunden. Seine gescheitelte Frisur, die bisher wie angeklatscht auf seinem Kopf saß, hatte er dynamisch in die Höhe gekämmt. Mit Hilfe seiner Ärzte und angeblich auch neuer Medikamente hatte er seine Darmkrankheit so weit im Griff, dass sie ihn nicht mehr beim Regieren beeinträchtigte. Auch einen neuen Redestil hatte er sich antrainiert: Er sprach mit staatsmännisch erhobenem Zeigefinger und verhaspelte sich weniger häufig als früher.

Vor allem aber hatte er verstanden, was die Landsleute zuallererst von ihren Politikern erwarteten: die Wiederbelebung der Wirtschaft. Japan musste erst ökonomisch wieder erstarken, bevor Abe darangehen konnte, es auch militärisch und moralisch aufzurüsten. Seine Wirtschaftspolitik ließ auch die internationale Finanzwelt aufhorchen. Vor allem Ökonomen aus angelsächsischen Ländern glaubten, in Abenomics ein mögliches Modell für die wirtschaftliche Belebung alternder und gereifter Industriegesellschaften zu erkennen.

Ein Gegenprogramm insbesondere zur deutschen Sparpolitik, auf der Bundeskanzlerin Angela Merkel gegenüber südeuropäischen Schuldnern wie Griechenland beharrte und die damals heftig kritisiert wurde. Paul Krugman, der amerikanische Wirtschaftsnobelpreisträger und Kolumnist der »New York Times«, lobte Abe dafür, »endlich das zu tun, was Japan schon lange hätte tun müssen«.

Dabei tat Abe nicht viel mehr als das, was seine LDP seit der geplatzten Japan-Blase schon oft praktiziert hatte – und voraussichtlich auch noch praktizieren wird, wenn Abe selbst längst Geschichte ist: Er pumpte massiv Geld in die Wirtschaft. Und er förderte Großprojekte mit viel Stahl und Beton – wie eben den Casinokomplex, den der Beamte Nagano und seine Kollegen in ihrem Großraumbüro in Osaka planten. Ihre »Trauminsel« in der Bucht von Osaka bot ein Lehrbeispiel dafür, wohin es führt, wenn staatliche Planer versuchen, Wachstum um des Wachstums willen zu erzeugen.

Yumeshima, die Insel, auf welcher der Casino-Komplex entstehen sollte, war bereits in den Siebzigerjahren mit Müll aufgeschüttet worden. Sie war eine von mehreren künstlichen Inseln in der Bucht von Osaka. Auch das Verwaltungsgebäude, in dem Nagano mich empfing, stand auf so einem künstlichen Eiland – beide Inseln waren durch einen Autotunnel miteinander verbunden. Schon vor Jahrzehnten hatte man hier neue Wohn- und Geschäftsviertel geplant – für eine Bevölkerung, die damals noch wuchs, und für eine Industrie, die noch expandierte. Doch dann brachen Anfang der Siebzigerjahre die Ölkrisen aus, und plötzlich waren die Planer ratlos, was sie mit all den neu aufgeschütteten Flächen anfangen sollten.

Die künstlichen Inseln wurden zu einem Freilichtmuseum der unerfüllten Träume. Zeitweise hofften die Stadtväter, hier ein olympisches Dorf für die Sommerspiele 2008 bauen zu können, für die Japan sich bewarb. Doch dann platzte die Bewerbung von Osaka, stattdessen erhielt bekanntlich der chinesische Konkurrent Peking den Zuschlag. Später baute man im Meer vor einer der künstlichen

Inseln ein Museum. »An dem Projekt habe ich auch mitgearbeitet«, sagte Nagano und deutete auf eine gigantische Glaskuppel, die aus dem Wasser ragte. Aus Naganos Stimme hörte man eine widersprüchliche Mischung aus Stolz und Scham heraus. Denn das sogenannte Meeresmuseum, ein Werk des französischen Star-Architekten Paul Andreu, stand nun leer. Als es im Jahr 2000 feierlich eröffnet worden war, hatte es etwas ganz Besonderes darstellen sollen: Um zu den Ausstellungsräumen zu gelangen, mussten die Besucher einen Tunnel durchqueren. Durch eine gläserne Decke konnten sie den Fischen dabei zuschauen, wie diese über ihnen im Meer schwammen. Zu besichtigen gab es auch die Nachbildung eines historischen japanischen Frachtseglers. Das alles war indes nicht attraktiv genug, um auf Dauer ausreichend Besucher anzulocken; 2013 wurde das Museum geschlossen.

Und so nahm Nagano nun also das nächste Vorhaben in Angriff, zahlungskräftige Besucher auf die künstlichen Inseln zu locken: den Casino-Komplex. Er war ein Beamter, er führte getreu aus, was die Politiker ihm auftrugen. Der Staat gebe ja nur die Impulse, sagte er, für das Wachstum müssten später private Investoren sorgen. Parallel dazu bewarb sich Osaka darum, die Weltausstellung 2025 ausrichten zu dürfen, zum zweiten Mal, denn 1970 hatte die Stadt die Ausstellung schon einmal beherbergt. Die Pavillons dafür sollten ebenfalls auf der Trauminsel gebaut werden. Die Regierung in Tokio hatte ihre Unterstützung für die Expo-Bewerbung bereits signalisiert.

Denn unter Abenomics erhielten viele Ideen Chancen, wenn sie nur irgendwie nach neuem Wachstum klangen. Es herrschte wieder Aufbruchstimmung in Japan. Schon kurz vor Abes Wiederwahl im Dezember 2012 hatte die Aussicht auf neue Staatsmilliarden die Finanzmärkte beflügelt. Abe kündigte an, 20,2 Billionen Yen (circa 156 Milliarden Euro) für den Bau von Straßen, Brücken und anderen öffentlichen Projekten ausgeben zu wollen; rund die Hälfte des Konjunkturpakets kam direkt aus der Staatskasse. Damit kehrte

Japan praktisch zur Konjunkturpolitik der Neunzigerjahre zurück. Zwar hatte sich das Land bereits mit mehr als dem Doppelten seiner gesamten Wirtschaftskraft verschuldet. Doch anders als beispielsweise Griechenland hatte der japanische Staat sich großenteils bei den eigenen Bürgern Geld geliehen. Die Gefahr, dass sie ihrer Regierung das Vertrauen entziehen und mit ihren Ersparnissen ins Ausland fliehen würden, war äußerst gering.

Als wichtigste Amtshandlung ernannte Abe einen neuen Notenbank-Gouverneur, der treu auf seiner Linie argumentierte: Haruhiko Kuroda. Der einstige Finanzbürokrat und Ex-Chef der Asiatischen Entwicklungsbank begeisterte die Finanzmärkte mit der Ankündigung einer kreditpolitischen Lockerung der »anderen Dimension«. Er versprach forsch, Japan in zwei Jahren von der moderaten Deflation zu befreien, mit der das Land sich seit Jahrzehnten herumquälte. Das wollte er erreichen, indem er dem Land ein offizielles Inflationsziel von zwei Prozent setzte – ein Ziel, das bereits sein glückloser Vorgänger ausgerufen hatte.

Die Politik des lockeren Geldes hatte viel mit Psychologie zu tun: In Erwartung steigender Preise, so die Theorie von Abe, Kuroda & Co., würden die Firmen endlich damit beginnen, ihre gewaltigen Vermögensrücklagen anzubrechen, die sie seit der geplatzten Japan-Blase aufgehäuft hatten. Und wenn die Firmen erst einmal in neue Fabriken und Jobs investierten, würden auch die Steuereinnahmen wieder so kräftig sprudeln, dass der Staat damit seinen Haushalt sanieren könne.

Kuroda gelobte, »alles zu tun, was möglich ist«, um sein Ziel zu erreichen. Was der Währungshüter ankündigte, lief auf hemmungsloses Gelddrucken hinaus. Um den Geldumlauf zu verdoppeln, begann die Zentralbank pro Monat Staatsanleihen von über sieben Billionen Yen (54 Milliarden Euro) aufzukaufen, das war etwa doppelt so viel wie noch unter Kurodas vorsichtigem Vorgänger. Künftig wollte die japanische Zentralbank etwa 70 Prozent der neuen

Staatsanleihen kaufen und so die Renditen für die Papiere nach unten treiben.

Anfangs schien die Strategie zu funktionieren. Kritiker behaupteten zwar, dass sich die Konjunktur damals, fünf Jahre nach dem Ausbruch der Weltfinanzkrise, ohnehin erholt hätte, doch unbestreitbar war, dass sich die Stimmung merklich aufhellte. In Tokio und anderen Großstädten veranstalteten Wertpapierhäuser Seminare, auf denen Anleger sich darüber informierten, welche Aktienwerte dank Abe wohl am ehesten steigen würden: Besonders gefragt waren Papiere von Baufirmen, die von staatlichen Projekten profitierten, sowie von Exportunternehmen, denen der niedrige Wechselkurs des Yen zugutekam.

In den Blickpunkt der Investoren gerieten nun auch wieder traditionelle Branchen wie Stahlkonzerne und Anlagenbauer, die im Internetzeitalter von vielen bereits abgeschrieben worden waren. Abe vermittelte den Eindruck, er könne Japan zurück in die Wirtschaftswunder-Ära führen: Als eine Art Chefverkäufer der Japan AG reiste er um die Welt, um den Export von Kernkraftwerken, Eisenbahnen und U-Booten aus japanischer Herstellung zu befördern. Potenzielle Auftraggeber umwarb er mit großzügigen Krediten und Exportbürgschaften.

Auffällig war, dass er dabei oft fast die gleichen Routen bereiste, auf denen auch Chinas Staats- und Parteichef Xi Jinping unterwegs war, um die Infrastrukturprodukte der Weltfabrik zu vermarkten – nicht nur in Asien, auch in Lateinamerika und in Nahost. Nur: Als Hochlohnland – noch dazu mit einer alternden, schrumpfenden Bevölkerung – war Japan gegenüber dem vergleichsweise billigen China von vornherein im Nachteil. Auch bei den Kreditkonditionen konnte es mit der devisenreichen Volksrepublik auf Dauer nicht mithalten. Das zeigte sich beispielsweise in Indonesien, einem Exportmarkt, den japanische Firmen seit den Fünfzigerjahren großenteils unter sich aufgeteilt hatten: Hier schnappten die Chinesen den

Japanern 2015 den Auftrag zum Bau einer Schnellzuglinie weg. Und bewiesen ihnen somit, dass sie sich lieber auf eine höhere Stufe des Hightech hätten fokussieren sollen.

Die Illusion des neuen Wirtschaftswunders

Zunächst aber erweckte Abe den Eindruck, er verfüge über fast magische Fähigkeiten. Er personifizierte ein Japan, das viele bereits abgeschrieben hatten und das sich nun selbstbewusst zurückmeldete. Bei einem Besuch an der New Yorker Aktienbörse schwang er fernsehwirksam den Holzhammer und eröffnete den Handel. Auf Englisch rief er die globalen Anleger dazu auf, ihm seine Wirtschaftspolitik abzukaufen: »Buy my Abenomics!«

Auch in Japan selbst gab Abe sich als Modernisierer. In seinem Kabinett besetzte er fünf Posten mit Frauen; im männlich dominierten Japan war das eine Sensation. Er versprach, ein Land zu schaffen, in dem »Frauen leuchten«. Den Eindruck des Wandels unterstützte seine Ehefrau Akie, die sich mit Ansichten zu Wort meldete, die für eine japanische Politikergattin ungewöhnlich liberal klangen. Sie bezeichnete sich als »häusliche Opposition« zu ihrem Mann. Und sie nahm sich gar die Freiheit, in Tokio eine eigene Kneipe zu eröffnen.

Das kleine Etablissement hieß »Uzu« – »Meeresstrudel«. Es befand sich in einer unscheinbaren Gasse im Tokioter Stadtteil Kanda, in einem umgebauten Gebäude, das früher einer Druckerei gehört hatte. Im Frühjahr 2015 verabredete ich mich mit Frau Abe im »Uzu«, sie erwartete mich an einem Ecktisch, von dort hatte sie den Tresen und das übrige Lokal im Blick. Zwei junge Köche waren dabei, biologisch angebauten Reis und andere Spezialitäten aus Yamaguchi, dem Wahlkreis ihres Mannes, zuzubereiten.

Frau Abe berichtete, dass ihr Mann ihre Kneipe noch nie besucht habe. Er schien von ihrem unternehmerischen Projekt nicht begeistert zu sein. Aber er hatte es ihr auch nicht untersagt, als sie ihn in ihre Pläne eingeweiht hatte. Er habe unter zwei Bedingungen eingewilligt, sagte Frau Abe: Sie, die im Gegensatz zu ihrem Gatten gerne mal ein Glas trinkt, dürfe in ihrem Lokal selbst keinen Alkohol zu sich nehmen. Und sie dürfe keine Verluste machen – sonst müsse sie den Betrieb wieder schließen.

Das »Uzu« wurde ein Erfolg. Die Kneipe einer Premiersgattin – da wollten viele mal einkehren. Aber auch politisch profitierten sowohl Herr als auch Frau Abe eine Zeit lang vom »Uzu«: Frau Abe half ihrem Mann damit indirekt, sein altmodisches Image abzumildern. Denn sie sprach potenzielle Wähler an, vor allem jüngere Frauen, die ihren Mann kaum gewählt hätten. Und sie selbst profilierte sich als moderne Japanerin, eine, die sich durchsetzt. Gegen ihren Mann, aber auch gegen ihre mächtige Schwiegermutter, mit der die kinderlosen Abes in Tokio im selben Apartmentblock lebten und die von Frau Abes Kneipengründung angeblich gar nichts hielt.

Akie Abe genoss es sichtlich, sich nun, in der zweiten Amtszeit ihres Mannes, von den traditionellen Zwängen einer Politikerehe zu befreien und eine eigene Rolle zu erkunden. Sie hatte genug gelitten, nachdem ihr Mann nach der missglückten ersten Amtszeit in der Versenkung verschwunden war. Denn nicht nur Herr Abe war damals zum Außenseiter geworden, auch seine Ehefrau hatte sich wie eine Geächtete gefühlt. »Ich war völlig niedergeschlagen, neidisch beobachtete ich, wie glücklich andere waren«, berichtete sie.

Akie Abe war die Tochter eines bekannten Süßwarenunternehmers, bis zu ihrer Hochzeit hatte sie für eine große Werbeagentur gearbeitet. Lange hatte sie sich in ihrer Ehe ihrem Mann untergeordnet: Sie betreute seinen Wahlkreis, wenn er in Tokio beschäftigt war. Wenn er ins Ausland reiste, zeigte sie sich Händchen haltend an seiner Seite. Doch im Zuge des zwischenzeitlichen Abstiegs ihres

Gatten hatten sich die Gewichte in der Beziehung etwas verschoben, zumindest hatte es den Anschein: Frau Abe nahm sich jetzt erstaunlich viel heraus. Sie äußerte sich skeptisch gegenüber der Kernkraft, deren Neustart ihr Mann trotz des Desasters von Fukushima hartnäckig vorantrieb. Sie ermutigte Kritiker einer gigantischen Flutmauer, mit der Hunderte Kilometer der japanischen Nordostküste betoniert wurden, um künftige Tsunamis abzuwehren. Und sie demonstrierte in Tokio mit für die Rechte von Schwulen und Lesben.

Vor allem aber unterstützte sie eben den Vorstoß ihres Mannes, eine Gesellschaft zu schaffen, in der »Frauen leuchten«. Für den Premier ging es in erster Linie darum, Japanerinnen für den Arbeitsmarkt zu mobilisieren und somit den Personalmangel der vergreisenden Gesellschaft zu lindern. Doch hier im »Uzu«, in der Kneipe seiner Frau, hörte sich diese Politik fast so an, als könne Japan in ein Zeitalter der Gleichberechtigung von Mann und Frau aufbrechen. Frau Abe sagte: »Viele Frauen danken mir, weil sie sich ermutigt fühlen, aktiv zu werden.« Das mache sie glücklich. Dafür werbe sie auch mit ihren sehr persönlichen Einträgen auf der eigenen Facebook-Seite, und dafür habe sie im Obergeschoss ihrer Kneipe die »Uzu-Schule« gegründet: Dort konnten Frauen sich zu Vorträgen und Seminaren treffen und sich über Fragen von Familie, Ehe, Kindererziehung und Beruf austauschen. Und Akie Abe selbst wollte dazu offenbar das Vorbild sein: Von niemandem lasse sie sich in etwas hineinreden, betonte sie, »egal ob ich kritisiert werde oder nicht«.

Wer mit einer Japanerin verheiratet war, die so sympathisch ungezwungen auftrat, konnte eigentlich nicht so reaktionär sein, wie ihn seine Kritiker oft darstellten. Dieser Eindruck drängte sich zumindest auf, wenn man Herrn Abe gleichsam durch die Äußerungen seiner Frau kennenlernte. Zu Hause trage Herr Abe sogar schon mal den Müll vor die Tür, verriet sie. Auch den Tee, den er in einer

Thermoskanne mit zur Arbeit nahm, ließ er sich nicht mehr von ihr zubereiten. Das mache er selbst. »Solche Sachen kriegt er inzwischen hin.« Nach dem Kneipenbesuch bei Frau Abe hielt ich es für denkbar, dass Japans Premier nicht nur seine Ehe, sondern auch sein Land von traditionellen Zwängen befreien könne. Dass er nicht nur einen kurzfristigen Boom anfachen werde. Sondern dass er Japan, wie versprochen, auch strukturell für die Zukunft ausrichten könne, um nachhaltiges Wachstum zu schaffen.

Im Nachhinein muss ich sagen, dass ich mich zu stark von Frau Abes vermeintlicher Liberalität beeindrucken ließ. Ich ahnte damals nicht, in welchem Ausmaß sie gleichzeitig die Aufgabe übernahm, die reaktionäre Klientel ihres Mannes zu bedienen. So pilgerte sie an den Yasukuni-Schrein, jene Kriegergedenkstätte in Tokio, an der auch Japans 1948 verurteilte Hauptkriegsverbrecher des Zweiten Weltkriegs als shintoistische Gottheiten verehrt werden. Der Premier konnte den umstrittenen Wallfahrtsort japanischer Nationalisten damals nicht mehr persönlich aufsuchen, weil er sonst internationale Proteste provoziert hätte. Zuletzt hatte er im Dezember 2013 an dem Schrein gebetet – gegen den Rat enger Berater. Dagegen hatten nicht nur China und Südkorea protestiert, selbst das verbündete Amerika hatte tiefe Enttäuschung bekundet.

Wohl auch deshalb besuchte danach statt des Premiers Frau Abe den umstrittenen Schrein. Es galt, Abes nationalistische Anhänger zu besänftigen. Viele von ihnen waren organisiert in der »Nippon Kaigi«, der »Japankonferenz«, der auch zahlreiche Minister angehörten. Dieser Verband von Ewiggestrigen wollte Japan geistig und moralisch wieder aufrüsten. Insbesondere forderte er ein Ende von Japans »demütigender Entschuldigungsdiplomatie« gegenüber den asiatischen Nachbarn, die im Zweiten Weltkrieg unter japanischen Kriegsverbrechen zu leiden hatten.

Später ließ Frau Abe sich zur Ehrenrektorin einer Schule ernennen, die ein patriotischer Anhänger ihres Mannes in Osaka plante.

Die Neugründung sollte ursprünglich »Shinzo-Abe-Gedächtnis-Grundschule« heißen und die Kinder im Untertanengeist des einstigen Kaiserreiches unterweisen. Das Projekt scheiterte 2017, denn es war ans Licht gekommen, dass dem Schulträger für das Baugrundstück vom Staat ein Preisnachlass von 800 Millionen Yen (über sechs Millionen Euro) gewährt worden war. Der Skandal stürzte die Regierung Abe im März 2018 in ihre bis dahin größte Krise. Denn interne Aktenvermerke, die nach und nach ans Licht kamen, deuteten darauf hin, dass Beamte den Rabatt mit Rücksicht auf Frau Abe gewährt hatten. In Dokumenten, die dem Parlament vorgelegt wurden, waren Hinweise auf die Gattin allerdings systematisch entfernt worden. Premier Abe bestritt, dass er oder seine Frau ihren Einfluss für das Projekt hätten spielen lassen.

Monatelang hagelte es Kritik im Parlament und in den Medien. In Umfragen stürzte Abes Beliebtheit ab. Nun erschien auch seine Frau nicht mehr als liberale Hoffnungsträgerin. Vielmehr wurde sie zur größten politischen Belastung für ihren Mann. In der Öffentlichkeit tauchte sie nur noch selten auf, und wenn, dann meist in der Rolle der braven Ehefrau.

Spätestens zu diesem Zeitpunkt wurde klar, dass die Popularität des Premiers auf einem Missverständnis beruhte. Die Japaner hatten von ihm eine Modernisierung ihrer Wirtschaft erhofft – gleichsam eine magische Formel für die Verjüngung ihrer alternden Gesellschaft. Dabei übersahen sie indes, dass Abenomics für den Namensgeber nur ein Mittel zum Zweck war. Abe begnügte sich damit, durch die ultralockere Geldpolitik eine neue Aktien- und Finanzblase anzufachen. Doch statt die so gekaufte Zeit zu nutzen, um Wirtschaft und Gesellschaft von Grund auf zu reformieren, wandte er sich oft lieber seinen eigentlichen Herzensanliegen zu: der militärischen Aufrüstung und der Verfassungsrevision.

Kishis Vermächtnis

Mit seiner konservativen Politik knüpfte Abe an das Vermächtnis seines Großvaters Kishi an, des japanischen Albert Speer. In einer bruchlosen Biografie, wie sie für Nachkriegs-Japan typisch war, stieg Kishi Ende der Fünfzigerjahre zum Premier auf. Er lieferte praktisch die Blaupause, an der sich sein Enkel später orientierte, um »Japan wiederherzustellen«. Schon Kishi hatte danach gestrebt, die pazifistische und demokratische Verfassung von 1947 zu revidieren, die Japan von den US-Besatzern praktisch diktiert worden war. Er und seine nationalistischen Anhänger wollten vor allem Artikel 9 der Verfassung ändern oder am liebsten ganz beseitigen: Darin hatte Japan sich verpflichtet, »auf ewig dem Krieg als souveränem Recht der Nation zu entsagen« und auf eigene Streitkräfte zu verzichten. Dieser Artikel 9 geriet allerdings mehr und mehr in Widerspruch zur Realität. Denn tatsächlich unterhielt Japan sogenannte Selbstverteidigungsstreitkräfte, für die es allein 2016 über 46 Milliarden US-Dollar ausgab. Damit rangierte es auf der Rangliste der weltweiten Rüstungsausgaben gleich hinter Großbritannien und vor Deutschland.

Gleichwohl scheiterte Kishi mit dem Anliegen der Verfassungsrevision: Die Mehrheit seiner Landsleute hatte genug vom Militär und von allem, was damit zusammenhing. Und daran hat sich bis heute wenig geändert: Die Japaner genießen zwar die Sicherheit, die ihnen die verbündeten Amerikaner unter dem atomaren Schutzschirm garantieren, und sie haben sich abgefunden mit der Existenz eigener Streitkräfte. Auf ihren Pazifismus wollen sie trotzdem nicht verzichten; in den rund sieben Jahrzehnten seit dem Krieg ist er zur Staatsräson geworden. Im kollektiven Bewusstsein der Japaner ist er eng verknüpft mit dem Wirtschaftswunder.

Abe sah das anders, und als Premier machte er sich daran, das Vermächtnis des Großvaters Schritt für Schritt umzusetzen. Im Juli 2014 beschloss sein Kabinett, die Verfassung einfach anders zu interpretieren als frühere Regierungen. Den Streitkräften wurde das Recht auf »kollektive Selbstverteidigung« zugebilligt. Was damit gemeint war, verdeutlichte ein Paket von Sicherheitsgesetzen, das der Premier ein Jahr später gegen den Widerstand der meisten heimischen Verfassungsrechtler durch das Parlament paukte: Es ermöglichte Japan erstmals die Teilnahme an militärischen Auslandseinsätzen – wenn auch unter strengen Auflagen.

Damit war Japan in der Lage, den USA im Kriegsfall beizustehen. Und zwar nicht nur in Ostasien, wo ein militärischer Konflikt mit Nordkorea oder China durchaus denkbar schien. Sondern auch in entfernten Weltregionen. Aus europäischer Sicht klang das im Grunde selbstverständlich: In der Nato sind die Vertragsstaaten durch den Artikel 5 verpflichtet, sich im Angriffsfall gegenseitig zu verteidigen. Doch die Gleichgültigkeit, mit der Abe sich über die geltende Verfassung hinwegsetzte, weckte Zweifel an seinem Verständnis von Rechtsstaatlichkeit. Taro Aso, sein Vizepremier und Finanzminister, hatte die Taktik, die die Regierung anwandte, zwei Jahre zuvor bereits angedeutet: »Deutschlands Weimarer Verfassung wurde geändert, bevor es irgendwer merkte. Warum lernen wir nicht von dieser Methode?« Zwar nahm der Minister diese Äußerung später zurück. Doch sie spiegelte den autoritären Geist wider, der in Tokio zunehmend herrschte.

Bei seinem Bestreben, die Rolle des Militärs zu stärken, konnte Abe auf die Gefahr von außen verweisen: Zum einen trieb China immer aggressiver die militärische Expansion im Pazifik voran. Zum anderen forderte Nordkoreas Diktator Kim Jong Un die Welt mit seinem Atomprogramm heraus. Einen vorläufigen Höhepunkt erreichten Kims Drohgebärden aus japanischer Sicht im Sommer 2017. Binnen weniger Wochen ließ er zwei Raketen über Japans nördliche Hauptinsel Hokkaido hinweg in den Pazifik feuern. Abe nahm dies zum Anlass, die Streitkräfte weiter aufzurüsten. Doch langfristig fürchtete Japan sich weniger vor Nordkorea – zumal Diktator Kim Anfang 2018 plötzlich auf Entspannung umschaltete und die USA und deren Verbündete mit einer Charmeoffensive überraschte. Japans eigentlicher Rivale in Asien heißt China.

Das Reich der Mitte hatte Japan 2010 nicht nur als zweitgrößte Volkswirtschaft überholt, es meldete auch immer offensiver Ansprüche auf die von Japan kontrollierten Senkaku-Inseln im Ostchinesischen Meer an, die auf Chinesisch Diaoyu heißen. Immer wieder lieferten sich die Nachbarn in der Umgebung der unbewohnten, felsigen Eilande riskante Abschreckungsmanöver mit Kampfflugzeugen sowie mit Schiffen von Marine und Küstenwache.

Über Jahrhunderte hatte sich kaum jemand ernsthaft für diese Inseln interessiert, weder in Japan noch in China. Erst Anfang 1895, im Zuge seiner Ostasienexpansion, verleibte sich das japanische Kaiserreich die Senkaku-Inseln offiziell ein. Sie befanden sich in Privatbesitz und wurden vor allem für Fischfang und -verarbeitung genutzt; zeitweise lebten dort bis zu zweihundert Menschen. Nach dem Zweiten Weltkrieg waren die Inseln verwaist, das amerikanische Militär nutzte sie teilweise, um Bombenabwürfe zu üben.

Erst Ende der Sechzigerjahre, nachdem Experten der Vereinten Nationen in den umliegenden Gewässern das Potenzial für reiche Ölvorkommen ausmachten, meldeten auch China und Taiwan Ansprüche auf die Inseln an. Die Regierung in Peking verwies auf die Vergangenheit der Eilande im 14. Jahrhundert und argumentierte ähnlich, wie sie heute auch die umstrittene Expansion im Südchinesischen Meer rechtfertigt. Doch China war noch zu schwach, um seine Ansprüche durchzusetzen. Zudem brauchte es Japans Hilfe, um seine Industrie zu modernisieren. Deng Xiaoping, der legendäre chinesische Wirtschaftsreformer, empfahl, den Streit zu vertagen: »Unsere Generation ist nicht weise genug«, sagte er 1978 bei einem Besuch in Japan. »Unsere nächste Generation wird weiser sein.«

Da irrte er sich. Im Jahr 2012 kaufte der japanische Staat drei der fünf umstrittenen Inseln von einem privaten Besitzer; auf diese Weise wollte die Regierung verhindern, dass nationalistische Hitzköpfe um den damaligen Gouverneur von Tokio die Inseln erwarben. Doch den Machthabern in Peking war dieses innerjapanische Kalkül nicht zu vermitteln, sie reagierten mit wütendem Protest und mobilisierten Anti-Japan-Demonstrationen in ganz China. Japanische Supermärkte und Restaurants wurden boykottiert oder verwüstet. In einer kollektiven Drohgeste nahmen Tausende chinesische Fischerboote Kurs auf die Senkaku-Inseln; zeitweise sah es fast aus, als könnten die beiden Großmächte in einen Krieg um die felsigen Eilande schlittern.

Die Spannungen mit China warfen für Japan die grundsätzliche Frage auf, wie lange es sich noch auf den Schutz durch die USA verlassen könne. Die westliche Supermacht schien in ihrer Rolle als Weltpolizist zunehmend überfordert. Washington drängte Tokio seit Jahren, mehr Verantwortung für die eigene Verteidigung zu übernehmen und sich auch global zu engagieren. Als dann Donald Trump im November 2016 zum US-Präsidenten gewählt wurde, wuchsen in Tokio die Zweifel an der Verlässlichkeit der Schutzmacht. Schon im Wahlkampf hatte Trump darauf hingewiesen, dass Japan und Südkorea sich angesichts der Schwäche der USA eigene Atomwaffen zulegen könnten. Das klang für japanische Ohren fast wie eine Aufforderung, sich gefälligst selbst zu verteidigen. Und als Trump im März 2018 – für die Japaner völlig überraschend – ankündigte, Nordkoreas Kim Jong Un treffen zu wollen, wuchsen in Tokio zeitweilig Befürchtungen, dass Amerika sich über die eigenen Köpfe hinweg mit dem Diktator auf einen Truppenabzug aus Südkorea verständigen könnte. Und dass das Vakuum dann womöglich vom Rivalen China gefüllt werden würde. Ein uraltes Trauma wurde wach: Seit jeher verglichen japanische Strategen die koreanische Halbinsel mit einem »Dolch«, der auf ihr Land gerichtet sei.

Japan stand vor der Überlebensfrage, wie es sich langfristig zwischen den Supermächten USA und China positionieren solle. Historisch hatte Japan sich zwar stets pragmatisch an der aktuell stärksten und modernsten Macht orientiert – ohne dabei jemals die eigene Kultur aufzugeben. Allerdings war kaum denkbar, dass Japan sich im 21. Jahrhundert statt der USA wieder China zum Vorbild nehmen könnte. Der »Chinesische Traum«, den die Machthaber in Peking ihrem Volk vorschrieben, war zu nationalistisch und zu autoritär, um ersetzen zu können, was weltweit nach wie vor als amerikanische Softpower bewundert wird – von der Demokratie bis zu Hollywood.

Andererseits gingen die USA zunehmend ruppig mit Japan um, auch in wirtschaftlichen Beziehungen. Präsident Trump, der eine »America First«-Politik propagierte, kündigte gleich nach seinem Amtsantritt im Januar 2017 die geplante Transpazifische Partnerschaft (TPP) auf: Dieses Freihandelsabkommen der USA mit Japan und zehn weiteren pazifischen Staaten war für Japan ein zentrales Element sowohl seiner Sicherheitspolitik als auch der wirtschaftlichen Wachstumsstrategie. Mit Hilfe von TPP hatte es den wachsenden Einfluss Chinas eindämmen wollen. Die Absage der USA führte den Japanern vor Augen, wie einsam sie in Asien letztlich dastanden. Dass sie die verbliebenen TPP-Staaten im Frühjahr 2018 bewegen konnten, den Vertrag ohne die USA zu unterzeichnen, war ein schwacher Trost. Denn die USA setzten Japan zunehmend auf bilateraler Ebene unter Druck.

Mit Blick auf China blieb Japan allerdings kaum etwas anderes übrig, als sich nun erst recht an die Schutzmacht USA anzulehnen. Als erster ausländischer Regierungschef war Abe gleich nach Trumps Wahlsieg nach New York geeilt, um ihm seine Aufwartung zu machen. Für seinen Übereifer wurde er im In- und Ausland belächelt. Doch was sollte er machen? Er besaß geopolitisch kaum Spielraum. Anders als Deutschland hatte Japan weder eine EU noch eine Nato, auf deren Rückhalt es hätte vertrauen können. Japan hatte nur die USA.

Gleichzeitig verstärkte Abe seine Bemühungen, Japan moralisch aufzurüsten. Bereits in seiner ersten Amtszeit hatte er für die »Überwindung des Nachkriegssystems« plädiert, wobei selbst ihm nicht immer klar zu sein schien, was er damit genau meinte. Auf jeden Fall hegten Abe und seine Anhänger eine intuitive Abneigung gegen vieles, was sich in Japan seit der Niederlage von 1945 gesellschaftspolitisch verändert hatte. Die größte Schmach stellte für sie die Verfassung von 1947 dar – sie galt es zu revidieren. Abe schien eine Gesellschaft vorzuschweben, die sich an den autoritären Werten der Meiji-Ära im 19. Jahrhundert orientierte. Darauf deutete ein Entwurf für eine neue Verfassung hin, den die LDP 2012 vorgelegt hatte: Er stellte den Staat und seine Belange wieder über das Individuum. In der Präambel wurde das »Volk« durch den »Staat Japan« ersetzt. Die LDP strebte keine Bürgergesellschaft im westlichen Sinne an, sondern einen konfuzianisch geprägten Obrigkeitsstaat.

Abe förderte eine revisionistische Geschichtsbetrachtung. Entschuldigungen, die Vorgängerregierungen einst für dunkle Kapitel der Kriegsvergangenheit abgegeben hatten, ließ er zeitweise wieder infrage stellen. So hatte ein früherer Kabinettschefsekretär fünf Jahrzehnte nach der japanischen Kapitulation bedauernde Worte für den Missbrauch Tausender sogenannter Trostfrauen gefunden. Dabei hatte es sich um Frauen insbesondere aus Korea gehandelt, die während des Zweiten Weltkriegs vom japanischen Militär zur Prostitution gezwungen worden waren. Doch die Regierung in Tokio stieß nun eine neue Diskussion über die damalige Entschuldigung an. Das war etwa so, als hätte Bundeskanzlerin Angela Merkel nach Jahrzehnten überprüfen lassen, ob der Kniefall von Willy Brandt 1970 in Warschau gerechtfertigt gewesen sei.

Abes Revisionismus ging auch den verbündeten Amerikanern zu weit. Sie sorgten sich, dass die militärische Zusammenarbeit Japans mit Südkorea leiden könnte. Auf massiven Druck aus Washington einigten sich Tokio und Seoul im Jahr 2015, ihren bilateralen Zwist über die Zwangsprostituierten »endgültig und unumkehrbar« beizulegen. Doch die Versöhnung war erzwungen, sie kam eben nicht von Herzen. Zwei Jahre später, nach der Wahl des südkoreanischen Präsidenten Moon Jae In, stellte Südkorea die Vereinbarung über die »Trostfrauen« schon wieder infrage.

Um die Verständigung mit den Koreanern voranzutreiben, hätte Japans Premier sich zu einer Geste der Demut durchringen müssen, wie er es gegenüber den Amerikanern im Dezember 2016 auf dem US-Flottenstützpunkt Pearl Harbor tat. Zum 75. Jahrestag des japanischen Überraschungsangriffs auf die amerikanische Marine sprach er den Opfern »aufrichtige und ewig währende Anteilnahme« aus – auch wenn ihm das Wort »Entschuldigung« dabei nicht über die Lippen kam. Gegenüber den Koreanern hätte eine Versöhnung allerdings sehr viel deutlichere Worte der Reue erfordert. Zu tief wurzelten bei den Nachbarn die Ressentiments gegenüber der einstigen Kolonialmacht Japan.

Wenn Politiker über Geschichte sprechen, geht es nicht nur um Vergangenheit. Es geht darum, welche Lehren sie ziehen für Gegenwart und Zukunft. Abe zeigte mit seinen geschichtspolitischen Manövern, dass ihm Japans – ohnehin zaghafte – Demokratisierung der Nachkriegszeit zu weit ging. Bisweilen drängte sich der Eindruck auf, dass er sich eher am autoritären Vorbild Chinas orientierte als an dem der USA. Er glaubte offenbar, Japan dadurch zu stärken, dass er Bürgerrechte einschränkte: So setzte er ein Gesetz gegen Whistleblower durch, das den Verrat von Staatsgeheimnissen mit bis zu zehn Jahren Gefängnis bedroht. In den heimischen Medien, traditionell ohnehin zur Selbstzensur neigend, gerieten die wenigen kritischen Journalisten zunehmend unter Druck. »Wenn die Regierung ›rechts‹ sagt, können wir nicht ›links‹ sagen«, beschrieb ein von Abe installierter Chef des öffentlich-rechtlichen Senders NHK das vorherrschende Denken. Als Abe den frisch gewählten US-Präsidenten im November 2016 im Trump Tower in New York besuchte, soll er auf dessen Fehde mit der »New York Times« verwiesen haben und sich damit gebrüstet haben, dass er, Abe, die liberale japanische Zeitung »Asahi Shimbun« »bezwungen« habe. Er hoffe, dass Trump das Gleiche mit der »New York Times« gelingen werde. 2017 drückte Abe ein Gesetz zur Vereitelung geplanter schwerer Straftaten durch. Die neuen scharfen Regelungen seien nötig, um mit Blick auf die Olympischen Spiele 2020 in Tokio Terroranschlägen vorzubeugen, hieß es. Kritiker wandten ein, das Gesetz ebne den Weg in den Überwachungsstaat.

Seine eigene Liberaldemokratische Partei, die LDP, stutzte Abe zunehmend zu einem Verein von Jasagern zurecht. Das war neu, denn seit ihrer Gründung 1955 hatten sich in der LDP zwei ideologische Lager die Waage gehalten: Ein konservatives, das wie Abes Großvater Kishi wieder ein militärisch mächtiges Japan anpeilte. Und ein eher pazifistisch-liberales, zu dessen Vertretern etwa der einstige Premier Kakuei Tanaka gehörte und das sich damit begnügte, Japans wirtschaftliche Stärke zu fördern. Dieses Lager schrumpfte unter Abe weitgehend zur Bedeutungslosigkeit.

Gewiss, die LDP, die Japan seit 1955 fast ununterbrochen regiert, lässt sich nicht mit einer westlichen Volkspartei vergleichen. Sie war entstanden als Zweckbündnis mächtiger Interessenklüngel, deren Bosse sich dann als Regierungschefs abwechselten. Doch unter Abe verkümmerte die innerparteiliche Debatte über Zukunftsfragen auf ein Maß, das selbst für japanische Verhältnisse kläglich war. Auch die parlamentarische Opposition spielte kaum noch eine Rolle, sie war heillos zersplittert.

Kein Wunder, dass viele Japaner längst nicht mehr auf die Politik hofften, nur noch etwas über die Hälfte von ihnen ging überhaupt zur Wahl. Vor allem am unteren Rand der Gesellschaft blieben die Menschen mit ihren Nöten allein. Die Projekte, die im Tokioter

Regierungsviertel für überlebenswichtig gehalten wurden – von der Verfassungsrevision bis zum Neustart der Atomkraftwerke – waren oft Welten entfernt vom Alltag der Japaner.

Das wurde mir bewusst, als ich im Sommer 2016 ein Hospiz für die Ärmsten der Armen in Tokio besuchte. Die Einrichtung hieß »Kibo no ie« – »Haus der Hoffnung« – und lag in Sanya, einem Stadtteil im Osten der Hauptstadt. Das Hospiz war von Masaki Yamamoto, einem gelernten katholischen Theologen, gegründet worden, er hatte es mit eigenen Ersparnissen, Spenden und Bankkrediten auf dem Gelände einer bankrottgegangenen Badeanstalt gebaut.

Es war früher Nachmittag, als ich in Sanya ankam, die Ausläufer eines Taifuns zogen über Tokio hinweg, dunkle Wolken tobten am Himmel. In regennassen Gassen sah ich abgemagerte Männer, die viel älter aussahen als sie es vermutlich waren. Viele trugen kleine Plastiktüten mit spärlichen Einkäufen oder sonstigen Habseligkeiten. Sie wohnten in heruntergekommenen Herbergen, die sich »Business Hotels« nennen und die es hier traditionell zahlreich gab. Aber selbst diese Absteigen wurden für viele unerschwinglich, auch weil immer mehr ausländische Touristen die Gegend entdeckten. Diese kamen oft in Gruppen und zogen nagelneu aussehende Rollkoffer hinter sich her. Der Tourismus war eine der wenigen Branchen in Japan, die noch Wachstumsrekorde meldete. Immer mehr Ausländer strömten ins Land, vor allem aus China, angelockt von erleichterten Einreisebestimmungen und vom niedrigen Wechselkurs des Yen. Wie einst bei den Produktionszahlen für die Fabriken gab die Regierung immer ehrgeizigere Zielvorgaben aus: Bis zu den Olympischen Sommerspielen in Tokio 2020 wollte sie 40 Millionen Gäste pro Jahr ins Land locken, fast doppelt so viele wie noch 2016. Einige der Einheimischen, die die steigenden Übernachtungspreise nicht mehr bezahlen konnten, hatten sich in einen abseits gelegenen Park zurückgezogen, wo sie sich unter blauen Plastikplanen und in Pappkartons verkrochen. Vorher stellten sie ihre Schuhe ordentlich vor ihren Unterschlupfen ab. Auch in der Armut achteten sie auf Sauberkeit.

In Sanya lebten seit jeher viele Tagelöhner und Obdachlose, es wird daher auch als Slum bezeichnet, doch die Bezeichnung täuscht: Im Vergleich mit anderen Elendsvierteln der Welt lebten die Armen hier vergleichsweise sicher und komfortabel. Aber das änderte nichts daran, dass das übrige Japan diese Menschen oft längst vergessen hatte. Dabei waren sie es, die in besseren Zeiten zu niedrigen Löhnen Straßen und Brücken gebaut hatten und auch sonst halfen, das Land am Laufen zu halten.

Im »Haus der Hoffnung« empfing mich Yamamoto in einer kleinen Kapelle, die er auf dem Dach errichtet hatte. Er war 53 Jahre alt und hatte ein rundliches, gutmütiges Gesicht. Auf einem Altar standen kleine gerahmte Fotos, sie zeigten einige der über 260 Menschen, die Yamamoto über die Jahre in den Tod begleitet hatte. Es handelte sich überwiegend um Männer, sie sahen alt und einsam aus. Yamamoto sagte: »Hierher ziehe ich mich zurück, um zu beten, oder einfach nur, um zu weinen.« Nur so ertrage er das Leid, das er täglich erlebe. »Wenn ich die Gesichter der Verstorbenen sehe, spüre ich ihre Dankbarkeit, das gibt mir Kraft, weiterzumachen.«

Das Hospiz hatte 21 Betten, Yamamoto kümmerte sich mit mehreren Helfern um jene Bewohner von Sanya, die sterbenskrank waren, aber nicht genug Geld besaßen, um sich pflegen zu lassen. Einige von ihnen stellte er mir vor: eine frühere Kneipenwirtin, einen alten Handelsreisenden und einen greisen Ex-Gangster, der nicht mehr sprechen konnte, aber immer noch über einen kräftigen Händedruck verfügte. Yamamoto wollte ihnen zu einem würdevollen Lebensende verhelfen, sie sollten nicht auf der Straße verrecken. Er ließ sie in Einzelzimmern wohnen, in denen sie betreut wurden – medizinisch und seelsorgerisch. Das Hospiz war klein und eng, viele Todgeweihte musste Yamamoto abweisen. Aber er wollte hier ein Beispiel geben. Für ganz Japan. Für diese Gesellschaft, die sich gerne hinter höflichen Ritualen verbirgt, aber erschreckend kalt sein kann. Und in der die Menschen sich oft mehr um die jeweils eigene Gruppe kümmern als um Fremde. Yamamoto machte sich keine Illusionen: »Japan ist damit überfordert, für seine Alten und Schwachen zu sorgen.« Für ihn gab es daher nur ein Rezept: »Wir brauchen nicht unbedingt mehr Geld, um den Armen zu helfen. Wir brauchen Barmherzigkeit und Zuneigung.«

Dann sagte er etwas, was sich für mich makaber anhörte: »Sie haben Glück, heute haben wir hier gerade einen Todesfall.« Aber für Yamamoto gehörte der Tod zum Alltag, er scheute sich nicht, offen darüber zu sprechen. Er wollte die Gelegenheit nutzen zu zeigen, wie selbstverständlich und wie liebevoll sie im »Haus der Hoffnung« mit den Ärmsten der Armen umgingen, gerade auch wenn diese entschlafen waren. »Wir begleiten sie über das Sterben hinaus in ein ewiges Leben, egal ob sie daran glaubten oder nicht.«

Yamamoto führte mich in ein Zimmer in einem unteren Geschoss, hier lag Katsuhiko Otsubo, einer der Gestrandeten von Sanya. Sein Name stand noch auf dem Türschild. Am Vorabend war er an Krebs gestorben; er war nur 58 Jahre alt geworden. Es war still in dem Raum, zu hören war nur das Rauschen der Klimaanlage. Der Kopf des Toten lugte unter der Bettdecke hervor, er hatte schüttere weiße Haare, er wirkte greisenhaft. Seine Hände hatte man über dem Bauch gefaltet. Neben dem Kopfkissen lag sein ganzer Besitz: eine Halskette und einige Fingerringe aus Metall. In einer Stunde sollte sein Leichnam abgeholt werden. Er solle verbrannt werden, sagte Yamamto. Die Urne solle anschließend in einem Massengrab beigesetzt werden.

Yamamoto legte sich eine lilafarbene Stola um den Hals. Eine junge Harfenspielerin kam und setzte sich mit ihrem Instrument an das Fußende des Bettes. Sie begann eine alte schottische Weise zu spielen. Yamamoto strich dem Toten mit dem Zipfel der Stola sanft über das Gesicht: »Wir brauchen nicht traurig zu sein«, sagte er,

»unser Bruder ist nun befreit von Armut, Krankheit und Leid, er lebt jetzt in einer besseren Welt.«

Schweigend lauschten wir der Musik. Auf einem Tischchen stand ein gerahmtes Foto von der Familie des Toten, eine Frau war darauf zu sehen und ein kleiner Junge, beide waren festlich herausgeputzt. Der tote Otsubo hatte einst offenbar in normalen bürgerlichen Verhältnissen gelebt. »Das war sein Sohn«, sagte Yamamoto, »der müsste längst erwachsen sein.« Niemand wusste, wo der Sohn nun lebte. Otsubo habe keinen Kontakt mehr zu seiner Familie gehabt, sagte Yamamoto. Er habe sich als »Tora-san« bezeichnet. Tora-san hieß der liebenswerte Held einer heimischen Filmserie, der durch Japan vagabundierte. Ähnlich wie Tora-san hatte offenbar auch Otsubo mal hier, mal da gelebt und gearbeitet; möglicherweise hatte er sich verschuldet und aus diesem Grunde Abstand zu seiner Familie gehalten. Vielleicht schämte er sich seiner Armut, wie so viele Japaner, die sich zurückziehen, weil sie dem Staat oder ihren Verwandten nicht zur Last fallen wollen. Es war traurig. Der Hospizleiter blickte gleichwohl zufrieden auf den Toten. Er sagte: »Bei uns hat er in seinen letzten Tagen die Zuneigung gefunden, nach der er im Leben vergeblich suchte.«

Und das war auf jeden Fall mehr, als die Japaner von ihren Politikern erwarten konnten. Premier Abe wurde zwar nicht müde, ihnen eine bessere Zukunft zu versprechen. Doch Überdruss machte sich breit, der vermeintliche Heilsbringer wurde selbst zum Symbol der Misere, die das alternde Japan nicht mehr abschütteln konnte. Für einen Moment schien zwar eine politische Alternative zu Abes Regierung aufzuleuchten: Sie hieß Yuriko Koike und war die Gouverneurin von Tokio. Ihr rasanter Auf- und Abstieg führte der Nation indes erst recht die Aussichtslosigkeit vor Augen, die in der japanischen Politik herrscht.

Koike forderte den Premier bei der Unterhauswahl im Oktober 2017 mit einer neu gegründeten Partei, der »Partei der Hoffnung«, heraus. Auch Koike hatte lange der LDP angehört, über ein Jahr zuvor war sie gegen den Widerstand von Abe und der übrigen Parteiführung zur Gouverneurswahl angetreten. Unter der Parole »Tokio-ter zuerst« hatte sie haushoch gesiegt. Daher hofften einige, dass sie auch an der Spitze des Landes reüssieren und den Premier aus seinem Amt vertreiben könne – als erste Japanerin in der Geschichte.

Ideologisch unterschied Koike sich kaum von Abe, auch sie war eine hartgesottene Patriotin. Aber sie pflegte einen anderen Stil, weltoffenen und elegant. Vor allem aber war sie eben eine Frau – gerade berufstätige Japanerinnen sahen sie als Vorbild: eine, die sich nicht unterkriegen lässt in der oft hemmungslos chauvinistischen japanischen Gesellschaft. Publikumswirksam lieferte sie sich Gefechte mit der alteingesessenen Männergarde, die in Tokio Macht und Einfluss ausübte. Dazu gehörte zum Beispiel der damals 84-jährige Ex-Gouverneur Shintaro Ishihara, er hatte Koike im Wahlkampf verunglimpft als »Frau mit dickem Make-up, die ihre Blüte überschritten hat«.

Als Bühne für ihren Feldzug gegen den Filz wählte Koike den Fischmarkt Tsukiji im Zentrum von Tokio. Die Händler dort hätten eigentlich schon im November 2016 auf ein ehmaliges Industrieareal in der Bucht von Tokio umziehen sollen. Doch dann ließ Koike den umstrittenen Neubau völlig neu prüfen. Sie enthüllte, dass dessen Fundamente nicht ausreichend gegen Grundwasser isoliert waren. Dass das Grundwasser zudem mit krebserregendem Benzol verseucht war und dass Bauaufträge wohl auf fragwürdige Weise vergeben worden waren. Koike verschob den Umzug des Marktes und wurde dafür von den Händlern bejubelt. Später entschied sie zwar, dass der Fischmarkt doch umziehen solle, wenn auch mit einem leicht geänderten Konzept. Doch da hatten die Wähler die Angelegenheit meist schon wieder aus dem Blick verloren.

»Bislang befanden wir uns hier im 19. Jahrhundert, aus diesem Zustand müssen wir nun ins 21. Jahrhundert wechseln«, sagte Koike, als sie mich im Frühjahr 2017 für einen SPIEGEL-Artikel auf der Chefetage im Rathaus von Tokio empfing. Der 48-stöckige Bau war zur Zeit der Japan-Blase von Star-Architekt Kenzo Tange entworfen worden, er hatte zwei Türme und sah aus wie ein monströses Notre-Dame. Koike fühlte sich aber sichtlich wohl in diesem Prunkbau. Sie wollte mehr sein als eine Lokalpolitikerin. Stolz wies sie darauf hin, dass sie in der Hauptstadt über 13 Millionen Einwohner regiere, mit einem Etat etwa so groß wie der von ganz Schweden. Fast täglich berichteten die Medien über ihren ungewöhnlichen Polit-Stil, den sie als »Koike-Show« bezeichneten. Koike genoss es, sich als Ausputzerin im Rathaus zu profilieren. »Bisher hatten wir hier einige Macho-Gouverneure«, sagte sie lachend.

Nach ähnlichem Muster hatte sie bereits auf nationaler Ebene für Gesprächsstoff gesorgt, als gelernte Fernsehmoderatorin wusste sie sich zu inszenieren. Sie war die Tochter eines Ölhändlers, hatte in Kairo studiert und sprach fließend Arabisch. Schon früh hatte sie gelernt, sich in einer frauenfeindlichen Gesellschaft durchzusetzen. Als Umweltministerin brachte sie ihre männlichen Landsleute dazu, in den heißen japanischen Sommern ihre geliebten Krawatten abzulegen. »Cool Biz« nannte sie die neue Mode, dank der die Büros nicht mehr so stark gekühlt werden mussten. Als Verteidigungsministerin legte sie sich öffentlichkeitswirksam mit einem korrupten Spitzenbeamten an, der später für zweieinhalb Jahre ins Gefängnis kam.

Und nun wollte Koike es also noch mal wissen. Als sie im Oktober 2017 ihre »Partei der Hoffnung« gründete, gelang es ihr, auch Teile der Opposition auf ihre Seite zu ziehen. Für ein paar Tage keimte in Japan Wechselstimmung auf. Letztlich aber kam die von Premier Abe abrupt ausgerufene Unterhauswahl zu früh für die Herausforderin. Sie vermochte den Landsleuten nicht verständlich zu machen, was sie anders machen wollte. Denn auch sie versprach, die Wirtschaft vom Korsett der starren Regeln zu befreien. Und spätestens, als sie ihrer Politik das Label »Yurikonomics« verpasste – so benannt nach ihrem Vornamen und dem englischen Wort für Wirtschaft –, war das Déjà-vu-Erlebnis da. Das klang eindeutig nach einem Imitat von Abenomics. Da wählten die Bürger lieber das Original, auch wenn sie daran kaum noch glaubten. Koike hatte ihre Möglichkeiten überschätzt. Abe errang mit seiner LDP einen Erdrutschsieg. Von Koike hörte man fortan nur noch wenig.

Und so lebte Japan lustlos weiter mit Abenomics, wie mit einer Medizin, die man nur noch aus Gewohnheit schluckt, weil der Arzt sie nun mal verschrieben hat. Hätte Abe mit der gleichen Zielstrebigkeit, mit der er seine Innen- und Sicherheitspolitik vorantrieb, auch die Wirtschaft reformiert, wäre Japan vielleicht zu einem Vorbild auch für andere alternde Industrienationen geworden. Doch er verließ sich zu lange auf die Initialzündung, die ihm die Zentralbank mit ihrer ultralockeren Geldpolitik geliefert hatte. Die undankbare Aufgabe, tief greifende Reformen konsequent umzusetzen und überdies den Staatshaushalt zu sanieren, schob er auf künftige Generationen ab.

Perpetuum mobile

Anfangs hatte die im Zuge von Abenomics entfachte Geldschwemme noch Wirkung gezeigt: Der Wechselkurs des Yen gegenüber dem US-Dollar verlor in wenigen Monaten nach Abes Amtsantritt Ende 2012 ein Fünftel seines Werts. Folglich sanken die Preise, die man im Ausland für japanische Autos, Fernseher oder sonstige Exporte zahlen musste. Vorteile brachte diese Abwertungspolitik auch heimischen Konzernen, die im Ausland produzierten: Wenn sie ihre Gewinne vom US-Dollar in den nun niedriger bewerteten Yen umtauschten, schwollen ihre Bilanzen automatisch an. Autobauer Toyota und andere Hersteller meldeten Rekordgewinne. Und in Erwartung weiterer guter Zahlen investierten die Anleger wieder verstärkt an der Aktienbörse in Tokio.

Die Rechnung von Abe und Notenbankchef Kuroda schien zunächst aufzugehen, auch die Verbraucherpreise zogen an. Bis zum Sommer 2014 hatte sich die Inflationsrate auf 1,4 Prozent erhöht. Allerdings kletterten die Preise nicht etwa, weil die heimische Industrieproduktion plötzlich wieder gewachsen wäre und die Japaner optimistisch in die Zukunft geblickt hätten. Der Grund war vielmehr, dass der Wechselkurs des Yen gesunken war. Denn längst wurden viele japanische Produkte wie Fernseher oder Kleidung nicht mehr in der Heimat gefertigt, sondern in Billigfabriken in China, Vietnam oder Indonesien. Folglich erhöhten sich durch den billigen Yen die Importpreise.

Zugleich verteuerte sich das Zubehör, das die noch in Japan verbliebenen Fabriken aus dem Ausland bezogen. Dieser Trend brachte gerade kleine und mittlere Betriebe in Schwierigkeiten, und damit ausgerechnet jenen Teil der Wirtschaft, der in der Heimat noch Arbeitsplätze schuf. In Tokio sind viele dieser Firmen traditionell in Ota angesiedelt, einem Bezirk, der an die Bucht von Tokio reicht. Viele befinden sich im Familienbesitz, einige gehören zu den »hidden champions«, den »verborgenen Weltmeistern«, die mit ihren Produkten global führend sind.

Um der japanischen Wirtschaft den Puls zu fühlen, bin ich im Laufe der Jahre oft durch Ota gestreift. Als ich diesen faszinierenden Bezirk Anfang der Neunziger erstmals besuchte, kam es mir bisweilen vor, als sei ich in ein südostasiatisches Schwellenland geraten. Über zehntausend Betriebe drängten sich hier. Viele waren nicht viel größer als Autowerkstätten, sie befanden sich oft in windschiefen Wellblechbaracken; sie sahen häufig noch so aus, wie ihre Gründer sie in den Wirtschaftswunderjahren errichtet hatten. Ota war ein einziges Hämmern, Fräsen und Schweißen.

Als ich in der Frühphase von Abenomics wieder in Ota vorbeischaute, staunte ich, wie still es dort geworden war. Wo einst gewerkelt wurde, ragten nun oft neue Apartmentblöcke empor. Einer der Unternehmer, die mit ihren Betrieben überlebt hatten, war Masayoshi Ohashi, der Chef eines kleinen Maschinenbauers mit rund 100 Angstellten. Ohashi war über 70, aber man sah ihm sein Alter nicht an. Er betrachtete einen aus wachen, neugierigen Augen. Immer wieder hatte er sich neuen Trends anpassen müssen. Als andere Unternehmer mit ihren Fabriken in Billiglohnländer wie China abwanderten, blieb er in Japan. Er überlebte mit seiner Firma, weil er sich auf profitable Nischenprodukte spezialisierte, beispielsweise auf Maschinen für die Produktion von Handys.

Doch nun sorgte sich Ohashi um die Zukunft des Unternehmens, das er einst von seinem Vater übernommen hatte. »In der Nachbarschaft ist schon die Hälfte der Betriebe verschwunden«, erzählte er. Was sich in Ota entwickele, sei gefährlich für ganz Japan. »Kleine und mittlere Unternehmen bilden das Rückgrat der Wirtschaft«, sagte er, »wir beschäftigen 70 Prozent der arbeitenden Bevölkerung.« Ebendiese Firmen würden durch Abenomics zusätzlich unter Druck gesetzt. Ohashi kritisierte die Politik, den Wechselkurs des Yen zu drücken. Dadurch würden seine Kosten für Rohstoffe, Transport oder das Essen der Angestellten immer höher steigen. Und er prophezeite: »Abenomics kann langfristig nicht funktionieren.«

Der alte Praktiker wurde schon bald bestätigt. Denn heimische Konzerne, die am ehesten vom billigen Yen profitierten, dachten meist nicht daran, in Japan neue Fabriken zu bauen oder ihren Beschäftigten deutlich höhere Löhne zahlen. Statt in ihre vergreisende Heimat investierten sie in Überseemärkte, wo sie noch auf Wachstum hoffen konnten. Viele Konzerne kauften gezielt ausländische Firmen auf, um sich global neu auszurichten. Softbank, der Telekom-Riese des Internetmilliardärs Masayoshi Son, führte die Shoppingtour an: 2016 übernahm er für rund 32 Milliarden Dollar den britischen Chipdesigner ARM.

Die großen Konzerne waren eindeutig die Gewinner von Abenomics. Dagegen waren die Beschäftigten oft die Verlierer: Deren Reallöhne stiegen lange nicht oder nur geringfügig, und wegen der höheren Importpreise fielen sie oft noch. Und so sah sich ausgerechnet der konservative Abe genötigt, als Vorkämpfer der Arbeitnehmer aktiv zu werden. Wiederholt forderte er die Konzernbosse auf, ihre Löhne zu erhöhen. Die nickten zwar verständnisvoll, tatsächlich aber erhöhten sie oft nur die einmaligen Zuschläge, die sie ihren Beschäftigten gewährten, nicht aber die Grundlöhne.

Solange die Löhne nicht spürbar stiegen, konnte die Notenbank ihr Inflationsziel von zwei Prozent praktisch abschreiben – und damit die Voraussetzung für den Aufschwung, auf der die Theorie von Abenomics beruhte. Immer wieder wurde der Termin für die Erreichung des Inflationsziels in die Zukunft verschoben. Dafür konnte die Notenbank zwar triftige Gründe anführen: So brach die Konjunktur zwischenzeitlich ein, weil die Verbrauchssteuer von fünf auf acht Prozent erhöht worden war und die Japaner danach viel weniger konsumierten. Die Erhöhung der Verbrauchssteuer ist seit Jahrzehnten das große Streitthema in Japan. Sie wird von vielen Ökonomen als unabdingbar erachtet, um die rasend steigenden Sozialausgaben der alternden Gesellschaft zu finanzieren. Die höheren Einnahmen aus der Verbrauchssteuer sollen dabei helfen, die Staatsverschuldung einzudämmen. In einem weiteren Schritt soll die Abgabe auf zehn Prozent angehoben werden. Doch aus Furcht vor weiteren Konjunkturdämpfern hat Premier Abe die Steuererhöhung bereits zweimal verschoben; zuletzt war sie für 2019 geplant.

Indem er die unpopuläre Maßnahme immer wieder hinauszögerte, sicherte Abe sich und seiner Partei zwar die Macht. Gleichzeitig untergrub er aber das Vertrauen in die finanzielle Zukunft des Landes. In den Zeiten von Abenomics wurde solides Haushalten zur Nebensache. Japans Staatsschulden betrugen im Herbst 2017 rund eine Billiarde Yen, das ist eine Eins mit 15 Nullen dahinter. In Euro umgerechnet handelte es sich um 7,7 Billionen, damit hatte das Land knapp viermal so viel Schulden angehäuft wie Deutschland, dessen Verbindlichkeiten im ersten Quartal 2017 unter zwei Billionen Euro sanken. Das ist eine Größenordnung, die das Vorstellungsvermögen normaler Sparer übersteigt – und auch das vieler Politiker.

Kein Wunder, dass die Debatte über die Sanierung des Haushalts nicht vorankam. Das nötige Geld druckte ja die Notenbank. Um die Landsleute dazu zu bringen, mehr für den Konsum auszugeben, schien ihr jedes Mittel recht, auch wenn sie damit bisweilen das Gegenteil bewirkte: Im Februar 2016 schreckte sie die Sparer durch die Einführung von Minuszinsen auf. Private Guthaben waren davon zwar nicht betroffen, gleichwohl fürchteten viele Bankkunden um ihre Ersparnisse. Statt mehr Geld auszugeben, schafften sie sich massenhaft Tresore an, um es zu Hause zu horten.

Um die Wirtschaft anzukurbeln, investierte die Notenbank auch im großen Stil in Aktien- und Immobilienfonds. Bereits im Sommer 2016 hielt sie schätzungsweise 60 Prozent des japanischen Marktes für sogenannte ETF – das sind Fonds, die Aktienindizes abbilden und an der Börse gehandelt werden. Japans Währungshüter wurden zu mächtigen Zockern, die das Auf und Ab der Aktienkurse wesentlich mit beeinflussten. In Kabutocho, dem Börsenviertel von Tokio, in dem viele Wertpapierhäuser beheimat sind, gaben Anlageberater ihren Kunden zunehmend Tipps, welche Aktien von der Notenbank aktuell bevorzugt würden. Ein besonders sicheres Investment seien Papiere von Herstellern wie Toyota, hieß es zeitweise. Denn die Notenbank bevorzuge Firmen, die im Sinne von Abenomics vorbildlich investierten und Arbeitsplätze schafften. Bloomberg, der amerikanische Dienstleister für Finanznachrichten, taufte die Bank von Japan »Aktionär Nummer eins« und veröffentlichte eine Liste von zehn Firmen, deren Kurse von der Anlagestrategie der Währungshüter am meisten profitieren würden, allen voran Mitsumi Electric, ein Hersteller von elektronischen Bauteilen.

Mit Marktwirtschaft hatte das immer weniger zu tun; bisweilen erinnerte ich mich an meine Zeit als Korrespondent in Shanghai und den roten Kapitalismus, der dort herrschte. Statt an Angebot und Nachfrage, an Gewinnen oder Verlusten einzelner Unternehmen orientierten sich die Anleger dort oft an tatsächlichen oder auch nur eingebildeten Absichten der Obrigkeit. Und so war es nun auch in Japan. »Kansei Soba« – »amtlich gemachte Aktienkurse« – nannten Börsianer die Marktverzerrung von Staats wegen. Denn nicht nur über die Zentralbank griff der Staat in das Börsengeschehen ein. Auch der staatliche Pensionsfonds wurde als Spieler aktiv. Die Fondsverwalter waren von der Regierung verpflichtet worden, doppelt so viel Vermögen in Aktien anzulegen als bis dahin lange üblich. An der Börse in Tokio nannten die Händler den Großinvestor wegen seines gewachsenen Einflusses respektvoll den »Wal« – japanisch: »Kujira«.

Solange der Börsenindex Nikkei stieg, schien die Strategie der Regierung aufzugehen: Der Wal wurde dicker und runder, und die Altersversorgung der Japaner schien immer sicherer. Doch zeitweise gaben die Kurse auch mal nach, das lag in der Natur des Marktes. Als der Pensionsfonds Ende August 2016 bekannt gab, in einem einzigen Quartal fünf Billionen Yen Verlust gemacht zu haben, war die Empörug unter den Japanern groß. Sie sorgten sich, dass der Staat ihre Altersvorsorge verzocke. Die Aufregung legte sich allerdings, sobald die Aktienkurse wieder stiegen. Und dazu trug dann ab 2017 auch der zeitweilige weltweite Aufschwung bei, vor allem die gute Konjunktur der USA.

Gleichwohl: Der Zauber von Abenomics war verflogen. Immer deutlicher wurde, dass der Chef der Notenbank am Ende seiner Weisheit angelangt war. »Kuroda wartet ständig mit neuen geldpolitischen Überraschungen auf, aber die Wirkung bleibt aus«, befand Tokuo Iwaisako, ein angesehener Ökonom der Hitotsubashi-Universität in Tokio. Wir hatten uns in einem Café im Tokioter Bezirk

Shinjuku verabredet, um über Japans Zukunft zu diskutieren. »Die Notenbank irrt herum«, sagte er, aber leider verfüge sonst niemand über die nötige wirtschaftspolitische Medizin, um Japan wieder auf den Pfad des Wachstums zu lotsen. »Unsere Gesellschaft altert zu schnell, und unsere Industrie ist nicht innovativ genug im Vergleich zu Volkswirtschaften wie den USA.«

Kreativität konnte man nicht einfach künstlich erzeugen wie Geld. Damit sie sich entfalten konnte, waren tief greifende Veränderungen nötig: im Bildungswesen, in der Arbeitswelt. Japan hätte sich wandeln müssen von einer Fabrik der Dinge zu einem Labor der Ideen. Schulen und Firmen hätten sich befreien müssen von der Kultur der Anpassung. Sie hätten geistige Freiräume schaffen müssen.

Dass ein Wandel nötig war, hatte auch Abe erkannt. Der sogenannte dritte Pfeil seiner Abenomics deutete ja auf Strukturreformen hin. Doch wie er die konkret umsetzen wollte, vermochte er nicht überzeugend darzulegen. Zwar gab er immer neue Slogans aus, die durchaus vernünftig klangen und in die richtige Richtung wiesen: »Gleicher Lohn für gleiche Arbeit«, »eine Gesellschaft, in der Frauen leuchten«, »die Wiederbelebung der Regionen«, »eine Gesellschaft, in der hundert Millionen Menschen aktiv sind«, »eine Revolution, um das Personal der Zukunft heranzuziehen«. Doch diese Slogans hätten mit konkreten Inhalten gefüllt werden müssen. Jede einzelne Reform hätte mühselige Detailarbeit erfordert, doch die war nicht Abes Sache. Dafür fehlten ihm die Ausdauer und wohl auch die intellektuelle Tiefenschärfe.

Ob Abe je ein anspruchsvolles Buch las, darf man bezweifeln. Seine knappe Freizeit verbrachte er vorzugsweise beim Golfspiel mit befreundeten Unternehmern. Ansonsten orientierte er sich eben am Vermächtnis seines Großvaters Kishi: Die angestrebte Revision der Verfassung wurde für ihn zu einer fixen Idee. Als sich dafür keine Mehrheit abzeichnete, schlug er vor, sozusagen als ersten Schritt, zumindest die Rolle der Streitkräfte in dem ungeliebten Dokument nachträglich zu verankern. Wenn er mit seinen Reformen nicht vorankam oder wenn seine Beliebtheit laut Umfragen mal wieder fiel, löste er abrupt das Unterhaus auf und setzte Neuwahlen an, wie 2014 und 2017. Dann lebte er regelrecht auf, zog durch das Land und sprach plötzlich wieder über Wirtschaft, über Abenomics. Dann warb er um Verständnis dafür, dass er erst auf halbem Wege angelangt sei. Um seine Mission zu vollenden, brauche er ein neues Mandat der Wähler.

Angesichts dieser Sprunghaftigkeit gerieten zentrale Reformen ins Hintertreffen. Das galt auch für Abes Versprechen, eine Gesellschaft zu schaffen, »in der Frauen leuchten«. Je schneller Japan alterte, desto weniger konnte es sich leisten, rund die Hälfte seiner Bevölkerung auf die Rolle von Hausfrauen oder Teilzeitkräften zu beschränken. Doch schon in seinem eigenen Kabinett schaffte Abe es nicht, den Frauenanteil dauerhaft zu erhöhen. Als ich Frau Abe in ihrer Kneipe traf, gehörten noch fünf Ministerinnen der Regierung an, im Frühjahr 2018 waren es nur noch zwei. Die Vorgabe, wonach heimische Firmen bis 2020 mindestens 30 Prozent ihrer Führungspositionen mit Frauen besetzen sollten, wurde Ende 2015 kleinlaut abgeschwächt – auf 15 Prozent. Was die Gleichstellung der Geschlechter betraf, fiel Japan auf Platz 114 in der Liste von insgesamt 144 Staaten, die das Weltwirtschaftsforum im November 2017 veröffentlichte. Damit rangierte Japan hinter Guinea und Mauritius; Deutschland stand im Vergleich deutlich besser da, auf Platz zwölf.

Einfacher, als schwierige strukturelle und gesellschaftliche Veränderungen in Angriff zu nehmen, schien es dagegen, weiter Geld in die Wirtschaft zu pumpen. Im Frühsommer 2016 kündigte Abe ein neues gigantisches Konjunkturpaket an. Allein mit über 77 Milliarden Euro öffentlicher Gelder sollte der Staat sich am Bau einer Magnetschwebebahn zwischen Tokio und Osaka beteiligen.

In Tokio, unter dem belebten Bahnhof Shinagawa, begannen Arbeiter, ein 40 Meter tiefes Loch für einen zusätzlichen Terminal auszuheben. Ab 2028 sollte die neue Magnetschwebebahn von dort Richtung Westjapan rasen, mit einer Geschwindigkeit von 500 Kilometern pro Stunde und parallel zum Shinkansen, dem bereits existierenden Superschnellzug, der auch künftig weiter verkehren sollte. Die Magnetschwebebahn war ein verwegenes Projekt, es passte zu einem Land, das darauf setzt, die Widrigkeiten der Natur mit Hilfe moderner Technik zu überwinden: Die rund 300 Kilometer lange Strecke sollte fast nur durch Tunnel verlaufen, teilweise bis zu 1400 Meter tief durch gewaltige Bergmassive.

Die Regierung erhoffte sich von dem Vorhaben auch psychologischen Auftrieb für die Wirtschaft. Gleichzeitig knüpfte Premier Abe damit aber an die Vergangenheit an – eben an das Vorbild seines Großvaters. Dessen Generation hatte einst mit ähnlichen Infrastrukturprojekten das japanische Wirtschaftswunder befördert. Einen wichtigen Anlass dafür boten die Olympischen Sommerspiele 1964 in Tokio, für die der Superschnellzug Shinkansen sowie ein Netz von Autobahnen gebaut wurden. Gemäß diesem Rezept – man könnte es Kishi 2.0 nennen – schwor Abe die Nation nun, ein halbes Jahrhundert später, auf die Olympischen Spiele 2020 in Tokio ein. Immer wieder führte er dieses Datum an, um die Nation auf neue Ziele einzustimmen. Das Sportereignis wurde praktisch zum vierten Pfeiler von Abenomics.

Zumindest in Tokio schien das olympische Kalkül aufzugehen. Mit Blick auf die Prestige-Veranstaltung kletterten die Preise für Häuser und Grundstücke. Auch die Löhne der Bauarbeiter stiegen – allein im Fiskaljahr 2017, das am 1. April begann, erhöhten sie sich durchschnittlich um mehr als ein Drittel. Aus ganz Japan wurden Arbeitskräfte nach Tokio abgezogen, um Sportstätten und Unterkünfte zu bauen. Doch wie würde es nach den Spielen mit der Wirtschaft weitergehen? Würde die Blase dann platzen, wie Skeptiker prophezeiten?

Und was würde aus dem geplanten Mega-Schnellzug werden?

Würde er zum Symbol einer verfehlten Wachstumsideologie werden – wie die Trauminsel in der Bucht von Osaka? Unklar war jedenfalls, ob sich so ein Schnellzug rentierte in einem Land, in dem die Passagiere immer älter und immer weniger werden. Am Ende, so stand zu befürchten, würden sie die Rechnung für das Milliardenvorhaben mit deutlich höheren Fahrpreisen bezahlen müssen.

Doch Geld schien für die Regierung keine Rolle zu spielen, solange man es drucken konnte. In einer Art Perpetuum mobile finanzierte sich der japanische Staat praktisch selbst – über die Zentralbank: Diese kaufte die Staatsanleihen auf und ließ sie so großenteils vom Markt verschwinden. Zwar musste die Regierung der Notenbank für die Anleihen Zinsen zahlen. Doch am Ende jeden Jahres überwies die Notenbank dem Finanzministerium die Zinsen als Gewinnabführung wieder zurück.

Diese Art staatlicher Geldmehrung faszinierte auch ausländische Experten. »Die Kosten der Staatsschulden sind damit gleich null«, sagte der deutsche Ökonom Martin Schulz vom Fujitsu Research Institute in Tokio. An seinem Arbeitsplatz mit Blick auf die Bucht von Tokio gab er mir seine Einschätzung der Lage, ich merkte ihm die Bewunderung für die Japaner und ihre Überlebensstrategie an. Langfristig könne der Staat Anleihen mit unendlicher Laufzeit und null Zinsen auflegen, sagte er. Und diese Schuldpapiere könne die Bank von Japan dann praktisch ewig in ihren Büchern führen.

Als er diesen Mechanismus beschrieb, fiel mir der frühere Vize-Finanzminister Eisuke Sakakibara ein, der einst behauptet hatte, Japan habe den »Kapitalismus überwunden«. Dabei hatte Sakakibara sich zwar auf den Staatskapitalismus bezogen, mit dem Japan in den Siebziger- und Achtzigerjahren den Westen herausforderte. Aber auch jetzt schien es wieder, als stelle Japan den Kapitalismus auf den Kopf. Die Frage drängte sich auf: War Japan immun gegen herkömmliche Gesetze der Ökonomie? Konnte es sich ewig weiterverschulden?

Darauf wusste niemand eine endgültige Antwort, auch der Ökonom Iwaisako nicht. Aber er rechnete nicht mit einem baldigen Crash: »Historisch kenne ich kein Land, dass sich bei den eigenen Bürgern verschuldet und einen Staatsbankrott verursacht hat.« Iwaisako verglich den japanischen Staat mit einem faulen Ehemann, der sich von seiner Ehefrau immer neues Geld leihe. »Das funktioniert eine Weile ganz gut«, sagte er. »Aber was passiert, wenn die Ersparnisse der Ehefrau aufgebraucht sind? Oder wenn die Frau das Spiel nicht länger mitmacht, sich scheiden lässt und schließlich das Haus verlässt?«

Im Falle von Abes Japan bestand gewiss keine Gefahr, dass die Bürger massenhaft auswandern würden. Denkbar war aber, dass einige ihr Vermögen verstärkt ins Ausland verlagern würden, um es dort zu lukrativeren Bedingungen anzulegen. Immerhin hatten sie sich ja schon Tresore angeschafft und ihr Geld von der Bank nach Hause geholt. Und auch heimische Konzerne investierten ihre Gewinne zunehmend im Ausland.

Überdies stellte sich die Frage: Was würde passieren, wenn die Zentralbank in Tokio ihr Inflationsziel eines Tages erreichte? Und wenn sie dann die Politik des ultralockeren Geldes beenden würde? Dann würde sie die Zinsen erhöhen müssen. Angesichts der Staatsanleihen, die sie über die Jahre angekauft hatte, würde sie dann gewaltige Buchverluste erleiden. Und die Schulden des Staates würden infolge der steigenden Zinsen rapide steigen. Am Ende könnte Japan in eine Hyperinflation schlittern, wie Deutschland sie 1923 erlitten hatte.

Das zumindest war das Horrorszenario, vor dem Abenomics-Kritiker warnten. Zu ihnen gehörte Takeshi Fujimaki, ein früherer Wertpapierhändler, der später für die Opposition ins Oberhaus des Parlaments gewählt wurde. Er hatte ein Buch veröffentlicht mit dem Titel: »Japan ist nicht zu helfen«. Er hielt eine Hyperinflation für möglich, konnte ihr allerdings auch positive Seiten abgewinnen. Am

Ende würde sie nicht nur die Ersparnisse der Bürger vernichten, sondern auch die öffentlichen Schulden. Anschließend könne der Staat dann wieder bei null neu anfangen.

In der Sonderzone

Die Ungewissheit über Japans finanzielle Zukunft war Gift für die Wirtschaft. Das konnte man allenthalben in Regionen besichtigen, die abseits der städtischen Ballungsräume wie Tokio und Osaka lagen. Im Herbst 2017 reiste ich nach Imabari, einer Stadt auf der südwestlichen Hauptinsel Shikoku; sie lag an der idyllischen Seto-Inlandsee und war berühmt für Handtücher und für Schiffbau. Indes bot Imabari nur noch ein klägliches Abbild einstiger Größe. Anfang der Siebzigerjahre hatten dort noch rund 190 000 Einwohner gelebt, mittlerweile war diese Zahl um 30 000 gesunken. Zwar wurden in Imabari immer noch Handtücher gewebt und auch Schiffe gebaut und repariert. Doch zahlreiche Betriebe waren eingegangen. Die »Imabari Ginza«, eine überdachte Einkaufsmeile im Stadtzentrum, war ein Symbol des Verfalls: Viele Läden hatten ihre Rollläden für immer heruntergelassen, oft erinnerten nur noch verblichene oder verrostete Schilder daran, womit hier einst gehandelt worden war: Uhren, Brillen, Fotobedarf, Kleidung. Aus Lautsprechern hallte Musik durch die Leere, als habe jemand vergessen, sie abzudrehen.

Eines der wenigen Geschäfte, in denen auf der »Imabari Ginza« noch Licht brannte, verkaufte Kimonos. Kein Kunde war zu sehen. Der Inhaber, ein älterer Mann, blickte überrascht von der Lokalzeitung auf, als ich den Laden betrat. Ja, Imabari veröde, berichtete er. Die Hoffnungen auf einen Wandel hätten sich zerschlagen, zuletzt vor rund 20 Jahren. Damals habe man eine prächtige neue Brücke eröffnet, die über die Inlandsee führt und Imabari mit der

Hauptinsel Honshu verbindet. Doch statt neue Bewohner anzulocken, hatte das Bauwerk letztlich nur den Fluchtweg verkürzt, über den die einheimische Jugend in Großstädte wie Hiroshima oder Osaka abwanderte.

Die Stadtväter von Imabari suchten verzweifelt nach Wegen, um auszubrechen aus dem Teufelskreis von Bevölkerungsschwund und industriellem Niedergang. Sie kamen zu dem Schluss, dass sie wieder junge Menschen nach Imabari locken müssten. Eine Privatuniversität musste her. Um Platz zu schaffen für den Neubau, trug die Stadt einen Berg am Stadtrand ab. Und um ihr Projekt besonders schnell voranzutreiben, ohne die sonst üblichen bürokratischen Hürden, erreichten sie bei der Zentralregierung in Tokio, dass Imabari im Rahmen von Abenomics als wirtschaftliche Sonderzone ausgewiesen wurde.

Bei dem Begriff »Sonderzone« fallen einem die kapitalistischen Enklaven ein, mit denen Chinas Wirtschaftsreformer Deng Xiaoping einst die Öffnung der Volksrepublik vorantrieb. Der Vergleich passt, denn auch in Japan versucht die Regierung mit Hilfe von Sonderzonen bürokratische Widerstände zu überwinden und das Land für neue, innovative Praktiken zu öffnen. Was in den Sonderzonen erfolgreich ausprobiert wird, soll später auch auf das übrige Land übertragen werden. Die Genehmigungen werden direkt von der Regierungszentrale erteilt. Premier Abe beschrieb das neue System so: Es gehe darum, Löcher in den harten Fels des bürokratischen Regelwerks zu treiben, von oben herab, wie mit einem Bohrer.

Das klang nach Erneuerung, nach Aufbruch, nach Hoffnung. Im ganzen Land waren bereits zahlreiche Kommunen als Sonderzonen deklariert worden. Und in Imabari sollte auf diese unbürokratische Weise eben eine Privatuniversität verwirklicht werden – und zwar für die Ausbildung von Tiermedizinern, an denen es angeblich mangelte. Ein sinnvolles Projekt war das, so hätte man denken können. Doch es sorgte mit dafür, dass Abe und seine Wirtschaftslehre den letzten Rest an Glaubwürdigkeit verloren.

»Wir Bürger von Imabari sind wütend, wir fühlen uns betrogen.« Mit diesen Worten begrüßte mich Atsuhiko Kurokawa vor dem Grundstück, auf dem der Rohbau der neuen Privathochschule emporwuchs. Kurokawa war 38 Jahre alt. Er trug ein weißes Hemd und hatte sich ein gelbes Handtuch um den Hals gehängt, mit dem er sich ab und zu den Schweiß abtupfte. Er hatte zu einer Demonstration aufgerufen, zu der dann etwa 80 Teilnehmer erschienen waren. Das waren nicht gerade viele, fand ich. Aber Kurokawa klang geradezu überschwänglich, er sagte: »Dies ist die erste große Demo, die in Imabari je stattfindet.«

Kurokawa war über Imabari hinaus bekannt. Auch landesweite Zeitungen und TV-Sender hatten Reporter zu der Protestveranstaltung geschickt, denn die Privat-Uni war längst keine lokale Angelegenheit mehr. Sie lieferte vielmehr den Stoff für einen politischen Skandal, der monatelang auch das Parlament in Tokio beschäftigte und die Beliebtheit des Premiers in Umfragen einstürzen ließ. Denn bei dem Betreiber der Uni handelte es sich um einen engen Freund von Abe, den er aus Studientagen kannte und mit dem er regelmäßig Golf spielte. Vorwürfe wurden laut, dass der Premier seinem Freund das Sonderzonen-Projekt zugeschanzt habe. Der Fall wies Ähnlichkeiten auf mit dem erwähnten Skandal um das Schulgrundstück in Osaka, das einem Abe-Anhänger vom Staat zum Schnäppchenpreis überlassen worden war.

Abe wies den Verdacht der Vetternwirtschaft wiederholt zurück. Doch seine Strahlkraft hatte der Premier verloren, die Rolle des nationalen Retters nahm ihm kaum noch jemand ab. Er konnte nicht verhindern, dass Abenomics von seinen Gegnern als ein anderes Wort für Filz angeprangert wurde. Sie kritisierten die Top-down-Methode, mit der die Sonderzonen direkt von der Regierungszentrale genehmigt wurden. Dadurch würden nicht nur bürokratische

Widerstände ausgehebelt, sondern auch berechtigte Kontrollen, mit denen Korruption verhindert werden sollte.

Tatsache war: Die Beamten in Tokio hatten das Projekt des Abe-Freundes nicht nur auffallend zügig genehmigt, sie hatten die Ausschreibung auch so formuliert, dass sie wie zugeschnitten wirkte auf dessen Universität. Für Abes Freund ging es dabei um erhebliche finanzielle Vorteile. Von der Stadt Imabari wurde ihm das Grundstück kostenlos zur Verfügung gestellt; und je nach Kalkulation konnte er damit rechnen, rund die Hälfte der Gesamtkosten vom Staat zu bekommen. Ob der Premier tatsächlich dafür sorgte, dass sein Freund den Zuschlag für das Uni-Projekt erhielt, spielte in der öffentlichen Debatte am Ende kaum noch eine Rolle. Die Landsleute wussten: In Japan reicht es oft schon, dass Beamte mächtigen Politikern die Wünsche von den Augen ablesen. »Sontaku« heißt diese Praxis des »vorauseilenden Gehorsams«. Der Begriff wurde in Japan dank des Skandals zu einem der meistbenutzten Wörter des Jahres 2017 gekürt.

Für Kurokawa war der Protest in Imabari sein Gesellenstück als politischer Aktivist. Er war in der Stadt aufgewachsen, er liebte sie, doch wie viele Junge hatte er sie verlassen. Er hatte in Osaka studiert und dort gelernt, wie man Venture-Unternehmen gründet und betreibt. Später war er nach Tokio gezogen, in der Hoffnung, in der Hauptstadt Karriere zu machen. Doch dann ereignete sich die Reaktorkatastrophe von Fukushima. »Der Schock darüber hat mein Leben existenziell verändert«, sagte Kurokawa. Er habe seine Sachen gepackt und sei von Tokio zurück nach Imabari gezogen. »Ich erkannte: Um Japan zu retten, müssen wir zuerst unsere Regionen wiederbeleben.«

Kurokawa hatte grundsätzlich nichts dagegen, dass in seiner Stadt eine Universität angesiedelt werden sollte. Aber eben nicht in Form einer Sonderzone, beschlossen von einigen wenigen Spitzenbeamten in Tokio, nach der Methode Abenomics. »Wozu diese Art Zentralismus führt, in welche wirtschaftlichen Abhängigkeiten er die Regionen bringt, haben wir in Fukushima zu Genüge erfahren«, sagte Kurokawa. Nein, die Menschen von Imabari sollten selbst entscheiden, was gut für sie sei. »Jede Region muss sich auf ihre Traditionen besinnen, auf ihre Stärken und Bedürfnisse.«

Kurokawa selbst hatte damit bereits angefangen. Von Imabari aus betrieb er zeitweise einen Internethandel mit Zitrusfrüchten und Gemüse aus lokaler Produktion. Auf diese Weise wollte er moderne Vertriebsmethoden und traditionelle Landwirtschaft verknüpfen. »Dabei habe ich im ganzen Land Menschen kennengelernt, die ähnlich denken«, berichtete er. Allerdings hielt Kurokawa nichts davon, Japan gleichsam zu deindustrialisieren, wie es manche Ökonomen forderten, und zu einem Erzeugerland für hochwertige Agrarprodukte zu machen oder zu einem Urlaubsparadies für wohlhabende asiatische Touristen. Er sagte: »Wir Japaner können nicht alle in die Landwirtschaft zurückkehren, wir sind eine Industrienation.« Aber statt des fragwürdigen Uni-Projekts aus Stahl und Beton solle Imabari lieber Steuergelder dafür verwenden, vorhandene Industrien wie die Produktion von Handtüchern oder den Schiffbau zu modernisieren.

Kurokawa war ein Optimist. Je länger man ihm zuhörte, desto mehr mochte man sich vorstellen, dass Leute wie er Japan erneuern könnten. Er sah die landesweite Empörung über das Projekt des Abe-Freundes als ersten Schritt – hin zu einer langfristigen Umwälzung. Ihm schwebte eine direktere, dezentrale Form der Demokratie vor. Die Bürokratie, die Konzerne und die eingesessenen Parteien, allen voran die LDP, sah er als gescheitert an. »Wir müssen eine Volksbewegung gründen, die das ganze Land erfasst«, sagte er. Das würde Geduld erfordern. Aber es wäre nachhaltiger als die wirtschaftliche Luftblase, die der glücklose Premier Abe entfacht hatte, und zukunftsgerichteter als dessen Heilslehre, die das Japan seines Großvaters wiedererwecken wollte, etwas, das längst verloren war.

Das künftige Japan, so viel war klar, musste neu erdacht und geschaffen werden, von vielen Köpfen, an vielen Orten. Das war ein bescheidener Ansatz. Aber es war eine mögliche Überlebensstrategie für eine Nation, die schrumpft und in Würde alt werden will.

Schluss

DER LETZTE REFORMER

Das Jahr 2018 begann ich mit einem Besuch am Kaiserpalast. Es war noch früh am Morgen, die Sonne leuchtete schräg auf Tokio, die Luft war kalt. Ich hatte mich eingereiht in eine lange Menschenschlange, es war eine von mehreren, die sich penibel geordnet über den großen Platz vor dem Palast zog. Tausende Japaner warteten hier geduldig auf die Gelegenheit, Tenno Akihito und seine Familie aus der Nähe zu bejubeln. So nahe, wie dies überhaupt möglich ist in einer der ältesten Monarchien der Welt. Es war der 2. Januar, einer von zwei Tagen im Jahr, an denen der Kaiser dem Volk von der Veranda seines Palastes zuwinkt. Der zweite Termin ist der 23. Dezember, Akihitos Geburtstag.

Kurz nach 9 Uhr gab die Polizei das Signal zum Aufbruch, gemächlich setzte sich unser Zug in Bewegung. Kaum jemand sprach ein Wort, zu hören war nur, wie der Kies knirschte unter unzähligen Schuhsohlen. Langsam überschritten wir die Hauptbrücke zum Palast, sie heißt Nijubashi und führt über einen Wassergraben. Dann durchquerten wir ein mächtiges mit Eisen beschlagenes Holztor. Wir reihten uns auf vor einem modernen Flachbau, das war der Kaiserpalast, dessen demonstrative Schlichtheit mich jedes Mal beeindruckt. Wir blickten empor zur Veranda: Dort erschien nach einiger Zeit der Tenno, hinter dicken Glasscheiben, umrahmt von seiner Gattin, Kaiserin Michiko, dem Kronprinzenpaar und weiteren Hoheiten.

Dann begann der Kaiser, mit seiner etwas quäkigen Stimme zu sprechen. In den Händen hielt er ein gefaltetes Blatt Papier, auf das er ab und zu blickte. Er beglückwünschte uns zum neuen Jahr. Er hoffe, sagte er, dass es für möglichst viele Menschen angenehm und erfüllt sein möge. »Zu Beginn des Jahres bete ich für das Glück der Menschen in Japan und der Welt.« Doch was Akihito da im Einzelnen sagte, war nicht so wichtig. Worauf es ankam, war, dass es den Tenno gab und dass sein Volk sich dieser Tatsache hier und jetzt vergewisserte.

Japan ist keine Kultur des Diskurses und der großen Reden. Botschaften werden nicht durch das gesprochene Wort ausgesandt, sondern durch Rituale und Gesten. Das galt gerade für den Tenno, dessen Vater am 1. Januar 1946, unter amerikanischer Besatzung, seiner Göttlichkeit entsagt hatte. Gemäß der demokratischen Nachkriegsverfassung besaß Akihito keine politische Macht, er war nur mehr ein »Symbol der Einheit der Nation«.

Nach exakt fünf Minuten hatte der Tenno seinen Auftritt beendet, für den die vielen Menschen so lange angestanden hatten. Mit seiner Familie verschwand er hinter einem hellen Wandschirm. Das versammelte Volk setzte sich wieder in Bewegung, so still, so ehrfürchtig, so diszipliniert, wie es gekommen war. Durch ein anderes Tor verließen die Menschen das Palastareal. Der Kaiser und seine Familie würden an diesem Tag noch vier weitere Male exakt das gleiche Ritual absolvieren, um möglichst vielen Besuchern ein gutes neues Jahr zu wünschen.

Alles lief so ab, wie ich es schon oft erlebt hatte – das erste Mal noch als Student unter Akihitos Vater Hirohito, der 1989 gestorben war. Doch diesmal lag Wehmut über der Zeremonie. Wenige Wochen zuvor hatte die Regierung Akihitos Wunsch entsprochen und den Weg frei gemacht, damit er abdanken kann: Am 1. Mai 2019, so wurde offiziell festgelegt, sollte sein Sohn, Kronprinz Naruhito, den Chrysanthementhron besteigen. Naruhito wäre dann 59 Jahre alt, sein Vater 85. Für die japanische Monarchie, in der Kaiser traditionell bis zu ihrem Ableben regieren, ist der geplante Wechsel zu Lebzeiten höchst ungewöhnlich, so etwas hat es seit rund 200 Jahren nicht mehr geben.

Doch in Japan ist eben immer weniger normal, nicht einmal in der kaiserlichen Familie. Auch sie wird erfasst vom demografischen Wandel, der Alterung der Nation und dem Rückgang der Geburten, und zwar drastisch. Langfristig bedroht der Schrumpfungsprozess bei Hof gar den Fortbestand der Monarchie.

An der Institution des Kaiserhauses zeigt sich beispielhaft, wie schwer Japan sich damit tut, unausweichliche Neuerungen einzuleiten. Die Lage ist so ernst, dass sich ausgerechnet der Kaiser – der Garant der Kontinuität – gezwungen sah, auf ungewöhnliche Weise das Wort zu ergreifen und indirekt eine Reform anzustoßen. Sie betraf ihn selbst und sein Amt, aber vieles deutete darauf hin, dass es ihm bei seiner Bitte um Abdankung nicht nur um die eigene Person ging. Vielmehr wollte er ein Signal aussenden, dass die alternde Nation insgesamt nicht stillstehen dürfe, sondern sich modernisieren müsse.

Was war passiert? Im August 2016 wandte der Tenno sich überraschend per Videobotschaft an seine Landsleute. Dieser Schritt war an sich schon außergewöhnlich, Erinnerungen wurden wach an die historische Radioansprache, mit der sein Vater sich am 15. August 1945 erstmals direkt an sein Volk gewandt und das Ende des verlorenen Krieges verkündet hatte.

Indes formulierte Akihito sein Anliegen auf indirekte und fast verklausulierte Weise, denn die Nachkriegsverfassung verbietet ihm, Einfluss auf politische Einscheidungen zu nehmen. »Da wir uns mitten in einer rapide alternden Gesellschaft befinden, möchte ich heute zu Ihnen darüber sprechen, wie eine wünschenswerte Rolle des Kaisers aussehen könnte in einer Zeit, wenn auch der Kaiser älter wird.« Seine Gedanken darüber wolle er »als Privatperson« mit den Japanern teilen.

Was er dann zu sagen hatte, war allerdings hochpolitisch. Akihito sprach von seiner verfassungsmäßigen Rolle als »Symbol des Staates«, davon, dass diese Aufgabe von einem handlungsfähigen Kaiser ausgeübt werde müsse. Zwar sei es möglich, einen Regenten einzusetzen, wenn der Kaiser ernsthaft erkranke und seine Pflichten nicht mehr ausüben könne. »Aber das ändert nichts an der Tatsache, dass der Kaiser weiterhin der Kaiser bleibt bis zum Ende seines Lebens, selbst wenn er unfähig ist, seine Pflichten als Kaiser voll zu erfüllen.«

Akihito fuhr fort: »Wenn der Kaiser krank ist und sein Zustand ernst wird, dann fürchte ich, dass – wie wir es in der Vergangenheit erlebt haben – die Gesellschaft zum Stillstand kommt und der Alltag der Menschen auf verschiedene Weise beeinträchtigt wird.« Die Botschaft war unmissverständlich, und sie klang fast verzweifelt, gerade weil sie so zurückhaltend formuliert war: Der Tenno wollte erreichen, dass die Regierung einen Generationenwechsel bei Hof ermöglichte, solange er selbst geistig und körperlich noch bei Kräften war. Letztlich lief sein Wunsch auf eine grundlegende Reform hinaus, die den Fortbestand der Monarchie sichern sollte. Der Personalmangel, unter dem ganz Japan litt, traf auch das Kaiserhaus besonders krass: Nur noch 17 Prinzen und Prinzessinnen standen 2018 bereit, um höfische Pflichten zu erfüllen, das war aus Sicht des Tennos eindeutig zu wenig.

Wie alt der Tenno war, konnte jeder sehen, als er den Neujahrsbesuchern von der Veranda aus zuwinkte. Umso erstaunlicher war das Arbeitspensum, das er und seine Gattin Michiko – sie war nur ein Jahr jünger – sich nach wie vor auferlegten. Es hätte auch junge Menschen erschöpft: Der Tenno ernannte Minister, empfing Staatsbesucher und eröffnete Sportveranstaltungen. Und er tröstete die Opfer von Katastrophen – in Fukushima und in vielen anderen Orten des Landes, das fast jährlich von Erdbeben, Taifunen, Überflutungen heimgesucht wird.

Hinter den Mauern seines Palastes, in dem riesigen begrünten Areal im Herzen von Tokio, waltet der Kaiser überdies als Oberpriester des Shinto-Kultes. Diese Rolle übt er, streng genommen, privat aus. Denn laut Nachkriegsverfassung sind Staat und Religion in Japan getrennt. Doch diese Trennung existiert höchstens auf dem Papier. In der Realität wird der Tenno durch seine religiösen Pflichten mindestens so stark beansprucht wie durch die weltlichen: Zu jeder Jahreszeit betet er in den Palastschreinen und bringt rituelle Opfer für das Wohlergehen der Nation dar. In Gummistiefeln stapft er durch ein eigenes kleines Feld im Palastgarten, um rituell Reis zu pflanzen oder zu ernten.

Wie gesagt, der Tenno besitzt heutzutage keine politische Macht mehr. Doch er ist nach wie vor der geistige, kulturelle und emotionale Bezugspunkt der japanischen Nation. Und die definiert sich weniger über universelle Werte als über ihre insulare ethnische Identität. Sozusagen über ihr Japanischsein.

Die Ägide von Tenno Akihito heißt »Heisei« – frei übersetzt: »Frieden überall.« Sie begann 1989, nach ihr berechnet das amtliche Japan die Zeit, das Jahr 2018 wird »Heisei 30« datiert. Die Heisei-Ära deckt sich weitgehend mit den Krisenjahrzehnten seit der geplatzten Wirtschaftsblase, in denen Japan zeitweise in eine Art Schockstarre zu verfallen drohte. Dass die Gesellschaft diese düstere Periode ohne tiefere gesellschaftliche Zerwürfnisse überstanden hat, verdankt sie gewiss auch diesem Tenno, der unter seiner persönlichen Devise »Gemeinsam mit dem Volk« ein für japanische Verhältnisse ausgesprochen bürgernahes Monarchieverständnis pflegt.

In den vergangenen Jahren geriet der Tenno damit indes immer sichtbarer in Widerspruch zu Traditionalisten wie Premier Abe, die das »Nachkriegsregime« überwinden und es durch ein mythisch verklärtes Japan vergangener Tage ersetzen möchten. Zwar bleibt oft vage, was sie damit genau meinen. Klar ist indes, dass sie die demokratische Nachkriegsverfassung als Fremdkörper betrachten, weil sie dem Kaiserreich unter US-Besatzung praktisch aufgezwungen wurde. Laut einem vorläufigen Entwurf für eine neue Verfassung, den Abes Liberaldemokratische Partei 2012 vorlegte, sollte der Tenno wieder als Staatsoberhaupt eingesetzt werden. Kritiker befürchteten, dass einer erneuten Instrumentalisierung des Monarchen zu politischen Zwecken damit Tür und Tor geöffnet werden würde.

Der Tenno, der unter US-Besatzung von einer amerikanischen Hauslehrerin unterrichtet wurde und in Treue zur demokratischen Nachkriegsverfassung aufwuchs, sucht nicht nur die Nähe zu seinem Volk. Im Rahmen der eng begrenzten Möglichkeiten, die ihm die Verfassung lässt, drückt er auch immer wieder und beharrlich Bedauern für den Zweiten Weltkrieg aus, den Japan unter seinem Vater Hirohito mit anzettelte. Akihitos öffentliche Gesten, beispielsweise bei Besuchen an einstigen Kriegsschauplätzen im In- und Ausland, überzeugen durch Demut und Bescheidenheit. Mit ihnen signalisiert der Tenno den Wunsch nach Frieden und Aussöhnung mit den asiatischen Nachbarn. Seine würdevolle Haltung unterscheidet sich krass von dem rechthaberischen Stil, den Abe und andere LDP-Politiker an den Tag legen.

Um sein Vermächtnis der bürgernahen und öffentlich sichtbaren Nachkriegsdemokratie zu sichern, braucht der Tenno aber mehr adliges Personal. Mit seinem öffentlich vorgetragenen Wunsch, abzudanken, verschaffte er den Politikern die Gelegenheit, entsprechend zu handeln und die Hofgesetze zu ändern. Sie hätten sie nutzen können für eine Reform, die nicht nur die Abdankung des Tenno gesetzlich regelt, sondern auch die weibliche Thronfolge einführt und verankert. Eine entsprechende Neuerung war schon vor einigen Jahren angedacht worden, nachdem bei Hofe lange Nachwuchs ausgeblieben war. Doch als 2006 überraschend doch noch ein männlicher Enkel zur Welt kam – Prinz Hisahito, der Spross des jüngsten Kaisersohnes –, wurden die Reformpläne eilig zu den Akten gelegt.

Auch ein zweites Projekt hätte die Regierung in Angriff nehmen können: Sie hätte die Rolle der Frauen bei Hof stärken können. Bislang müssen Prinzessinnen den Hof verlassen und ihren aristokratischen Titel aufgeben, sobald sie einen Bürgerlichen heiraten. Damit werden sie gegenüber männlichen Aristokraten benachteiligt, denn die dürfen am Hof bleiben, auch wenn sie eine Nicht-Adlige heiraten. Hätte die Regierung diese archaische Regel aufhoben, hätte der Tenno zusätzliches Personal erhalten.

Doch die Chance zu einer grundlegenden Reform der Monarchie wurde vertan. Dabei legte die Regierung die gleiche Zögerlichkeit an den Tag, mit der sie auch die Energiewende nach der Reaktorkatastrophe von Fukushima verschleppte: Zwar war die Mehrheit der Bevölkerung laut Umfragen dafür, das kaiserliche Hofgesetz zu reformieren und künftigen Kaisern das Recht auf Abdankung einzuräumen. Doch die Regierung rang sich nur zu einem einmaligen Sondergesetz durch, das auf Akihito zugeschnitten ist und nur ihm persönlich die Abdankung ermöglicht. Damit nahm sie Rücksicht auf Traditionalisten, die eine Modernisierung der Monarchie ablehnen und den Tenno am liebsten auf seine Rolle als shintoistischer Oberpriester reduziert sehen wollen. Laut einem Zusatzbeschluss zu dem Sondergesetz sollen zwar auch Schritte geprüft werden, um die Rolle des weiblichen Nachwuchses bei Hof zu stärken, doch konkrete Termine für solche Beratungen wurden nicht festgelegt. Das hehre Versprechen von Premier Abe, eine Gesellschaft zu schaffen, »in der Frauen leuchten«, wurde somit auch bei Hof nicht erfüllt.

Immerhin: Mit der Abdankung von Akihito hat die Regierung einen Präzedenzfall geschaffen, auf den sich Nachfolger berufen können. Doch die mutlose Reaktion auf den mutigen kaiserlichen Vorstoß zeigte erneut, wie schwer Japan sich damit tut, Veränderungen voranzutreiben: sei es bei Hof oder bei der Energiewende, der Neuausrichtung der Firmenkultur, der Befreiung des Erziehungswesens von sturem Drill oder bei der Sanierung des Staatshaushaltes.

Die Kräfte der Beharrung sind stark. Japan bewegt sich im qualvoll gemächlichen Tempo einer Tee-Zeremonie, in rituellen Kompromissen, deren Zustandekommen von außen oft nur schwer durchschaubar ist. Insofern kann das Land kein Vorbild sein für

Deutschland, eine Gesellschaft, die gerne öffentlich diskutiert und streitet und auf diese Weise nach politischen Lösungen sucht.

Japan legt Wert auf Harmonie und Konsens. Das kann ausländische Beobachter bisweilen zur Verzweiflung treiben, vor allem dann, wenn Missstände offensichtlich unter den Teppich gekehrt werden. Andererseits wäre es falsch zu behaupten, dass Japan stillsteht. Die Gesellschaft wandelt sich, aber auf ihre eigene, ihr möglicherweise angemessenere Weise – ohne den inneren Zusammenhalt zu riskieren, der den Japanern so wichtig ist. Zwar ist das Land keine Demokratie im westlichen Sinne, aber es ist auch keine Diktatur wie das benachbarte China, das den Westen existenziell herausfordert. Es ist eben Japan.

Die japanische Beharrlichkeit, das Festhalten an Traditionen und das Streben nach gesellschaftlichem Ausgleich können auch als Errungenschaften gesehen werden in einer Welt, in der immer weniger Bestand zu haben scheint und in der politische Auseinandersetzungen immer unversöhnlicher geführt werden. Man denke nur an den Brexit, an Trump und den bedrohten freien Welthandel.

Nachdem ich meinen Neujahrsbesuch beim Kaiser beendet hatte und mit Tausenden weiteren Besuchern wieder in den Großstadtverkehr von Tokio eintauchte, dachte ich – bei aller gebotenen Skepsis – auch mit Optimismus an Japans Zukunft: Solange es dort Menschen gibt wie Akihito, den Tenno, der freiwillig von seinem Chrysanthementhron steigen wollte, um eine Institution zu reformieren, die so zentral wichtig ist für den Zusammenhalt der Nation – so lange braucht man sich nicht allzu sehr zu sorgen um dieses Land.

DANKSAGUNG

Dieses Buch hätte ich nicht schreiben können ohne die vielen Menschen in Japan, die mir über die Jahre bereitwillig Auskunft gaben über ihren Alltag und ihre Arbeit. Viele gewährten großzügig Einblicke in ihre Wohnungen, Büros oder sonstige Lebenswelten. Einige von ihnen habe ich in den einzelnen Kapiteln vorgestellt oder zumindest erwähnt, andere mussten aus Platzgründen leider ungenannt bleiben. Allen bin ich zutiefst dankbar; solche persönlichen Begegnungen sind das schönste Privileg, das einem Korrespondenten gewährt ist.

Ich danke meinen Kolleginnen und Kollegen von der SPIEGEL-Redaktion in Hamburg, die mir die Möglichkeit geben, Japan immer wieder neu zu bereisen und zu erkunden. Das Land mit seinen Menschen ist mir dabei zu einer zweiten Heimat geworden, hier habe ich die faszinierendsten Jahre meines Berufslebens verbracht. Ich danke Angelika Mette und Antje Wallasch vom SPIEGEL Verlag, die dieses Projekt organisatorisch begleiteten, geduldig und zuverlässig. Karen Guddas, meine Lektorin von DVA, nahm sich des Manuskripts mit professioneller Neugierde an und gab wertvolle Anregungen.

Zu den Orten, an denen ich erleben konnte, wie anders Japan oft funktioniert, gehört der Japan National Press Club in Tokio. Ich danke dieser ehrwürdigen Institution, dass sie mich als einzigen Ausländer wiederholt in ihr Planungskommitee berief und mir sogar Gelegenheiten gab, Pressekonferenzen auf Japanisch zu moderieren. Im Gegenzug erhofften die Kollegen sich kritische Anstöße von außen – ich glaube, sie wurden nicht enttäuscht. Wenn ich dabei etwas gelernt habe, dann ist es tiefer Respekt vor dem Mut jener japanischer Journalisten, die versuchen, in einer autoritätsgläubigen, auf Harmonie bedachten Gesellschaft gleichwohl ihre Aufgabe als kritische Wächter auszuüben.

Folgende Personen haben mir im Verlauf der Recherchen besonders geholfen – direkt oder indirekt, durch Rat, Ermutigung oder Kritik, durch Vermitteln von Kontakten oder durch gute Gespräche. Dafür bin ich ihnen dankbar, auch wenn ich natürlich allein die Verantwortung trage für alle Unzulänglichkeiten und möglichen Fehler dieses Buches: Rachel Armstrong, Tobias Dreesman, Kyoko Hayashi, Ritsu Ijuin, Shiko Ishii, Hiroki Ito, Akira Kawasaki, Paul Levine, Toshiko Maezawa, Kaho Matsuda, Yoshio Murakami, Keiko Nishino, Erich Röhrich, Shohei Sakakura, Kenichi Shimamura, Hisao Suzuki, Toru Takenaka, Kanji Tanaka, Yasunori Tateishi, Yasunari Ueno, Tom Wagner und meine liebe Frau Yumiko – sie brachte mich auf die Idee, dieses Buch zu schreiben.

Tokio im Sommer 2018

REGISTER

RUSSLAND
CHINA
NORD-KOREA
SÜD-KOREA
JAPAN
La Pérouse-Str.
Rishiri
Asahikawa
Sapporo
Yubari
Muroran
Hakodate
Tsugaru-Str.
Aomori
Wladiwostok
Akita
Morioka
Japanisches Meer (Ostmeer)
Yamagata
Sendai
Sado
Niigata
Fukushima
Iitate
Aizu-Wakamatsu
Futaba
Inawashirosee
Ullung-Inseln
Takeshima-Inseln (Dokdo-Inseln)
Nagano
Utsunomiya
Kanazawa
Tokaimura
Oki-Inseln
Matsumoto
Fukaya
Tsukuba
Taegu
Fukui
Monju (Shiraki)
Honshu
Kawasaki
Tokio
Atsugi
Yokohama
Pusan
Matsue
Biwa-See
Yokosuka
Kyoto
Nagoya
Korea-Str.
Himeji
Kobe
Otsu
Numazu
Osaka
Nara
Tsushima-Inseln
Hamamatsu
Hiroshima
Tsushima-Str.
Kure
Shimonoseki
Ube
Imabari
Tokushima
Fukuoka
Kochi
Kii-Str.
Sieben Inseln
Shikoku
Sasebo
Goto-I.
Omuta
Nagasaki
Kumamoto
Bungo-Str.
Kyushu
Miyazaki
PAZIFISCHER OZEAN
Satsuma-Sendai
Kagoshima
Osumi-Str.
Osumi-In.
Torishima
Tokara-Str.
Tokara-In.
Sofu-Gan
siehe rechten Ausschnitt
0 50 100 150 200 250 km

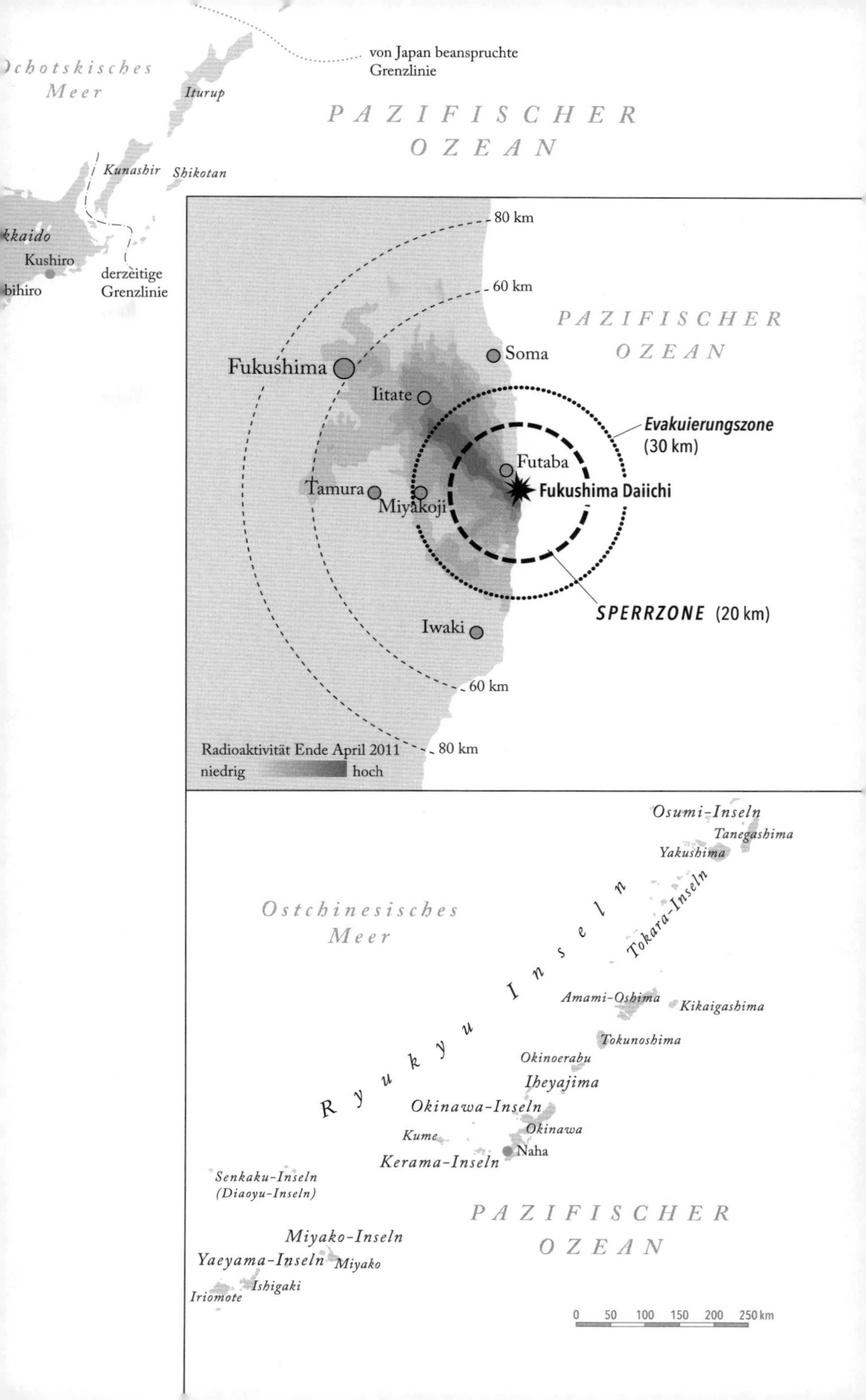

Ochotskisches Meer
Iturup
von Japan beanspruchte Grenzlinie
PAZIFISCHER OZEAN
Kunashir
Shikotan
Hokkaido
Kushiro
Obihiro
derzeitige Grenzlinie
80 km
60 km
PAZIFISCHER OZEAN
Soma
Fukushima
Iitate
Evakuierungszone (30 km)
Futaba
Fukushima Daiichi
Tamura
Miyakoji
SPERRZONE (20 km)
Iwaki
60 km
80 km
Radioaktivität Ende April 2011
niedrig
hoch
Osumi-Inseln
Tanegashima
Yakushima
Ostchinesisches Meer
Tokara-Inseln
Ryukyu Inseln
Amami-Oshima
Kikaigashima
Tokunoshima
Okinoerabu
Iheyajima
Okinawa-Inseln
Kume
Okinawa
Naha
Kerama-Inseln
Senkaku-Inseln (Diaoyu-Inseln)
PAZIFISCHER OZEAN
Miyako-Inseln
Yaeyama-Inseln
Miyako
Ishigaki
Iriomote
0 50 100 150 200 250 km